# Cuando estuvimos muertos

# Cuando estuvimos muertos
## Abusos sexuales en la infancia

Joan Montané Lozoya

www.librosenred.com

Dirección General: Marcelo Perazolo
Dirección de Contenidos: Ivana Basset
Diseño de cubierta: Cinzia Ponisio
Diagramación de interiores: Virginia Ruano

Está prohibida la reproducción total o parcial de este libro, su tratamiento informático, la transmisión de cualquier forma o de cualquier medio, ya sea electrónico, mecánico, por fotocopia, registro u otros métodos, sin el permiso previo escrito de los titulares del Copyright.

Primera edición en español - Impresión bajo demanda

© LibrosEnRed, 2008
Una marca registrada de Amertown International S.A.

ISBN: 978-1-59754-347-7

Para encargar más copias de este libro o conocer otros libros de esta colección visite www.librosenred.com

*Dedicado a toda esa gente maravillosa y valiente que habita en http://forogam.loeda.net*

# Introducción

Si has sufrido abusos...

...es posible que al leer estas líneas sientas unas punzadas en el estómago. Quizá recuerdes imágenes inconexas y creas que algo de eso ocurrió en tu vida; también es posible que lo recuerdes bastante bien, aunque yazca anestesiado en tu memoria y no tengas interés alguno por revivirlo. Ya sé. Es demasiado incómodo y turbador. Llegas a creer que el dolor será insoportable. Prefieres creer que no te ha afectado, incluso que sólo fue un sueño, un sueño que a lo mejor ni soñaste y que tu vida es tan normal como la de cualquier otra persona. ¿En verdad es así?

Si todavía no has devuelto el libro a la estantería ¡enhorabuena! En otro tiempo te aseguro que yo sí lo habría hecho. Mi susceptibilidad no me hubiera permitido tratar estos asuntos. Me temo que hay pocas cosas cuya dificultad supere a la de enfrentarse a uno mismo; máxime cuando se es alguien muy distinto a esa falsa imagen que nos devuelve el autoengaño. Por lo tanto debo decir que llegado a este punto y continuar leyendo ya supone un pequeño acto de valentía. Ahora bien, no debemos olvidar que caminar no consiste en avanzar un pie, sino en una sucesión ininterrumpida de pasos. O sea que ponte unas zapatillas bien cómodas y caminemos.

Aunque no quieras admitirlo de buen grado, descubrir ese verdadero yo que se oculta del mundo no es tu fuerte. Siempre has huido del enfrentamiento. Ésa fue tu única protección en la infancia. Por lo que a mí respecta, puedo confirmarte que estás en lo cierto, aunque también debo añadir que el esfuerzo se verá recompensado con creces. ¿Acaso hay algo más importante que tu propia vida? Es posible que estés pensando que no tienes derecho alguno a rebelarte ni a decir nada. Tal vez creas que ya es demasiado tarde, que eres culpable de demasiadas cosas o quizá te parapetes tras ese largo y viejo repertorio de excusas que sólo sirven para hacer de tu vida un lugar gris y sin expectativas.

Si tu vida está repleta de carencias y lagunas, en este libro encontrarás respuestas. Pero tampoco hay que llevarse a engaño; no es una panacea. Ningún libro debería aspirar a serlo. Mi mayor pretensión es romper una barrera, abrir una brecha, aunque sea pequeña, porque sé por experiencia que eso ya es mucho. Un libro poco puede hacer si quien lo lee no está dispuesto a asumir la responsabilidad de su existencia, de sus capacidades y de su futuro. Este libro no es un tesoro, aunque tal vez se convierta en una llave que puede conducirte a él; una llave que puede conducirte a ti.

## Si no has sufrido abusos...

...abres este libro y compruebas que detrás de ese título un tanto misterioso se esconde otro volumen de autoayuda; eso si ya no te habías dado cuenta antes de abrirlo. Y por si ello no fuera suficiente, éste examina y analiza un asunto tan escabroso e incómodo como los abusos sexuales padecidos durante la infancia. Lo más inmediato que puede pasar por tu mente es que éste, sin duda, no es tu problema y nada tiene que ver contigo. Puede que no, al menos no de una manera directa.

Sin embargo hay un motivo por el que podrías cuestionarte tu primera impresión. Quizá te parezca un tanto peregrino, ya que se trata de un planteamiento meramente estadístico. Tampoco sé si te sorprenderá demasiado, pero el caso es que una de cada cuatro mujeres y uno de cada seis hombres, aproximadamente, tienen este problema. La pregunta que viene a continuación es evidente: ¿Cuántas personas conoces? Haz las cuentas. ¿No es sorprendente? Aunque no lo sepas, conoces a mucha gente que ha sufrido este tipo de abuso. Pero también has de saber que es muy probable que ninguno de ellos te haga partícipe de su secreto. Pero, ¿y si lo hicieran? ¿Cómo actuarías? Ése sería otro motivo para estar bien informado. Por eso, y por otras cosas que irás descubriendo, té afecta, aunque ahora creas que sólo de un modo tangencial.

La explicación de tan alto porcentaje, en buena parte, se encuentra en el silencio que mantiene la víctima a lo largo de su vida. No podemos decírselo a nadie. El silencio es el gran enemigo que nos mantiene atados y que imposibilita cualquier solución. Uno de los objetivos primordiales que persigue este libro es romper este silencio, aunque con él también terminen rompiéndose otras cosas en el camino.

El silencioso e ignorado mundo de los abusos sexuales infantiles suele generar incomprensión e indiferencia a partes iguales, si bien es cierto que en los últimos tiempos empieza a tenerse más en cuenta por los medios de comunicación y, por consiguiente, a ser algo más conocido. Y también reconocido. De todos modos seguimos estando muy lejos de resolver un problema que afecta, directa o indirectamente, a un alto porcentaje de la sociedad, y que siempre se ha querido ocultar como si se tratara de una cuestión marginal que no alcanza ni debe alcanzar a las personas normales. A lo sumo, cuando nos enfrentamos a las evidencias, podemos comprobar que seguimos considerándolo como un asunto doméstico que debe resolverse dentro del ámbito familiar.

Cuando comprendemos lo que significa este hecho traumático y que efectos tiene sobre las personas que lo han padecido, podemos llegar a reconocerlo como la causa primera de otros muchos problemas que jamás se nos hubiera ocurrido asociar con los abusos sexuales.

Cuando alguien que no ha sufrido abusos sea incapaz de encontrar una explicación coherente para esa extraña conducta de su amigo, de su hermano, o de cualquier persona de su entorno, tal vez termine encontrándola en las explicaciones y testimonios comprendidos en este volumen.

## Y para todos...

Se puede hablar de una amplia gama de síntomas y de actitudes que nos indicarían que un niño ha sido objeto de abusos sexuales. Entre ellos podríamos destacar:
- *Problemas para dormir o pesadillas recurrentes*
- *Secretismo*
- *Cambio brusco en el comportamiento.*
- *Interés impropio en asuntos de índole sexual o bien evitación total de los mismos*
- *Depresión, aislamiento de amigos y familia*
- *Agresividad*
- *Rechazo de lugares o personas*
- *Comportamiento seductor*
- *Comportamiento suicida*
- *Negarse a acudir a la escuela*
- *Delincuencia o problemas de conducta*
- *Evidencia de abusos en sus dibujos u otros medios de expresión*

Entre las estrategias de aquellos que abusan sexualmente de menores, además del miedo a develar lo sucedido por parte del menor, está fomentar la complicidad del niño y hacerle sentir culpable por ello.

Sólo cuando se ha logrado que el niño comprenda que esto no es cierto y que él no es culpable de nada, podemos esperar que hable.

Cuando el niño manifiesta haber sido molestado sexualmente, lo primero que deben hacer los padres es creerle e intentar mantener la calma. Deben hacerle sentir que lo sucedido en ningún caso no fue culpa suya y que están incondicionalmente a su lado para apoyarle. Después deben de llevarle a que le hagan un examen médico y a una consulta psiquiátrica.

Los padres pueden impedir o disminuir la oportunidad del abuso sexual tomando las siguientes precauciones:

– *Diciéndole a los niños que tienen todo el derecho a decir NO a la persona que intenta tocarles de forma impropia o que les haga sentir incómodos.*

– *Instarles a que lo cuenten enseguida a los padres y que no lo mantengan en secreto.*

– *Enseñándoles a discernir que el respeto que se le debe a los mayores no presupone una obediencia ciega a cualquier cosa que estos digan.*

– *Apoyando los programas de prevención del sistema escolar para profesionales.*

El National Center of Child Abuse and Neglect (NCCAN), define como abuso sexual infantil "los contactos e interacciones entre un niño y un adulto, cuando el adulto utiliza al niño para estimularse sexualmente a sí mismo, al niño o a otra persona".

Hay muchas formas de definir un abuso sexual infantil, pero siempre se habla de adultos profanando la inocencia y la intimidad de los niños, utilizando para ello su superioridad física, afectiva y/o económica. La superioridad física se utiliza en actos puntuales bajo amenazas, obligando al niño a satisfacer un impulso sexual. La afectiva se da en los abusos dentro de la familia, o en el entorno social del niño, y suelen ser, en la mayoría de los casos, actos recurrentes. En los abusos donde la motivación es el comercio sexual, la prostitución o la pornografía infantil, el nivel económico del adulto suele ser el que propicia estos actos, aprovechándose de la desprotección de los niños que viven en la miseria y la desigualdad.

En el año 1998, se celebró en Valencia el seminario europeo "Rompiendo Silencios" para la prevención de los abusos sexuales a menores y, en sus conclusiones finales, se puso de manifiesto que un 23% de las niñas y un 15% de los niños de España sufren abusos sexuales antes de los 17 años, y de ellos un 60% no recibe ayuda de nadie. Desde entonces no se ha vuelto a realizar ningún otro estudio de esa relevancia.

Sabiendo qué es el abuso y cuál es el proceder del agresor, debería ser posible dar con las soluciones que nos lleven a erradicarlo de nuestra sociedad. Pero no es así. No parece que el abuso sexual a menores esté disminuyendo. Muchas de las cosas que deberían cambiar, no lo han hecho. El abusador sigue actuando con una gran impunidad y el menor continúa estando demasiado desprotegido. Y por si fuera poco, la tecnología, con internet a la cabeza, ha hecho posible que redes de pederastas que antes actuaban de una forma mucho más desorganizada, ahora tengan una herramienta con la que aunar esfuerzos y multiplicar sus despreciables acciones.

Es necesario informar a fondo sobre el abuso sexual infantil y sus perniciosos efectos. Sólo así se podrá tener una idea veraz de lo que es y se eliminarán esas falsas creencias que lo han acompañado durante tanto tiempo.

El abuso sexual infantil, en especial el que se produce dentro de la familia y su entorno, es un problema que la sociedad debe asumir, mirarlo de frente, sin estrechez de miras y afrontarlo tal y como demanda un problema de esta magnitud. Es asimismo fundamental que algunos sectores de las administraciones sociales, así como las de la judicatura, dejen de lado esa actitud conservadora, arcaica y patriarcal que no beneficia en nada a los menores ni a quienes denuncian los hechos, por lo general las madres.

¿Qué se puede hacer? Ante todo adquirir el compromiso y la responsabilidad que demanda un caso de abuso sexual infantil. Es necesario poner en marcha campañas de información y prevención dirigidas a la sociedad, así como promover cursos, seminarios y todo tipo de actividades de capacitación para profesionales que estén en contacto con la infancia y la adolescencia.

## El alumbramiento

El nacimiento de este libro no fue un acto premeditado ni estructurado desde sus inicios. Empezó siendo una compilación de apuntes, notas e ideas que iban surgiendo de las nuevas experiencias vividas. Con el paso del tiempo, el volumen acumulado me hizo pensar que tal vez debiera establecer un orden y tomarme en serio la posibilidad de convertirlo en un libro, y porque no, intentar publicarlo. Poco a poco el proyecto literario fue definiéndose hasta llegar al formato actual.

# I. Efectos del abuso sexual

## ¿Qué hacer?

Si hacemos algo que está mal, y somos conscientes de que lo está, entonces, debemos ser malos. ¿O no?

Cierto día, hojeando las páginas de un libro cuyo título y autor ya no recuerdo, di con una frase que decía lo siguiente: "Si te preocupa la posibilidad de ser malo, probablemente no lo seas". Efectivamente así es; la maldad no tolera la duda ni el autoexamen.

Casi nadie está exento de haber cometido alguna vez actos de los que no se siente especialmente orgulloso. Forman parte de la naturaleza humana. Eso no nos debería llevar a creer que tales actos nos convierten irremediablemente en seres perversos y depravados.

Los abusos sexuales que sufrimos en la infancia provocaron una profunda distorsión en nuestra manera de ver e interpretar los hechos que sucedían a nuestro alrededor. Esta distorsión afectó la imagen que teníamos de nosotros mismos, convirtiendo nuestra existencia en algo irreal y deformado. Y lo peor es que esta percepción nos acompañaría en el futuro.

Pasamos la vida sintiéndonos culpables, a veces, incluso por el simple hecho de existir. Elegimos este camino, aunque no seamos muy conscientes de ello, como una perpetua e imposible redención de aquel oscuro secreto del pasado. Y lo único que conseguimos, fue caer en un pozo sin fondo del que cada vez resulta más difícil salir.

No podemos evadirnos de la realidad percibida, aunque ésta consista en vivir inmersos en nuestra propia negación. Carecemos de perspectiva. En este estado de las cosas, lo más sencillo es llegar a la conclusión de que nos merecemos todo lo que nos ocurre, y de igual modo, nos parece cierto que ese camino gris y sin retorno por el que tristemente deambulamos, es nuestro único destino posible.

Ante tales expectativas surgen las inevitables preguntas: ¿Merezco las cosas buenas que me suceden? ¿Por qué me cuesta tanto aceptarlo? ¿Soy digno de tener amigos? ¿Merezco a mi pareja? ¿Por qué me siento más cómodo cuando hay problemas? Y cuando no hay problemas, ¿por qué me los busco? ¿Por qué me infravaloro de ese modo? ¿Descansará la respuesta, aunque sea en el más apartado rincón de mi inconsciente, en la convicción de que tal vez merecía lo que me ocurrió o quizá fui yo quien se lo andaba buscando?

Terrible. Quedamos atrapados en una realidad que nos sobrepasó. Eso hizo que cada cual, a su manera, disfrazara aquella verdad inaceptable. Interpusimos un velo entre nosotros y el mundo; un velo entretejido con todo tipo problemas que nos ayudaran a olvidar. Finalmente nos convencimos de que el único gran problema iba a desaparecer sepultado por el peso de los nuevos problemas que fuimos creando.

Todas esas tácticas suelen ser el único recurso que tenemos para llamar la atención. En lo que me atañe, no recuerdo que ése fuera mi objetivo. Y aun en el supuesto de que lo fuera, cuanto menos, en ningún caso fue premeditado ni consciente. Imagino que como todos.

Si a día de hoy soy capaz de percibir alguna estrategia del pasado, ésa no es otra que la de mirar hacia otro lado, creyendo que lo que ocurre, en realidad no está sucediendo. Por el contrario, lo que recuerdo como si aún lo sintiera, es el miedo a que alguien pudiera descubrir lo que estaba pasando.

Esa realidad debe ser enfrentada más tarde o más temprano, porque de otro modo nos estaremos condenando a una vida sin expectativas y en la que nunca va a tener cabida nuestro auténtico yo. La normalidad no es ninguna utopía; es un derecho. Reconocer que alguien abusó de nosotros cuando sólo éramos unos niños, es el primer paso hacia la recuperación de una vida que en muchos sentidos hemos visto pasar como si no formáramos parte de ella. Es el momento de volver a empezar.

Sacar a la luz los abusos sexuales de los que fuiste objeto no solucionará tu vida de la noche a la mañana. No es cuestión de llevarse a engaño. Tampoco esperes levantarte un día y decir ¡Vaya, he dejado de tener problemas! Eso sólo pasará el día en que digas ¡Vaya, estoy muerto! Y ni de eso tengo la certeza. Por fortuna los problemas siempre están ahí, esperando que tú los resuelvas. Y digo por fortuna porque lo que sí va a cambiar es tu actitud respecto a ellos.

Vamos a suponer que detestas tu puesto de trabajo. En esa coyuntura decides romper el silencio. La revelación de los abusos lo pone todo patas arriba. La mayor repercusión la experimentarás en tu mente y en tu proceder diario, puesto que los demás no se darán por enterados mientras puedan evitarlo. Empezarán a manifestarse tus sentimientos, aunque quizá no todos ni con igual intensidad. Es entonces cuando tomas la decisión de dejar ese maldito puesto de trabajo. Sin embargo, a pesar del convencimiento de que no es flor de un día, sino un hecho irreversible, decides posponerlo porque hoy por hoy consideras más acertado continuar, bien porque no puedes permitirte estar en el paro, porque no tienes paro, o porque no tienes prisa y decides esperar a que surja algo que merezca la pena. Es entonces cuando puede producirse la falsa impresión de que todo sigue igual, aunque no sea así. Tú tienes el poder. De todos modos siempre hay que analizarse y estar seguro que en verdad nada es igual. Lo importante no es lo que hagas, sino como te hace sentir lo que hayas hecho. Antes te sentías permanentemente agobiado; permanecías en tu puesto de trabajo porque no te considerabas capacitado para nada más. Aguantabas broncas e injusticias porque pensabas merecerlo o porque un miedo irracional te impedía reaccionar ante unos obstáculos que los demás franqueaban sin problemas. Pero eso ha cambiado. Ahora tú eres el dueño de tu destino. Tienes permiso para equivocarte cuanto quieras. Y, curiosamente, advertirás que cometes menos errores que antes. La razón es evidente; ahora te sientes más seguro. Conservarás tu trabajo mientras te interese y adoptarás las medidas que creas oportunas. No hay presiones. Sólo la decisión que tú hayas tomado. Ésa es la gran diferencia. Pero no olvides comprobar una vez más que no estás utilizando el autoengaño. Un modo efectivo sería el siguiente: "mañana mismo dejo el trabajo y tengo que buscarme la vida". ¿Cómo me siento ante tal posibilidad? Según sean mis reacciones, podré obtener una medida más o menos fidedigna sobre cuál es mi estado de ánimo a la hora de enfrentarme al mundo en las más óptimas condiciones.

Cuando los acontecimientos doblegan tu voluntad y condicionan la existencia hasta la sumisión más absoluta, quizá no esperes otra cosa que la aparición de algún cataclismo que zarandee tu vida y te obligue a abrir los ojos. Es la opción de la resignación y la impotencia, ya que tal vez nunca ocurra nada.

Va a ser difícil alterar el rumbo de tantos años, y ni aun la conciencia de que debe hacerse, bastará por sí sola. No obstante, jamás debe arrojarse la toalla. Todo es posible si la voluntad persevera. Nunca podrás adivinar en que esquina se esconde ese destino sorprendente. Sin darte cuenta, verás que has traspasado una barrera que antes parecía inaccesible. Quisiera ser capaz de aportar una fórmula que facilite el tránsito de una situación penosa a otra colmada de felicidad, pero sólo poseo algunas piezas de este gran puzzle.

Ahora parece mucho más sencillo. Al otro lado de la barrera todo es diferente, pero siempre debemos recordar que durante muchos años no fue así, y que lo mismo que ahora nos parece inconcebible, antes nos parecía normal. Los condicionantes que se arrastran desde la infancia están muy enraizados en nuestra mente y en nuestro comportamiento. No es fácil desprenderse de todo, echarlo a la basura y empezar de nuevo. No es fácil... pero sí posible.

## ¿Es realmente grave?

Hay entre nosotros un considerable consenso cuando hablamos de las secuelas del abuso sexual. La mayoría no creíamos que pudieran haber condicionado nuestra existencia hasta un extremo que, al cabo de bastante tiempo, pudimos ver con tan desoladora claridad. Este descubrimiento se tradujo en una sorpresa agridulce, pues si bien es cierto que nos liberaba de una pesada carga y nos aportaba explicaciones lógicas a muchas actitudes para las que nunca tuvimos respuesta, también nos hizo conscientes de la gravedad real de los abusos y de lo que habían significado para nuestra vida cotidiana.

También yo pasé por ese estado, pero lo que a mí me parecía realmente grave no era tanto lo que me sucedió a mí, sino las circunstancias y las vicisitudes por las que pasaron los compañeros del grupo de ayuda mutua al que acudía regularmente. Pensaba que lo mío era otra cosa. La empatía funciona a las mil maravillas; excepto para con uno mismo. Hasta que al final vas comprendiendo que todos somos distintos... y todos somos iguales.

Recuerdo aquella ocasión en la que fui plenamente consciente de esa realidad. Un día, hablando de la mayor o menor gravedad de cada caso, una compañera se refirió a mí diciendo: – Bueno, Joan es un caso aparte– queriendo decir ¡ni más ni menos! que era más grave. Me quedé un poco en "fuera de juego". Bastante, a decir verdad. ¿Realmente era ésa la percepción que tenían de mí? Aún hoy me siento incapaz de juzgar si el abuso que padecí fue más o menos grave. Hay demasiados factores a tener en cuenta, por lo que me temo que el baremo más fiable siempre serán las secuelas que manifieste el superviviente. Sea como fuera, la realidad que ellos percibían era idéntica a la que yo tenía de los demás.

Descorrí esa oscura cortina que no dejaba entrar la luz. Un día develé mi oscuro secreto, aunque lo hice sin estar convencido de que fuera la causa de nada; más bien era un recurso desesperado de quien busca donde sea una explicación que aporte respuestas a lo que no parece tener sentido.

Fue la reacción de Marta, mi mujer, el detonante que me obligó a situarme en la dirección correcta. A partir de ese instante empezaría un largo camino que me habría de llevar a la asunción de una realidad que jamás había querido contemplar.

Los abusos sexuales en la infancia nos arrojan a un futuro por el que transitamos arrastrando secuelas de diversa gravedad y cuyas repercusiones pueden ser aún más diversas, aunque inequívocamente ligadas a una existencia mediocre y una estabilidad emocional que brilla por su ausencia.

No es demasiado difícil imaginar que nuestra vida, en condiciones más favorables, hubiera alcanzado cotas mucho más altas de bienestar y de realización personal. Aún podemos lograrlo.

# El agresor

Quizá uno de los objetivos primordiales de este largo proceso curativo consista en establecer contacto con los sentimientos de la infancia. No va a resultar tarea fácil, ni siquiera lo es hacerlo con los sentimientos actuales. Pero es necesario hablar de ello una y otra vez, examinar como nos sentimos e intentar ponerle un nombre a cada sentimiento.

Debo confesar que por más empeño que le pongo, no consigo obtener resultados demasiado satisfactorios. Una y otra vez tropiezo con las preguntas de siempre: ¿Cómo era yo en la infancia? ¿Qué recuerdos conservo de aquella época? ¿Puedo, tan siquiera, ubicarlos en el tiempo? ¿Qué sentía durante el abuso? ¿Qué pensaba inmediatamente después? ¿Tal vez qué mi agresor era un cabrón y un hijo de puta? Pues no. La verdad es que no era eso lo que pensaba, aunque muchos insistan en que eso es, exactamente, lo que debería pensar. Lo único cierto es que no soy capaz de ir mucho más allá. Existen demasiadas lagunas.

Sólo sé que mi historia es contundente. Ahora no puedo negarlo. Lo es porque ocurrió de un modo largamente planificado, con alevosía y la conciencia plena de un adulto que tenía muy claro como conseguir sus perversos objetivos. Los abusos se prolongaron durante muchos años, y a esto habría que añadirle que el arrepentimiento nunca ha existido.

Cuando suena la flauta, que en este caso no fue por casualidad, y el abusador intenta establecer un diálogo, como me ocurrió a mí, suele hacerlo como un acto defensivo y sólo después de haberse revelado los abusos. Para entonces ya empiezas a comprender que el abismo que un día se abrió nunca va a cerrarse. Es profundamente descorazonador comprobar que no existe otro interés que apaciguar los ánimos de aquellos que, de una u otra manera, han forzado al agresor a dar este paso. Generalmente a instancias de la propia familia. Y bueno, sé que estoy hablando del mejor de los supuestos. O quizá debiera decir de los menos malos.

El abusador hará lo posible para pasar desapercibido y tener aquellas cuatro cosas necesarias que le permitan continuar su miserable existencia. Aunque exteriormente no parezca tan miserable, en su interior siempre lo es. Si hace algo, no será por nosotros, sino porque vea peligrar su actual status. Eso conviene tenerlo presente. De lo contrario es fácil que nos desubiquemos y que, por nuestra propia precariedad, acabemos situándonos en una posición de confusión y desventaja. Éstas son las situaciones de las que otros pueden aprovecharse, bien sea cuestionando o desacreditando nuestro proceder o bien poniendo en duda las razones que nos han movido a revelar que fuimos abusados. Nuestros motivos se asientan en la recuperación de una identidad que jamás tuvimos demasiado clara y en la construcción de un futuro mucho más amplio del que hemos tenido hasta ahora. Todo lo demás, aunque nos induzcan a pensar que es de suma importancia, debería quedar relegado a segundo plano.

Por poner un ejemplo personal de motivos circunstanciales, aunque no lo parezcan a primera vista, podría hablar de los problemas cardíacos de mi padre. Revelar que fui abusado por él y que además esto pudiera llegar a saberse por el resto de la familia, me hizo dudar sobre la responsabilidad de lo que aconteciera a partir de aquel momento. No fue fácil asumir que no era mía.

Los condicionantes con los que te sobrecargan pueden ser tremendamente pesados y difíciles de sortear. Si no te desprendes de esa falsa culpabilidad es porque aún no te sientes legitimado. El chantaje emocional, tomando como excusa cuestiones de este tipo, suele ser utilizado en nuestra contra, se haga o no se haga con plena consciencia.

Por si alguien se está preguntando que pasó, pues le diré que no sucedió nada. No tuvo ningún ataque fulminante. Eso sí, flotaba por el ambiente que sus padecimientos con el corazón tal vez tuvieran alguna relación con el arrepentimiento por lo sucedido conmigo. ¡Ya ves! ¡Si es que en el fondo era un pedazo de pan! Ahora bien, nunca hizo partícipe de su arrepentimiento a nadie; ni a mí, que aún lo estoy esperando. Bueno, si he de ser sincero, no espero nada. Sé que no le importa otra cosa que no sea él mismo. Por eso insisto que nosotros debemos situarnos en primer lugar, relegando a un segundo plano a las personas y a las circunstancias ajenas a nuestra recuperación. ¿Qué seremos tachados de egoístas? Bien, ¿a alguien le parece egoísta que un enfermo tome medicamentos para recuperarse? Pues eso.

No debemos perder de vista que fuimos víctimas, lo que nos concede todo el derecho del mundo a reivindicar esa existencia que se nos negó y a señalar al culpable sin que por ello debamos aceptar la acusación de estar buscando venganza. Y si así fuera ¿acaso no estamos en nuestro derecho? Lo estemos o no, quiero apuntar que la venganza nunca será una buena compañera de viaje.

Por lo que respecta al perfil del agresor, si bien no puedo ponerme en su piel para acceder a una definición más precisa, sí puedo, tanto por conocimiento directo como indirecto, afirmar que la simplificación prevalece, en contraste con nuestra opinión, en el parecer de la mayoría. A un individuo que abusa de un niño se lo relaciona socialmente con la pedofilia o la criminalidad. No debería ser necesario entrar mucho en detalles para saber quiénes son estos personajes.

En un primer caso, el pedófilo, estaríamos hablando de una persona inmadura, de escasas relaciones sociales y con una sexualidad primaria que sólo encuentra a sus pares en los niños. El segundo caso, el agresivo o sádico, es bastante escaso. Al resto de los agresores, que no deberíamos olvidar y que supone la gran mayoría, se les cataloga erróneamente como ocasionales.

No se trata de individuos a quienes sólo les atraen los niños, sino que también pueden relacionarse con relativa normalidad con personas adultas. Su predilección por los niños es claramente oportunista debido a la facilidad con que el abuso de poder puede ejercerse sobre ellos. A veces este comportamiento se asocia a problemas de diversa índole, como el estrés, el alcohol, la falta de pareja y otros. No voy a poner en duda que éste sea un tipo de agresor. Lo es. Pero no deberíamos reducir el mundo de los abusadores. A veces, los motivos que catalogaríamos como habituales tienen poco que ver con la realidad del abusador.

Existe un alto porcentaje de abusadores que no cuadra en ninguna categoría anteriormente mencionada. Tal vez tengan un rasgo en concreto, pero ese mismo rasgo lo puede tener cualquiera, sin que ello signifique que sean abusadores. Este tipo de persona puede ser amable, reservada, introvertida, un líder o un benefactor del que nadie se atrevería a pensar nada malo. Se aprovecharán de sus hijos, sobrinos, nietos y de cuanta persona cuya debilidad e inocencia pueda ser mancillada para su triste, oscuro y repugnante placer. Lo más desconcertante es que pueda ser nuestro amigo, vecino, maestro o confesor. Y lo peor es que nunca lo hubiéramos sospechado.

No son fácilmente reconocibles. Actúan impunemente (apenas un 3% de los casos se descubre de inmediato) y pueden relacionarse de un modo normal con sus semejantes. No hay nada que nos induzca a pensar en su anormalidad. Jamás levantarían una sospecha. Y no son ocasionales. Son cobardes, eso sí, aunque pueden esconderlo tras la arrogancia y la prepotencia. Pero no son ocasionales; son oportunistas, y el único freno que poseen es verse privados de la oportunidad.

# Recuerdos

Aún experimento desconcierto, rabia y tristeza a partes iguales. Por lo que perdí, por lo que pudo ser, por los sentimientos que murieron, por el niño que abandoné... Creo que voy a sentirme así durante mucho tiempo.

Aunque los recursos recién adquiridos, en apariencia, nos doten de una cierta aura de fortaleza, la fragilidad sigue siendo una parte destacable de nuestra personalidad. Podemos mostrar la imagen que queramos o podamos. Podemos hacer creer a los demás que somos invulnerables o, al contrario, buscar obsesivamente la comprensión que no tuvimos en la niñez, pero sea cual sea la máscara que decidamos ponernos, en nada va a modificar nuestra auténtica esencia.

Todo el camino que he recorrido es motivo más que suficiente para impulsarme a seguir adelante. Aun así, cuando contemplo el pasado, siento esa vieja y terrible conmoción, como el ruido lejano de un trueno, que me paraliza de vez en cuando.

Me sumerjo en el pasado y me parece irreal. Apenas me reconozco. Sólo alcanzo a vislumbrar la inmadurez de alguien que no podía emprender ninguna empresa de futuro, alguien que desprendía los prepotentes destellos que sólo la ignorancia puede proyectar; sobre todo la ignorancia respecto a uno mismo. Pero cuando ya nada esperas, surgen aquellos accidentes de la vida que desbaratan todo lo que creías estar controlando. Uno de esos accidentes fue una nueva relación, que aún ahora sigue vigente y cercana a su décimo aniversario, lo cual supone un auténtico record.

Marta, con su obstinación ilimitada, se propuso, cual Miguel Ángel, esculpir una figura con forma y sentido a partir de un material que parecía irrecuperable, tosco e imposible de moldear. O sea yo.

Marta, antes de que le confesara los abusos de que fui objeto, me propuso un día que tratara de definir a mi padre. Me instó a que le contara algo que hubiera aprendido de él. ¡Que planteamiento más tonto! Me quedé un rato pensativo, pero no supe que responder. Todo el mundo tiene recuerdos positivos, aunque sean unos pocos... ¿no? Puse todo mi empeño en viajar con el pensamiento hacia algún lugar del pasado y asociarlo con mi padre, pero mi mente no emitía señal alguna. Encefalograma plano. No se me ocurría ni lo más elemental, lo que no quiere decir que no existiera, pero el peso de un recuerdo innombrable lo había sepultado todo.

Sólo más tarde pude hacerme una imagen real de la persona que se escondía tras esa máscara de paternidad. Comprendí que tuve un padre cobarde y miserable, y dejando aparte la evidencia de los abusos, comprendí que su influencia pudiera haberme convertido en alguien como él, o quizá peor. Y mucho me temo que eso es lo que quería, aunque ni él lo sepa. Creo que en esto estaba basada su autoestima; en la humillación a los demás. Es como si estar rodeado de gente más mediocre que él, le hiciera sentir que era alguien. Todavía me sigue costando escribir ciertas cosas que durante tanto tiempo quise evitar. Aún me resulta inconcebible pensar que la desgracia ajena pueda tener relación alguna con el alivio o la satisfacción propia. Espero que semejante mezquindad nunca tenga que ver conmigo.

No importan las consecuencias de sus actos, no importa el daño, no importa nada que no sea él mismo. Mientras mi madre siga a su lado, porque él sabe perfectamente que es incapaz de concebir otra posibilidad, y pueda hacer lo que siempre ha hecho, mi padre ya tiene suficiente. No importa lo que suceda conmigo. Nunca le ha importado nadie. Eso es algo que he aprendido recientemente. Uno de tantos descubrimientos. Ahora sé que no hará nada por mí; nunca lo hizo. Sólo hacía cosas que se supone que deben hacerse; sin criterio, sin sentimientos... Para él, la vida es una cuestión de inercia estúpida, y poco más. Y la mía, hasta hace bien poco, no puedo decir que fuera mejor.

Aún hoy me asombro al escribir estas líneas. Estoy sumido en la perplejidad y la extrañeza. Pero lo que me asombra por encima de cualquier otra circunstancia es que puedo decir lo que siento, lo que pienso... Puedo decir la verdad; esa verdad que jamás pensé que saliera de mis labios.

Hay una rabia profunda que permanece oculta y que no va a permitirme pasar por encima de todos estos sucesos sin hacer ruido. Me resisto a hablar de venganza. No quiero recurrir a ella porque ni la necesito ni quiero hacer uso de ella. Tal vez me tome mi tiempo, tal vez una larga temporada, pero éste no es un capítulo que pueda ser enterrado en el olvido. Y quizá este libro sea la respuesta.

Mi madre fue un ejemplo de cómo amar incondicionalmente, sin importar demasiado lo que ocurriera alrededor. Si no éramos una familia feliz ¡tampoco costaba tanto imaginarlo! Había máscaras para todos los gustos. Lo primordial era hacer creíble lo increíble y guardar las apariencias. Y así lo hicimos.

Después, la revelación de que mi propio padre hubiera abusado sexualmente de mí, se convirtió en un hecho de extrema gravedad, a juzgar por sus propias palabras, pero al parecer, no lo suficiente como para que se separara de él. Hay que comprender los posicionamientos de cada uno, las carencias y las prioridades. Sin duda. Pero eso no significa que el final siempre sea el mismo. Cada cual deberá responder por sus actos. Por mi parte sólo queda comprender, que no aceptar, unos hechos que quizá ya sean inamovibles.

En algún momento de mi vida murió el niño que había en mí. No recuerdo la fecha exacta, tan siquiera sé si sucedió de repente o fue una muerte lenta. Donde no albergo duda es sobre quién fue el culpable ni el motivo por el que mi vida es lo que es. Por ese motivo murieron muchas partes de mí que no he logrado recuperar. Al menos todavía.

Siempre había contemplado el mundo como un lugar extraño y hostil, sin embargo ahora sé que era el mundo quien veía en mí al verdadero extraño. No quería ser consciente de una certeza tan obvia como dolorosa. Me bastaba con cerrar los ojos, mirar hacia otra parte y avanzar; avanzar con los ojos cerrados, avanzar con el corazón cerrado, avanzar... sin moverme.

Las relaciones se tornaron extrañas, difíciles de manejar. Nuevos escenarios donde poner de manifiesto mi preocupante escasez de habilidades sociales. El paso de los años, en muchos aspectos, no trajo asociado ningún progreso. Llegué a creer que lo mejor era quedarse al margen, agazapado en la soledad, escribiéndole poemas al silencio sobre amores inalcanzables y soñando sueños que apenar servían para otra cosa que para ser soñados... Así, como el cobarde, que muere mil veces antes de su verdadera muerte, veía pasar el tiempo de espaldas a la realidad. Tanto fue el tiempo desperdiciado que incluso ahora pienso que jamás voy a librarme de todo ese dolor.

¿Era yo el culpable de lo que estaba sucediendo? No concebía otra culpa que no fuera la mía. Y es que ¿podía haber otro culpable? Sólo pensar en ello ya me llevaba a considerarme como un traidor de la más baja estofa. ¿Cómo concebir, tan siquiera, la idea de poner en peligro al maravilloso clan familiar? ¿Señalar con mi tembloroso e infame dedo acusador a quien mantenía la familia? No. Estaba dispuesto a protegerlo aun a pesar de mi propia autodestrucción, sin tener en cuenta, ni por un momento, que era la familia quien debía protegerme a mí. ¡Qué paradoja más lamentable!

He abierto los ojos, o quizá tan sólo los haya entreabierto. En todo caso, lo suficiente como para ver quién era el auténtico responsable de lo que ocurrió. Mi padre fue y es el único culpable; él fue el abusador, él fue quien incumplió sus más elementales deberes como padre, educador y persona, transgrediendo unos límites que van más allá del perdón; un perdón que nadie podrá concederle. Sólo él.

Yo no fui responsable de lo ocurrido. Quizá parezca una afirmación irrelevante por obvia. Pero no lo es en absoluto. Muchos de nosotros, sin darnos a veces cuenta, seguimos culpándonos por unos sucesos en los que sólo fuimos víctimas inocentes.

La enorme liberación que supuso descubrir mi inocencia todavía me envuelve como una aureola resplandeciente. Estoy hablando del pasado, pero en realidad se trata de un pasado reciente. Demasiado cercano y doloroso. Sin embargo, y por vez primera, he empezado a vivir en el presente. Me acabo de convertir en responsable exclusivo de mi vida y de todo cuanto acontezca en ella. Ahora puedo tomar las riendas de mi existencia, y poco importa si lo hago mejor o peor, porque la verdadera relevancia de mis actos reside en que provengan de mis decisiones.

A medida que aumenta mi capacidad analítica en relación con los acontecimientos que han marcado mi vida, puedo apreciar aspectos que antes pasaban desapercibidos. Muchos adoptan la forma de obstáculos que antes no percibía y de los que me voy desprendiendo poco a poco.

La tendencia inicial ha sido centrarme exclusivamente en los abusos sexuales sufridos durante la infancia. No podía ser de otro modo. Sin embargo, en este mismo proceso, han ido apareciendo sombras cada vez más oscuras en torno a mi familia, y no sólo respecto a mi padre. No es extraño. Cuando se destapa un secreto de estas dimensiones aparece más porquería de la imaginada.

Una de las percepciones, quizá la primera de carácter negativo que puedo recordar, está ligada a una actuación de mi padre, aunque nada tenía que ver con los abusos sexuales, y curiosamente, no era yo el afectado, sino mi hermano mayor.

Mientras escribo no deja de sorprenderme el hecho de recordar esas escenas de una manera tan vívida. Es como si se tratara de una película donde las imágenes transcurren lentamente, y en todas y cada una de esas secuencias estaba allí, presente, sintiendo exactamente lo que sentía mi hermano.

Recuerdo perfectamente aquel día. Estábamos sentados en la mesa, mi padre, mi madre, mi hermano y yo. Mi otro hermano aún no había nacido, lo cual indica con toda seguridad que yo tenía menos de seis años. Y el protagonista de la historia menos de nueve. Acabábamos de comer. Pasaban unos minutos de las dos y media.

Justo antes de que mi padre se fuera a trabajar, mi hermano le pidió permiso para limpiarse los dientes. Ante su consternación, mi padre dijo que no. Cuando ya se había marchado al trabajo, mi hermano hizo la misma pregunta a mi madre. Estaba en el jardín tendiendo la ropa, y como era de esperar, no le puso ningún impedimento.

Antes de proseguir conviene explicar que la casa de mis padres constaba de dos pisos y para acceder al segundo hay que subir unas escaleras que se encuentran situadas en el recibidor, justo enfrente de la puerta que da a la calle. La puerta era de esas antiguas, macizas, agrietada y apolillada, con ventanas enrejadas de color verde que de día permanecían abiertas para ventilar la casa.

Mi hermano iba tan contento a limpiarse los dientes cuando, al pasar delante de la puerta, vio que mi padre estaba detrás, mirándole tras una de las ventanas. Gritando, le dijo que le abriera la puerta. Mi hermano, paralizado por el miedo, tardó bastante en hacerle caso. Finalmente lo hizo. Lo que sucedió después no hace más que reforzar el perfil del agresor que necesita reafirmar su autoridad sobre los más débiles, porque ante sus iguales no vale nada. Y desde luego la justicia le importa una mierda, como quedó demostrado.

Recuerdo como si fuera ahora a mi hermano llorando, sentado en el sofá del comedor después de habérselo contado a mi madre. Recuerdo a mi padre en el jardín, recriminando a mi madre que le hubiera dado permiso, contradiciendo así sus órdenes y mi madre, a su vez, diciéndole que tampoco era para tanto.

Recuerdo vivamente esa sensación de injusticia. Nunca la he olvidado. Y es extraño, teniendo en cuenta lo que me sucedería después (digo yo que fue después, pero tampoco estoy totalmente seguro), que sea este suceso el que mejor recuerde. Y todavía más extraño es que personas adultas como mis padres, ahora, ya no se acuerden en absoluto de estos hechos.

## La familia

Cuando salen a la luz los abusos sexuales de que fuimos objeto, empezamos a romper ese círculo vicioso en el que nos hallábamos atrapados. Se da inicio a nuestra lucha por escapar de esa existencia desgraciada, falsa y vacía que tanto nos alejó de las legítimas posibilidades que siempre debimos tener.

Pero lo que un día nos quitó el destino, hoy nos lo devuelve. ¡Y porque no con intereses!

Sé que mis palabras encierran una cierta animadversión hacia la institución familiar. Ni es casualidad ni voy a hacer nada por tratar de maquillarlo, ya que ésta ha sido la realidad que muchos hemos vivido. Me consta que hay familias maravillosas, ¡cómo no!, concretamente aquéllas que no tuvimos la mayoría de abusados, pero claro, no va a ser de éstas de las que voy a hablar en este libro.

Tras la revelación, el mundo parece desmoronarse a nuestro alrededor. No todos aceptarán de buen grado los cambios que vamos a experimentar, y entre las mayores resistencias que vamos a tener que enfrentar estará la familia.

A partir de ese momento se inicia la tarea de integrar en nuestro presente los traumas del pasado y las incertidumbres del futuro. Y con esa carga, que no es poca, empezar a caminar. Avanzar con nuestro dolor y con la alegría por el reencuentro del camino que un día nos quisieron escamotear. Ya va siendo hora de abandonar ese cuarto oscuro en el que nos ocultábamos del mundo y de nosotros mismos.

Cuando el abusador es un miembro de la familia, tanto la dificultad para revelarlo como el posterior enfrentamiento, aumentarán en una relación proporcional al grado de parentesco existente entre la víctima y el agresor.

En este sentido, mi caso podría situarse entre los de mayor gravedad, lo cual quedó demostrado cuando lo dije, por fin, a los 38 años. Y si lo hice fue presionado por las circunstancias, ya que mi intención era no contarlo jamás.

Una vez consigues liberarte de ese lastre, no sabes muy bien que ocurrirá ni que debes hacer. Recuerdas ese miedo infantil que relegó al silencio cualquier posibilidad de salir del atolladero. Igualmente destacados estaban la vergüenza, la sensación de ser diferente, de estar marcado o de no tener derecho a nada. Lo más descorazonador es darse cuenta que una vez alcanzada la adultez, tus sensaciones no se han modificado tanto. Ese miedo ancestral a que la familia en pleno se pusiera a la contra, no era tan sólo la ingenua idea infantil que nos impidió romper el silencio; era y es una idea que nos ha acompañado siempre, y lo que nos gustaría pensar que fue ingenuidad, termina siendo una cruel realidad a la que debemos hacer frente.

Con la familia es muy habitual encontrarnos una de cal y otra de arena. Unos se pondrán incondicionalmente de tu parte y otros no querrán saber nada. Y los últimos, tal vez la mayoría, te hablarán del tiempo, como si nada hubiera ocurrido. A lo sumo te darán la razón y convendrán que fue muy grave, aunque eso sí, insistiendo en que lo mejor es olvidarlo y seguir adelante. ¡Eso! Olvidémoslo todo, pongámonos la mejor de las sonrisas y vayamos a bodas, bautizos y comuniones. ¡Y quién sabe!, incluso es posible que me siente al lado de mi agresor, le dé un abrazo y le diga ¡Bah, si no fue nada! Todo sea por la familia, no vayamos a ocasionarles un daño irreparable. Pero ¿y nuestro dolor? No importa. Al fin y al cabo ya estamos acostumbrados... ¿Olvidar? No, gracias. He estado casi cuarenta años en el olvido y puedo garantizar a quien quiera escucharme que no sirve de nada.

No esperemos que los procesos familiares se produzcan de la noche a la mañana; al menos no los de más hondo calado. Debemos tener en cuenta que a veces cuesta muy poco pronunciar las palabras que se supone que hay que decir, y mucho más mantener lo dicho y actuar en consecuencia. Empiezan a surgir matizaciones como quizá, a lo mejor, tal vez... De eso nada. Ni quizá, ni tal vez, ni ostias. La única realidad es que un hijo de puta arruinó mi vida. Y vosotros, mi familia, debéis estar a mi lado. Y si no estáis conmigo, al menos en este caso, estáis contra mí.

Al principio no esperemos contar con el apoyo incondicional que cabría esperar de un entorno emocional sano, lo que no significa, necesariamente, que ese apoyo no exista o no puede llegar a hacerlo. El nudo gordiano de este asunto está en las condiciones, que suelen aparecer ante nosotros en forma de chantaje emocional; una situación que no sabes como ha surgido y de la que es muy difícil desprenderse sin parecer un mal hijo, un mal hermano o una mala persona en general. ¿Y el hijoputa? Pues mira, últimamente tiene unos dolorcitos en el pecho...

El primer gran obstáculo toma la forma de incomprensión generalizada a la que tenemos que hacer frente, haya más apoyo o haya menos. Suelen ser situaciones sutiles en las que se esconden intereses y comportamientos adquiridos que, por culpa de nuestra incipiente y novedosa visión del mundo, unido a nuestras escasas habilidades, no sabemos manejar como deberíamos.

No es la sutileza lo que más temor nos causaba en la niñez. Pensábamos que al revelar aquellos sucesos de nuestro pasado la familia estallaría cual supernova, convirtiéndose en un agujero negro que lo engulliría todo, nosotros incluidos. ¿Quién se atreve a abrir la boca ante semejantes perspectivas? La realidad está muy alejada de aquella aterradora idea infantil. Pocas veces se produce el gran "terremoto" familiar que tanto nos asustaba, y aun cuando ocurre, suele durar poco y sus efectos se desvanecen con relativa rapidez.

Si prometemos estar calladitos la familia hará como si no hubiera pasado nada. Y si hablamos... también.

Cuando decidimos abandonar ese silencio en el que nos creíamos a salvo, se iluminan zonas que habían permanecido en una difusa penumbra, o incluso en la más absoluta oscuridad. Te asombran las nuevas percepciones. Personalmente, una de las cosas que más me llamaron la atención, y no sólo a mí, fue darme cuenta que para algunos familiares daba prácticamente lo mismo estar a favor que estar en contra. Es curioso, pero en el fondo no hay diferencias demasiado significativas. Depende por donde sople el viento. O ni eso, ya que yo hice soplar mucho viento, huracanes diría... pero ahí no se mueve nadie.

Hay que estar muy al tanto de las ayudas que nos ofrecen y fijarnos bien si tienen algún precio o fecha de caducidad. La amplia gama de ofrecimientos con los que nos pueden agasajar, irán desde la más exasperante ambigüedad, más cercana al rechazo que a otra cosa, hasta la ayuda sin condiciones. Escasa esta última, como muchas de las cosas más valiosas.

La ayuda hipócrita la encontramos en algunos amigos o familiares cuando nos dicen: "Un día de estos vienes a mi casa y hablamos" o "Ven cuando quieras". Cuando existe una confianza sincera, estas manifestaciones pueden ser interpretadas literalmente, pero cuando no es así, sólo es pura retórica empleada para quedar bien. La verdad es que el tono y los ademanes, si uno está atento, delatan enseguida a quien habla.

Ahora me divierte pensar que ante semejantes ofrecimientos pudiera haber contestado: "Vale, mañana vengo a tu casa". Menudo compromiso para el hipócrita.

Pero no son esos insustanciales personajes quienes mayor peligro entrañan para nuestro bienestar emocional, sino las personas cuyos lazos familiares, y por ende emocionales, nos pueden situar en una posición comprometida. La perversión moral a la que nos enfrentan, aunque no sean conscientes de ello, la encontramos en frases del tipo: "Tu madre ya es muy mayor" o "Tu padre sufre del corazón" y argumentos parecidos. Así es como de nuevo nos culpabilizamos y volvemos a sentirnos responsables de una hipotética debacle familiar. Nos cuesta horrores caer en la cuenta de que ésta es una hipótesis que prácticamente nunca se cumple, mientras que la autodestrucción a la que hemos estado sometidos nosotros durante tanto tiempo es una realidad incuestionable. ¿Y qué hace la familia? La buena noticia podría ser que se preocupa; la mala es que no suele ser por nosotros, sino debido a nosotros.

Pueden existir intereses que no conviene remover. Pero ¿a quién no conviene? A la familia, por supuesto, porque a nosotros sí nos conviene removerlos, y mucho. Aunque entrañe cierto peligro. La familia puede acabar convirtiéndose en un ente que no dudará en emplear cualquier tipo de autodefensa; sintiéndose agredida y viendo amenazado su status, probablemente enfermizo, pero al que no está dispuesto a renunciar.

Muchas veces resulta más sencillo atacar o ayudar a los demás que enfrentarse a los propios problemas. De ahí que antes dijera que estar a favor o en contra nuestro no comporta, necesariamente, demasiadas diferencias. Después de todo, uno de los sistemas más eficaces para evitar estar pendiente de las propias miserias, sea mantenerse ocupado con las miserias de los demás.

Las ayudas deberían provenir de aquél que previamente se ha ayudado a sí mismo. Cuando los abusos sexuales se producen en la familia es bastante probable que ésta posea otras disfunciones que afecten a sus componentes, bien provengan directa o indirectamente de la patología del agresor o bien sean otras que se añadan a éstas. En todo caso las ayudas procedentes de semejante entorno pueden hacernos más mal que bien.

Llegará el momento en que vamos a comprender que hemos dejado de formar parte del clan familiar. Nos hemos convertido en extraños. Ya no somos algo cómodo y predecible para la familia. Ya no hacemos aquello que se considera adecuado y no nos preocupa lo que piensen los demás. No quedamos bien ni somos políticamente correctos. No hay mayor sacrilegio para una familia hipócrita. Nuestra presencia y nuestras opiniones provocan recelo, desconcierto e incomprensión. Nos hemos autoexiliado sin quererlo, sin darnos apenas cuenta. Pero lo que en realidad hacemos es trasladarnos al lugar donde siempre quisimos estar, y lo único que todavía nos desconcierta es lo siguiente: ¿por qué no lo hicimos antes?

Cuando el abusador es el padre o un familiar muy directo, suele pasar que el resto de la familia se sienta en la obligación de escoger entre la unidad familiar y tú. El desarrollo de este proceso puede ser bastante desesperante. Por un lado aseguran entenderte, pero por otro lado todo continúa exactamente igual que antes.

Sólo cuando tomas la suficiente distancia y perspectiva, puedes ver personas con profundas limitaciones que prefieren perder hijos, esposas o hermanos antes que enfrentarse a realidades que no comprenden ni tienen intención alguna de hacerlo.

La conclusión es que el distanciamiento de ese entorno nocivo no sólo es posible, sino absolutamente necesario. La prioridad es nuestra recuperación y para que ésta sea factible, deberemos construir un entorno donde desarrollar nuestras habilidades y reencontrarnos con nuestro auténtico yo, lejos de interferencias que entorpezcan nuestra evolución.

En mi familia siempre ha existido un marcado desprecio hacia aquellos que "no eran como nosotros". Ahora empiezo a entender que los que no eran como nosotros, muchas veces, eran mejores. Eso me ha llevado a ver a mi familia como un núcleo cerrado, donde la autoestima, por decirlo de algún modo, se sustentaba en el desprecio, el ridículo o la vergüenza.

Nadie escapaba a la crítica. Ahora me produce tristeza pensar que se pueda vivir bajo esas premisas. La lección aprendida es muy clara: quien desprecia a los demás, en realidad, se desprecia a sí mismo.

Me consta que en un caso de abuso sexual donde el agresor es alguien externo a la familia, cuenta con mayores probabilidades de ser revelado por la víctima. También en estos casos puede ocurrir que la familia no esté a la altura, aunque estadísticas en mano, las actuaciones más correctas se dan en los casos de abusos extra– familiares.

Cuando hablamos de un abuso cometido en la impunidad de un núcleo familiar cerrado, resulta mucho más difícil denunciarlo. Los impedimentos y las limitaciones, para un niño cuya percepción todavía nos está totalmente desarrollada, se convierten en obstáculos infranqueables. La idea de desintegración familiar pesa demasiado para un niño que se sabe dependiente de ese entorno. Su resistencia a la revelación de los hechos tiene más que ver con el instinto de supervivencia que con otra cosa.

Desde la visión infantil, la palabra del niño enfrentada a la del adulto intimida lo suficiente como para pensar que de ser desestimada su denuncia, el futuro podría ser mucho peor que el presente. Y flotando por encima de estas consideraciones está la fidelidad que se le debe al clan familiar. Es una especie de resorte automático que te impide actuar contra él. Esa acción, ante los ojos del niño, aparece como una traición imperdonable que no se justifica, tan siquiera, por los abusos de los que se ha sido objeto.

No lo dije, cuando era niño, porque pensaba que era más grave denunciarlo que guardar el secreto, por terrible que éste fuera. No había nadie que me dijera lo que ahora sé.

¿Cuál es la definición del amor? Debería tener algunos conocimientos básicos, ya que de lo contrario sería alguien extremadamente raro. ¿O no tanto?

Siempre he creído que en mi familia ha existido amor. Sin embargo, nunca me paré a pensar en que consistía, como se demostraba y otros detalles tan simples como necesarios para establecer su existencia real. Tampoco sé en que proporción lo recibía, pero si alguien me hubiera preguntado si nos queríamos, me hubiera parecido una pregunta absurda. ¡Pues claro! ¿Claro? Claro es la antítesis de lo que fue mi pasado.

Si bien el abuso sexual rompía forzosamente cualquier esquema de familia armoniosa y bien avenida, la hipocresía y el secretismo lo mantenían con un disfraz de familia feliz tan dañino como falso. Pero nosotros no éramos conscientes de ello. Con el paso de los años aquella irrealidad se convirtió en una verdad incontrovertible. Eso ha sido lo más difícil de asumir.

# Egoísmo

Durante esta etapa, en la que adquirimos conciencia de una realidad muy distinta a la que estábamos viviendo, debemos observar nuestra curación como un ejercicio individual y egoísta que se comparte con personas afines. Mientras el proceso se lleve a cabo observando unos límites razonables, no ha de ser motivo de alarma. Aunque parezca contradictorio, centrarnos en nosotros mismos nos abrirá un nuevo mundo donde el arte de dar y recibir se convertirá en una práctica corriente, sin necesidad de estar pendientes de una balanza que nos indique lo que tenemos en el debe y lo que tenemos en el haber.

El objetivo es convertirnos en personas mucho más completas, libres, felices y, porque no; también más solidarias.

Tras los primeros cambios veremos que nuestra percepción de la realidad se vio afectada por importantes distorsiones que arrancan desde los tiempos del abuso hasta convertirse en el engaño en el que hemos vivido hasta ahora. Este punto de vista sobre la propia realidad será uno de los aspectos que más sujeto estará al cambio.

Nos asaltará la sensación de efectuar un salto al vacío sin red, pero eso irá atenuándose con el tiempo, a medida que se asienten nuestras nuevas convicciones. Debemos ocuparnos de nosotros, permitiendo al mismo tiempo que los demás nos ayuden. Esta actitud nos introducirá en un escenario nuevo. Nos va a posibilitar mostrarnos como somos y ver a los demás como son, sin máscaras.

No debe asombrarnos que la incorporación de un elemento como el egoísmo bien entendido nos haga personas mucho más receptivas y capacitadas para ofrecer ayuda de una manera natural y fluida. La interacción entre lo que recibimos y lo que estemos dispuestos a dar redundará en nuestro equilibrio, lo cual nos devolverá esa imagen de normalidad que nunca llegamos a creernos del todo.

La reciprocidad es un elemento que aparece de forma espontánea. No existe razón alguna para evaluar el nivel de ayuda que se da o se recibe. Por más lógico que pueda parecer el planteamiento desde una posición externa, una vez dentro, te das cuenta que es tan absurdo como innecesario. La explicación surge al cuidarnos y procurarnos todo aquello que antes nos habíamos negado. La encontraremos siendo consecuentes con nosotros mismos y viendo que dar y recibir forma parte de nuestras necesidades.

Estás dando de ti tu propia verdad, no una serie de actos o maneras mecánicas que aprendiste de pequeño porque quedaban bien o porque es lo mismo que les enseñaron a tus educadores. Has recurrido siempre a la aceptación sin que medie la más mínima discrepancia, sin que se cuestione su razón o eficacia. Ha llegado el momento de dar un giro de ciento ochenta grados.

Lo mismo que das, es lo que recibes. Ésta es una regla que a la larga siempre se cumple. Por esta razón nuestro egoísmo sólo puede entenderse como sinónimo de coherencia y sinceridad. Se trata de un efecto contagioso. Tu egoísmo, para explicarlo de un modo gráfico, sería como un recipiente que al llenarse rebosará en beneficio de aquellos que se hallen a tu alrededor.

El peligro del egoísmo aparece cuando se confunden los términos; cuando uno nunca cree tener bastante, cuando su recipiente no tiene fondo, cuando su ego necesita reafirmarse continuamente o cuando lo que se está buscando no tiene nada que ver con lo que se necesita.

Como todas las cosas, y el egoísmo no es ninguna excepción, hay una parte sana y otra enfermiza. Es por ello que no hay que confundir el egoísmo necesario para nuestra supervivencia con el egoísmo insano que pervierte muchas de nuestras cualidades humanas esenciales.

# Autoestima

Nos quedamos paralizados. El más pequeño contratiempo nos parece insuperable, y el problema más nimio, irresoluble. Carecemos de los más elementales recursos para luchar contra un destino que siempre parece estar conspirando contra nosotros. Nos invaden pensamientos grises que convierten nuestra existencia en un camino que se dirige hacia el fracaso y la depresión. Nos arrogamos la culpa de lo que ocurre a nuestro alrededor, creyendo que nos pertenece por entero. No valemos nada. No nos merecemos nada. No somos nada. Llegamos a pensar que de no existir dejaríamos de ser un problema para los demás.

¿Cuántas veces no se ha visto invadido nuestro cerebro por pensamientos de este estilo? Llevamos a cuestas el estigma del perdedor: *"Yo no soy capaz de nada; los demás sí"* *"Ya me gustaría a mí hacer lo que hace éste o aquél"*. Suspiramos, anhelamos, soñamos, pero nunca perseguimos hasta las últimas consecuencias el sueño que nos haría felices. Bueno, en realidad no hace falta llegar a las últimas consecuencias; a las primeras ya solemos abandonar.

Es imprescindible adquirir ese mínimo de seguridad en uno mismo antes de situarse por encima de las críticas y las opiniones ajenas. Es un camino largo por el que avanzaremos despacio, pero debemos hacerlo porque vamos a necesitarlo. Revelar los abusos nos hará sentir más vulnerables.

Hay una sensibilidad a flor de piel que busca ser comprendida. Pero esa necesidad choca frontalmente con la tendencia general del entorno a que todo vuelva a ser como antes. Aquí no vale acomodarse en las necesidades de los demás.

A veces debemos pasar por alto los consejos de la familia y demás personas allegadas. No importa lo bienintencionados que estos sean. Corremos peligro real de vernos atrapados en situaciones que no están muy lejos de ser una manipulación interesada. Tras los sentimientos pueden ocultarse otros intereses cuya motivación no tenga en cuenta nuestras necesidades reales, demorando un alejamiento físico o mental que tarde o temprano tendremos que llevar a cabo, pues la sanación implica mantener una prudencial distancia con el ambiente nocivo en el que nos hemos movido hasta el momento.

Imaginemos por un momento que toda nuestra culpa se convierte en una delicada vajilla de porcelana situada precariamente sobre una bandeja. Desde siempre se nos hizo creer que no debíamos soltarla bajo ningún concepto. No debíamos permitir que se nos cayera. El miedo superó cualquier otro sentimiento. Debíamos sostenerla pasara lo que pasara. Nos duelen los brazos; casi no podemos con ella. Transcurre el tiempo y se va borrando el recuerdo. Lo único que persiste es el dolor, un dolor cuya procedencia se perdió en el olvido. Sostenemos la bandeja, con dolor, con tristeza, con resignación... Sostenemos la bandeja, pero ya se nos olvidó la razón.

Un día, quizá después de atravesar una situación límite, te cuestionas si realmente tiene sentido lo que haces. De pronto comprendes que la bandeja y su contenido no te pertenecen. Reconoces, no sin rabia y consternación, que la sostienes por que has aceptado hacerlo, porque de algún modo te engañaron, porque tú mismo te engañaste. Nadie puede exigirte que lo hagas. Nada puede obligarte a encubrir acciones que no promoviste. Antes al contrario; fuiste la víctima inocente de unas circunstancias a las que no podías hacer frente.

Es posible que ahora empieces a ver a los demás sosteniendo su propia bandeja. Eso no te incumbe; no te pertenecen. La decisión es tuya; los demás no dependen de ti, ni tú de los demás. Eres libre para elegir tu camino, libre para desprenderte del peso de la culpa, libre para dejar caer la bandeja de una maldita vez. ¡No pasa nada!

Hay quien ha hecho de su existencia un papel donde esta escrito su destino, imborrable, impreso a fuego, y así pasa infelizmente por la vida, sin posibilidades de cambio. Hay quien vive como papel en blanco, o peor aún, como papel en el que los demás escriben lo que les apetece o conviene. Sólo unos pocos quieren ser el lápiz que redacte su paso por el mundo.

No hay más secreto que la adquisición de una nueva conciencia respecto a las auténticas necesidades y satisfacerlas, eso sí, tratando de no caer en el egocentrismo superficial y excluyente, sino en el egoísmo vital y necesario, propio de la autoestima, que requiere ser llenado para expandirse hacia los demás.

El amor hacia ti mismo es sano y propio de la naturaleza humana. Lo contrario sería antinatural. No puedes amar verdaderamente ni entregarte a los demás si antes no te has preocupado de ti. No podrás ofrecer nada a nadie si antes no has cubierto tus necesidades. Lo interior se llena y rebosa para beneficiarte y beneficiar a cuantos te rodean; lo exterior, sin embargo, nunca se puede llenar y perjudica a todos.

Cuando basamos nuestra felicidad en la posesión de elementos externos estamos abocados al fracaso. Podemos llegar a ser los más ricos del mundo, llegar a gobernar países, ser respetados, ser temidos por quienes nos rodean, pero si no hemos llegado a comprender verdades tan simples como las anteriores, nuestro camino es un camino hacia el autoengaño y, en definitiva, a ninguna parte.

Si tu autoestima depende de lo que posees, estás viviendo aferrado a algo irreal, inconstante y que puede escapar fácilmente a tu control. Tu estabilidad quedará ligada a las fluctuaciones que padezca tu riqueza material. Otra manera de equivocarse se produce cuando tu autoestima está condicionada a lo que los demás digan de ti. No sólo vivirás en un mundo ficticio, además estarás obligado a desarrollar una conducta dependiente, pues tu felicidad no estará tan ligada a tus actos como a la opinión que de ellos tengan los demás.

Es bien patente la relación entre los abusos sexuales y la incapacidad para tomar decisiones. Las conclusiones son obvias; o bien nos identificamos con la persona que huye despavorida ante las responsabilidades, o bien nos convertirnos en personas sumamente responsables en ciertas áreas, como podría ser el trabajo, pero totalmente irresponsables respecto a nosotros mismos y nuestras necesidades emocionales.

¿Cómo afrontamos todo esto? En general, a fin de ganar aceptación, desarrollamos una personalidad introvertida y complaciente. Eso en última instancia ¿que significa? Que tenemos serios problemas de autoestima. La resolución de muchos problemas puede empezar por algo tan sencillo como decir no.

Durante la celebración de la boda de una compañera del grupo de autoayuda, me di cuenta de algo muy importante. Experimenté esa empatía que me permitió sentir algo muy parecido a lo que sentía Eva. Tal vez los demás compañeros del grupo estuvieran pensando lo mismo. Lo cierto es que no llegamos a comentarlo.

En nuestro cerrado mundo, la capacidad para ponernos en la piel de otra persona es todo un acontecimiento. No solemos hacerlo. Aunque también es posible que lo hagamos de un modo obsesivo para no pensar en nuestros problemas. La sabiduría para saber distinguir que lugar ocupa cada cosa formará parte del nuevo aprendizaje.

Pero el mensaje que ahora quiero recordar es el que nos estaba enviando Eva. Creo que nos decía: yo soy importante. Y nosotros también lo éramos.

# Autodefensa

Es razonable que las personas de nuestro entorno más cercano nos reclamen información relacionada con los abusos. Esta demanda puede conllevar algunos inconvenientes que no sabremos negociar correctamente. Nos incomoda. Nos cuesta erradicar ese viejo comportamiento que arrastramos desde los tiempos del abuso.

No es extraño, de todos modos, que actuemos así. Por un lado nos pone en guardia, advirtiéndonos de peligros que casi nunca existen, y por otro, nos obliga a revivir unas escenas que nuestra mente lleva toda la vida tratando de olvidar. Aunque sea cierto nuestro esfuerzo por recuperarnos, no lo es menos la existencia de una fuerza oculta que nos empuja a archivarlo todo en el olvido y dejarlo allí para siempre. Existe una cierta contradicción en nuestro comportamiento, pues si bien queremos que todo salga a la luz y se desenmascare al culpable o culpables, también nos sentimos dominados por un instinto de falsa autodefensa que nos lleva a replegarnos en una especie de autismo que no nos va a ayudar en nada.

No nos debería molestar que las personas próximas a nosotros se interesen por lo que sucedió en nuestra infancia, y más aún cuando lo habitual es que nos hallemos rodeados de silencio. No existe fórmula más efectiva que la comunicación a la hora de indagar y comprender los mecanismos que rigen nuestro comportamiento.

A pesar de conocer las buenas intenciones de nuestro interlocutor, no siempre es posible evitar esa incomodidad; una sensación que puede adquirir tintes de hostilidad cuando las preguntas hurgan partes de la herida especialmente sensibles.

¿Por qué esa tendencia instintiva a cerrarse en banda? ¿Por qué aparece esa sensación irracional de sentirse atacado? ¿De qué nos estamos defendiendo? ¿Cuál es la culpa y por qué la llevamos arrastrando desde hace tantos años?

No siempre la comprensión de unos hechos nos conduce de inmediato a su solución. A veces debemos esperar que sea el tiempo quien aporte las respuestas a un pasado repleto de interrogantes. La normalidad se instalará en nuestra vida cuando seamos capaces de hablar de los abusos de la misma manera que lo hacemos de cualquier otro asunto.

Mientras vivimos inmersos en nuestro reducido mundo, permanecemos ajenos a las profundas contradicciones que rigen nuestro comportamiento. Quizá la más absurda sea esa orden que quedó incrustada en nuestro cerebro y que nos impele a defender contra viento y marea la misma causa que nos está destruyendo. Y eso sucede incluso después de olvidar cual era la causa y la razón por la que había que defenderla.

Si está en juego tu salud mental, poco importa que las causas sean o no defendibles. Tan siquiera eres capaz de percibir lo que en verdad está sucediendo contigo. Desde una perspectiva externa, hace falta bien poco para ver el poco sentido que tiene "proteger" a quienes no lo necesitan (familia, amigos, el propio agresor) y dejar permanentemente "desprotegido" a quien más lo requiere (nosotros).

Queremos defendernos de aquello que nos produce dolor. Nuestra defensa es olvidar el pasado, negar el recuerdo, anestesiar los sentimientos. Nuestra autodefensa ha pasado a ser un instrumento de autodestrucción.

Formábamos parte del núcleo familiar y nunca dudamos que nuestra supervivencia dependiera de la estabilidad de aquel sistema, por más imperfecto que fuera. ¿Cómo nos íbamos a plantear la posibilidad de bombardear una nave, si nosotros viajábamos en su interior? No teníamos elección. ¿Cómo va a tenerla un niño de cinco, seis o siete años?

Hoy podemos empezar a comprender porque actuamos de la forma en que lo hicimos. Estábamos atrapados, engañados, intimidados. No teníamos más remedio. Pero a día de hoy sí tenemos la capacidad de elegir nuestro camino. Hoy podemos tomar nuestras decisiones con absoluta libertad, sin coacciones, sin miedo. Hoy tenemos el derecho y la obligación de defender nuestro propio barco y de llevarlo a buen puerto. Nadie nos gobierna. El destino está en nuestras manos.

# El miedo

El temor es uno de nuestros instintos más arraigados. En determinadas circunstancias pueden dispararse nuestras alarmas naturales para situarnos en un estado de alerta que nos predispone a enfrentarnos a una amenaza o, más frecuentemente, a huir de ella. No es una mera cuestión de cobardía, pues el objetivo primordial consiste en la evitación de un peligro para el cual carecemos de las armas adecuadas. Se trata, en definitiva, de un recurso primario para la supervivencia. Sin embargo, y a raíz de los abusos, el miedo se volvió contra nosotros, dificultando nuestra evolución emocional y social, y amplificando unas limitaciones ya de por sí bastante evidentes.

En algún momento perdimos el control racional sobre el miedo. Desde entonces es el miedo quien ha controlado nuestros actos. Ante situaciones donde deberíamos actuar sin mayores contratiempos, nuestra respuesta queda condicionada por el miedo y se convierte en un acto desubicado y carente de lógica y sentido.

Nos hemos visto asaltados por el pánico cuando no parecía haber una razón, nos hemos bloqueado ante nimiedades que cualquiera hubiera resuelto sin mayores contratiempos y hemos reaccionado con desmesura ante hechos cuya cotidianeidad hacían que nuestra conducta pareciera absurda y desproporcionada.

Estas actitudes terminan por generar rabia e impotencia. Somos los primeros en no comprender nuestras reacciones, lo que nos lleva a vernos como bichos raros. La carencia de herramientas que puedan ayudarnos a solventar estas situaciones no hace sino agravar el problema.

Tras el planteamiento negativo, pero realista de nuestra situación, lo que procede es hallar una solución y aplicarla.

Quien más y quien menos es un experto cuando se trata de encontrar soluciones para los demás, y si nos esforzamos un poco, también encontramos alguna para nosotros. Donde nuestra eficiencia deja mucho que desear es a la hora de pasar a la parte práctica y actuar.

Desenmascarar al agresor es el primer paso hacia el objetivo que perseguimos. Denunciar a quien siempre se ha escudado en el silencio y la impunidad nos transportará a una situación que ahora tan siquiera somos capaces de imaginar.

Nadie puede ni tiene derecho a desautorizarnos. Señalar a quien nos convirtió en cómplices de su perversa y mezquina conducta redundará en una paz interior que bien nos hemos ganado. Señalar a quien nos hizo creer, por acción u omisión, que la culpa era nuestra, no sólo nos librará para siempre de esa falsa sensación, además será el principio del fin de ese miedo ancestral que siempre hemos arrastrado.

En ningún momento pierdo de vista el concepto de justicia, por más que alguno nos quiera confundir, y sólo vea venganza en nuestras acciones. Que le vamos a hacer. Mientras consigamos meternos en la cabeza que los pensamientos de los demás son de los demás, todo irá bien.

Un cambio de costumbres y avanzar por la vida con la cabeza bien alta puede ser el síntoma de saberse poseedor de la verdad; no de la verdad absoluta, sino de la que se refiere a los abusos. Tras tanto tiempo de indecisión y baja autoestima, llega la hora de poseer esa seguridad que va más allá de odios, incomprensiones y venganzas.

Hasta el momento hemos visto los efectos paralizadores del miedo, pero también puede producirse el efecto contrario.

La no aceptación del miedo como una parte de nuestra vida cotidiana, también puede generar actitudes temerarias y de desprecio hacia nosotros mismos y nuestra integridad. Muchos nos hemos reconocido coqueteando con el peligro, como si después de todo no tuviéramos demasiado que perder.

El miedo, como uno de los principales elementos que nos protege del peligro, desaparece para dar paso a ciertas tendencias temerarias o autodestructivas. Estas actitudes también afectan a las personas de nuestro entorno, que no comprenden lo que ocurre y no saben que hacer para ayudarnos. La cuestión es que, por exceso o por defecto, nunca hemos sabido gestionar el miedo de un modo correcto.

Es imprescindible echarle un pulso a esos miedos irracionales que nos dominan. Debemos enfrentarnos a ellos, pero nunca negando su existencia o infravalorando su poder destructivo. Si nos ha de servir de algo, hagámonos a la idea de que cuanto mayor sea nuestro miedo, mayor será también nuestra victoria.

# Susceptibilidad

La susceptibilidad es una mala compañera de viaje. Una vez te has asociado con ella es muy difícil desprenderse de su ingrata compañía.

Quienes padecimos abusos conocemos muy bien que significa la susceptibilidad y como ésta se ha ido introduciendo en nuestras vidas, y como ésta ha hecho acto de presencia cuando menos falta nos hacía.

La susceptibilidad, cuando no está magnificada, es un rasgo que forma parte del temor natural a ser heridos, traicionados o, simplemente, un temor a que se cuestione cualquiera de nuestras actitudes. Por lo general no supone un problema insalvable para nadie, aunque puede ser bastante molesto. En nuestro caso se originó, con el omnipresente telón de fondo de los abusos, como un mecanismo de autodefensa que debía protegernos de quienes trataran de aprovecharse de nuestra vulnerabilidad. Por desgracia sirvió de poco.

Hay una serie de situaciones que no pueden ser asimiladas por un niño. Por un lado el niño ve a esa persona en la que confía ciegamente, pero al mismo tiempo ve a esa misma persona traicionando brutalmente esa confianza. La imposibilidad de integrar ambos actos en nuestra cotidianeidad tuvo sus consecuencias. Poco a poco fue apareciendo una desconfianza crónica hacia cualquiera que tratara de acercarse más de la cuenta. Es como si se hubiera grabado la idea de que cualquier persona que se aproxime, lo hará porque tiene intenciones inconfesables hacia nosotros.

Poner al descubierto que fuimos abusados es tanto como sacar del armario los viejos fantasmas que, en condiciones normales, nunca hubieran salido, por más que siempre hubieran estado allí, latentes, esperando y actuando en la sombra sin que fuéramos demasiado conscientes de ello.

Revelar lo que aconteció en nuestra infancia no es el antídoto que nos asegure la desaparición de la susceptibilidad en nuestras vidas, no obstante es la mejor forma de acceder a un mejor entendimiento respecto a nuestro modo de actuar, lo que a su vez nos permitirá encontrar algunas respuestas e introducir, poco a poco, modificaciones que atenúen esa susceptibilidad que tan poco nos aporta.

Esto nos lleva a la asunción de realidades que antes nos negábamos a reconocer y nos faculta para encontrar una posible solución. Lentamente empezamos a abrirnos a la gente. El gran secreto ha desaparecido. Ya no tenemos que fingir ni ocultar.

Cuando comprendemos que esta nueva vida es posible, nuestra susceptibilidad vuelve a adquirir los registros normales y dejamos de creer que los demás estén utilizando parámetros diferentes a los nuestros.

# Culpa

La culpa es un sentimiento extraño, difícil de manipular y que casi nunca aporta nada bueno. Si algún beneficio pudiera reportar, éste recaería sobre terceras personas. El claro beneficiario de nuestro sentimiento de culpabilidad es la persona que abusó de nosotros. El peso de la culpa que arrastramos desde la infancia le otorga una impunidad insultante, le libera de cualquier juicio y hace que concurran en nuestra persona todas las secuelas negativas de lo que sucedió.

La culpa nos inhabilita, nos desautoriza a la hora de mantener cualquier criterio y hace que nos sintamos deslegitimados cuando, raramente, barajamos la posibilidad de denunciar a nuestro agresor. Dicho de otra manera; si no fuéramos culpables, ¿qué nos impide acusar a quien delinquió, sirviéndose para ello de algo tan frágil como el niño que un día fuimos? No nos va a costar demasiado hallar alguna excusa que justifique nuestro silencio, pero debemos tener presente que detrás de cada excusa siempre estará latente un sentimiento de culpa.

La ansiada incorporación al mundo de los adultos, esa misma que creíamos que nos liberaría de los fantasmas que nos perseguían desde nuestra infancia, se quedó en una más en nuestra interminable lista de decepciones. Aquel camino hacia el olvido también estaba plagado de obstáculos que pocas veces superábamos con éxito. Si el tránsito a la edad adulta ya tiene su complejidad en circunstancias normales, ¿cómo no será cuando se efectúa con un lastre del calibre de los abusos sexuales?

No deberían sorprendernos nuestras carencias y limitaciones, ya que los modelos que conformarían nuestra futura conducta fueron tomados de personas inadecuadas y llevados a cabo en un ambiente igualmente inadecuado. Con semejantes ingredientes no es de extrañar que nos hayamos convertido en individuos defectuosos, fruto de una educación, en el mejor de los casos, desafortunada.

La incapacidad para comprender esa clase de errores con los que crecimos, hace que acabemos refugiándonos en esa culpa difusa y olvidada, pero que asumimos por completo, aunque no seamos plenamente conscientes de ello. Esta situación es ideal para un agresor que, en muchos casos, ya se encargó de fomentarlo debidamente. También es cierto que muchas veces no hace falta; es la propia víctima, como me ocurrió a mí, quien asume la culpa, coaccionada por el peso de las circunstancias y por las limitaciones inherentes a su corta edad.

El triste viaje de la infancia desemboca en ese sentimiento de culpabilidad que arrostramos con estoicismo, como si se tratara de un estigma del que ya nunca más vamos a poder desprendernos. Este pensamiento se enquista en nuestra personalidad y no desaparece con el paso a la edad adulta.

A veces no basta la mera comprensión de un hecho para modificarlo sin más; se requiere la asimilación de otros hechos colaterales que lo han posibilitado y sustentado. A partir de ese viaje hacia atrás podemos iniciar el reencuentro con esa personita que se perdió en el tiempo y que sigue esperando respuestas.

Es importante considerar que los abusos intrafamiliares suelen ir acompañados de otros problemas de distinta magnitud. A mí, sin ir más lejos, me resulta del todo imposible afirmar que mi padre me proporcionó una educación excelente, excepto por los abusos sexuales, ese pequeñito detalle que, como una mancha imborrable, aparece en mi historia personal. No tiene mucho sentido. El abuso sexual fue el aspecto más negativo de mi existencia, y cuando uno asume esto, empieza a darse cuenta que hay una larga lista de negligencias educacionales que también tuvieron mucho que ver con el ser humano en el que me convertiría más adelante.

Nuestros progenitores se arrogan una responsabilidad que no siempre saben administrar adecuadamente. Sin contrastarlo en ningún momento, y quizá sin capacidad para hacerlo, dan por buena una educación mediocre, o incluso nefasta, sólo porque a ellos no les ha pasado nada. Pero eso no es cierto; lo que ocurre es que se niegan a ver lo que les pasó. Eso les obligaría a cuestionarse demasiadas cosas. Para muchos, ésta ha sido nuestra lamentable herencia educacional. Y el gran peso que ahora recae sobre nosotros ya no sólo es recuperar todo lo que perdimos en el camino, sino tratar de romper la nefasta cadena para no trasmitir a las siguientes generaciones los errores que nos transmitieron a nosotros.

En definitiva, con un terreno tan mal abonado, y con los abusos sexuales de fondo, ¿qué se podía esperar de nosotros?, como diría Serrat en una de sus canciones.

¿A quién puede culpar el niño si tan siquiera alcanza a comprender la realidad que le ha tocado vivir? Al final se adjudica las culpas que sus mayores no reconocen.

# Autoengaño

A nadie le cuesta demasiado esfuerzo advertir las deficiencias en los demás; sin embargo este discernimiento tan preclaro en lo ajeno resulta mucho menos efectivo cuando se aplica a lo propio.

Ésta es una más de las razones por las que me decidí a escribir este libro. Soy consciente de la ingente tarea que supone reconocerse en las carencias y en los errores. Y no me refiero a aquellos que se admiten con una falsa condescendencia hacia uno mismo. Olvidémonos de las confesiones complacientes, tales como: "tengo mal genio o tengo poca paciencia". Porque más que defectos del comportamiento, son tapaderas para convencernos de que poseemos una cierta capacidad de autocrítica. Adonde yo quiero llegar es a los verdaderos errores; aquellos que nunca se admiten, ni ante los demás ni ante nosotros mismos.

Escribir es un magnífico ejercicio para entrar en contacto con nuestro lado humilde y sacar aquellos defectos de carácter que de otro modo resultaría más difícil explorar. Y aun así, seguro que unos cuantos van a quedar en el tintero.

Si no se produce alguna circunstancia desencadenante que nos lleve hacia el encuentro y el examen de los errores cometidos a lo largo de nuestra vida, será imposible ponerles remedio. No podemos lanzarnos a tomar las medicinas que pueden aliviarnos o curarnos sin averiguar antes la enfermedad que padecemos.

Puede que los demás lo vean claro como la luz del sol, pero si nosotros no somos conscientes de lo que nos sucede, poco podemos hacer.

Tenemos la insana costumbre de utilizar el pasado a modo de un basurero donde arrojar los deshechos de nuestra existencia. Y además creemos estar haciéndolo sin más consecuencias. Con esta actitud demostramos nuestra verdadera faceta de ocultadores de la realidad. Sublimamos los problemas y nos alejamos de la verdadera causa que los provoca. Adoptamos la falsa creencia de que todo lo arrojado al imaginario cubo de la basura deja de tener efecto sobre nuestra vida, como si al alejarlo en el tiempo o en la distancia dejara de influir en nuestro presente.

¿Por qué seguir hurgando en la porquería? ¿Es realmente necesario? La respuesta es de lo más evidente, y lo es tomando la forma de una nueva pregunta: ¿Cómo no será de importante si estoy escribiendo un libro?

Cuando se actúa con convencimiento y se remueve la mierda, no tardan en surgir las respuestas adecuadas, respuestas que surgen del dolor y que algunas, incluso, es difícil adivinar a que pregunta corresponden. El tiempo, la perseverancia y la paciencia son buenas aliadas para poner un poco de orden.

La culpa, la depresión, la vergüenza y la falta de autoestima, nos afligen en la medida en que nosotros lo permitimos. Ya sé que es fácil decirlo, pero no por ello es menos cierto. Soy consciente del impedimento que suponen nuestras limitaciones a la hora de advertir las capacidades que tenemos para invertir el orden de las cosas y utilizarlas a nuestro favor. Y quizá por el hecho de serlo he logrado construir mis herramientas para revertir esa situación.

Los sentimientos nos afectan en tiempo presente. Es una obviedad, pero conviene prestar atención al hecho de que la negatividad que estamos experimentando hoy pertenece al pasado. No siempre se está en condiciones de percibir circunstancias tan lógicas. Nos hemos transformado en prisioneros de una situación que hace tiempo que dejó de existir. Dicho de otra forma, existe porque no hemos sabido hacer nada para erradicarla de nuestra vida.

Mientras permitamos que esa negatividad siga manifestándose, los conflictos del pasado seguirán latentes, y más que aleccionarnos con vistas a un futuro mejor, serán un obstáculo que dificultará cada vez más nuestro crecimiento.

Cuando nos sentimos culpables, nos deprimimos o sentimos vergüenza, siempre es por un motivo que proviene del pasado. Debemos aprender a mirar con ojos nuevos el viejo problema. Extraigamos lo positivo que tuvo esa época y empleemos nuestras energías en actividades constructivas y acordes con el aprendizaje que nos haya aportado. No podemos permitir que unos hechos que ya se llevó el tiempo tengan tanto poder sobre nosotros.

La culpa, la baja autoestima, o cualquier otro estigma con el que nos torturamos, no desaparecerán hasta que hagamos acopio de valor y nos enfrentemos a los abusos de la niñez. Sin este paso, difícilmente saldremos del agujero en el que nos metieron. Aunque estemos hablando del proceder adecuado, hemos de ser conscientes de que no vamos a finiquitar el pasado con la misma facilidad de quien pasa página leyendo un libro. Pero seamos igualmente conscientes de que al permanecer siempre en la misma página del libro, la historia dejar de tener sentido.

El miedo, la angustia y la ansiedad son sentimientos que residen en el futuro; un tiempo que aún no ha llegado y del que tan siquiera podemos tener la certeza absoluta de que vaya a hacerlo. Si bien con el pasado podemos trabajar, independientemente de que estemos más o menos cerca de lograr los resultados apetecibles, con los sentimientos del futuro eso no es posible.

Los sentimientos deformados del futuro se sustentan sobre hipótesis imaginarias, concebidas por nuestro cerebro y alimentadas por deseos irracionales que se traducen, ante el habitual incumplimiento de esas falsas expectativas, en sensaciones de miedo, angustia, ansiedad y desesperanza.

Nuestra capacidad existencial discurre por un espacio llamado presente y mientras no podamos cambiar este detalle, no tiene sentido gastar más energías de las necesarias preocupándonos de un tiempo que desconocemos. Ésa es la teoría, claro. Otra cosa es llevarlo a la práctica.

Vivimos el presente. ¿Qué importa lo que nos deparará el futuro? El sentido de la vida descansa en la ignorancia de cuanto nos ha de acontecer. Parece que sólo a Dios le compete saber del futuro, y que yo sepa, todavía no nos ha contado nada.

Si no aceptamos la vida tal cual es, y no nos responsabilizamos del presente, seguiremos alimentando las culpas del pasado y las ansiedades del futuro.

# Autocompasión

Una de las secuelas más destructivas del abuso fue convertirnos en víctimas sumisas del destino. Al ser arruinadas las defensas naturales de nuestra intimidad, también dimos por perdido el derecho legítimo a negarnos a futuras agresiones. El sentimiento de culpa fue en aumento y nos transformamos en individuos tristes, problemáticos, solitarios y en ocasiones agresivos, por lo general ante aquellos que menos culpa tienen de nuestro problema.

El agresor nos moldeó a su antojo, haciendo de nosotros una persona atrapada por un secreto que nos hundía, mientras a él lo libraba de cualquier juicio.

Quizá al principio interpretáramos el papel de víctima por una mera cuestión de supervivencia, sin embargo, con el transcurrir del tiempo, este proceder se asimilaría a nuestra conducta, alejándonos cada vez más de la realidad. El victimismo nos convirtió en personas aisladas y tristes que estaban dispuestas a asumir todas las culpas de lo que acontecía a nuestro alrededor.

Nos fuimos engañando cada vez más con tal de no ver lo enfermizo de nuestras actitudes, y lo hicimos desplazando nuestras desgracias y alejando de nuestro campo de comprensión el motivo que las ocasionó. Cuando la culpa era excesiva para cargarla sobre nuestras espaldas, entonces culpábamos al destino cruel, a la mala suerte o a las desaprensivas actitudes ajenas. Era tanto el empeño y la convicción por hacer creíble nuestra realidad distorsionada, que terminamos por hacerla nuestra.

Tomamos el camino fácil de la autocompasión, intentando dar pena a todo aquél que quisiera escucharnos. Buscamos desesperadamente el apoyo y la comprensión que no tuvimos en aquellos tiempos en los que fuimos abusados.

¿Ha sido triste tu vida? ¿Has sufrido? ¿Han abusado de ti? Pueden plantearse muchas más preguntas similares, pero la cuestión principal y decisiva es la siguiente: ¿Quieres cambiar esta situación o quieres continuar igual? Es lo único que nos ha de importar. Si está bien tu vida de lamentaciones estériles, continúa igual, si no te está bien, cambia. ¿No puedes? Mentira. ¿Es difícil? Claro que es difícil. ¿Y qué? Estamos perfectamente dotados para superar cualquier contingencia. Por lo tanto, cualquier otra alternativa es una excusa. ¿Ya es demasiado tarde? Nunca lo es. Desde hoy hasta el día de nuestra muerte disponemos de un tiempo precioso que no deberíamos desaprovechar. Es tan fácil decir las cosas... pero es que ésa es la verdad. Y la decisión, como siempre, está en nuestras manos.

Si en nuestra mente está la idea del cambio, este cambio será posible. En el momento que tomemos partido y sepamos donde queremos estar, también sabremos cuál es el camino. ¿Vamos a favor nuestro o en contra? Ésa es una de las primeras cuestiones que deberíamos dilucidar. No hay nada fácil ni difícil, las grandes incógnitas se despejan a partir del momento en el que se decide lo que se quiere hacer y hasta donde se quiere llegar. El resto es camino.

El destino que alcances siempre estará más allá que el anterior destino a ninguna parte; el mismo que siempre creímos merecer. Pues no. Tal vez no se alcancen todos los objetivos, pero cuando se ha hecho todo lo que se debía, la culpabilidad desaparece y el bienestar ocupa su puesto. Así debió ser desde el primer momento.

# Rabia

Siento rabia y dolor por haber perdido tantos años de mi vida, por pertenecer a una familia que no reconoce ni quiere reconocer sus errores, sus oscuros secretos y sus limitaciones.

No odio a mi padre por ser mi padre, si acaso es la tristeza que me produce ser su hijo, porque no se lo merece, y nunca se lo ha merecido.

Siento rabia por no haberme conocido en cuarenta años, y aunque nunca es tarde, nadie podrá devolverme un tiempo perdido en las cárceles del miedo, la impotencia y la soledad.

A veces siento rabia, aunque parezca estúpido, por no haber experimentado toda la rabia que debería haber sentido.

Siento rabia por los chantajes emocionales que sólo pretenden restaurar una realidad que, al fin y al cabo, nunca ha existido. Siento rabia por la ceguera y la ignorancia que han prevalecido por encima de las auténticas virtudes. Siento rabia por haber participado en ello, por ser parte activa sin darme cuenta del mundo falso que giraba a mi alrededor.

Siento rabia por haber disculpado tantas situaciones dolorosas y humillantes, por la desidia y la falta de carácter que me impidieron tomar las decisiones que correspondían a cada momento.

Siento rabia por las oportunidades perdidas, por la gente que se alejó (que alejé) y no he vuelto a ver, por los sueños traicionados, por las verdades prostituidas, por la ingenua esperanza que me hizo perder tantos años creyendo que siempre se está a tiempo.

El tiempo no se detiene ni espera a nadie. Perdí las oportunidades del pasado, y no fueron pocas, pero todavía me quedan las del futuro; un futuro cuya responsabilidad es sólo mía.

# Suicidio

Al poco tiempo de revelar los abusos y coincidiendo con la formación del grupo de autoayuda, empecé a interesarme por la literatura especializada. Basándome en esos datos y en los comentarios efectuados en el grupo, pronto llegué a la conclusión de que el suicidio suele estar presente, como una idea de mayor o menor intensidad, en algún u otro momento de la vida de las personas que han sido abusadas. Ya que formo parte de este colectivo, también yo deberé formularme esta pregunta: ¿he considerado alguna vez esta posibilidad? Al principio casi me resultaba ofensivo semejante planteamiento. Obviamente la respuesta era que no. Nunca me había plantado ante las vías de un tren, ni acercado una cuchilla a mis venas, ni asomado a un balcón de un quinto piso. Pero...

Me sentía incómodo; no podía negar la existencia de ciertos matices difíciles de definir. Y es que establecer ciertos límites no siempre es tan sencillo como parece. Poco a poco, la voz de la conciencia, cansada de permanecer siempre en silencio, me llevó hacia una desconcertante evocación de detalles que antes prefería pasar por alto. Se trataba de un sentimiento familiar, quizá demasiado familiar.

Hubo una época en la que solía pensar, ya metido en la cama y poco antes de dormirme, que no estaría mal no volver a despertar. Era una sensación plácida, donde me dormía pensando que la realidad era un sueño y que mis sueños se convertirían en realidad. Realmente no me importaba no despertar. Cuando hice ese comentario en el grupo, me miraron y comprendí que no hacía falta añadir nada más. Todos habíamos experimentado aquella sensación a alguna parecida. Quizá esté lejos del suicidio premeditado o de las tentativas fallidas. O quizá no lo esté tanto. Todavía me produce cierto vértigo cuestionarme según que cosas.

Desde la visión objetiva del presente puedo aseverar que no era feliz. La distancia que separa la infelicidad del suicidio tiene unos márgenes muy imprecisos, márgenes sobre los que sólo el individuo puede decidir en función de sus circunstancias y de su capacidad para afrontarlas.

Sé que es desesperante. Sé que no hay salida… pero también sé que no es cierto, que sólo es una idea de un pasado que nos mantiene encerrados en un mundo donde nada tiene sentido. Al final todo depende del tiempo en que se analice la misma situación. Hoy es imposible, pero mañana dejará de serlo.

La complejidad existencial de los abusos, al igual que el de las adicciones, hace que sobrevivamos en un permanente vacío existencial, en un agujero negro que nosotros mismos hemos creado y que mantiene un precario equilibrio con la realidad que nos envuelve. Pero es un agujero irreal, o mejor dicho, sólo existe mientras nosotros creamos en su existencia. Por lo tanto la solución está en nuestras manos; siempre y cuando comprendamos que eso es así. Y es que lo aparentemente fácil suele ser bastante difícil.

Pensamos en el suicidio como en un acto de cobardía, como en la última elección; pensamos en él cuando ya nos resulta intolerable pensar o hacer nada más. Pero por más grande que sea nuestro abatimiento, siempre hay alternativas. A veces sólo basta con esperar un poco. Todas las opciones están intactas. Estoy convencido que la única forma de no lograr algo es convencerse de que no es posible. Elimina la palabra "no" de la frase anterior y aparecerá la filosofía de vida que hará posible que los problemas irresolubles dejen de serlo.

Siempre me ha parecido cuestionable la cobardía del suicida. El simple hecho de suicidarse, de por sí, ya es una decisión trascendente así como una ruptura con la inacción más absoluta. Se pueden hallar opciones mucho más válidas, eso nadie lo duda, excepto el suicida. La persona que decide poner fin a su vida no se la puede tachar de cobarde, sino de terriblemente desesperada y desesperanzada.

Vivir porque se carece, incluso, del valor para quitarse la vida, sí que me parece el último eslabón de la decadencia personal. ¿Tiene algo que ver lo que estoy diciendo con los que hemos padecido abusos sexuales durante la infancia? Todos hemos bajado muchos peldaños y sabemos, siempre que no recurramos al engaño, cuales son y han sido nuestras circunstancias vitales. A partir de ellas cada cual deberá sacar sus propias conclusiones.

La ascensión no tiene porque quedar limitada a recuperar los peldaños que bajamos en el pasado. Podemos subir hasta donde nos alcance el deseo, el coraje y la perseverancia, porque el infinito no ocupa un espacio inalcanzable, sino que habita en nuestra mente.

## La educación

La niñez es el periodo de nuestra vida donde se adquieren las armas que nos permitirán afrontar un futuro con garantías. Pero si no se ha recibido una educación adecuada, la lucha por un futuro digno se acometerá en inferioridad de condiciones.

La infancia es una época crucial en la que nos impregnamos de los conocimientos, habilidades y actitudes que harán posible que gocemos de las mismas oportunidades que nuestros pares. Como en todos los órdenes de la vida, hay alumnos aventajados y quienes en clase se sientan los últimos de la fila. También estas actitudes suelen ser un reflejo de la educación adquirida.

Resumiendo: ¿hasta que punto puede incidir el ejemplo paterno en el normal desarrollo del niño? Decisivamente, sin duda.

Cuando la persona que debe estimular nuestras cualidades, lejos de hacerlo, convierte su mediocridad en el rasero por el cual debemos regirnos e interpretar el mundo, ya no está condenando a una vida limitada. Si además crecemos con la creencia de que nuestro progenitor es el paradigma de la corrección, de la bondad y de todo tipo de atributos ejemplares, entonces, nuestras posibilidades de éxito personal se verán enormemente mermadas, y si sumamos los abusos, extinguidas del todo. Al final es como si en una carrera de atletismo, al sonar el pistoletazo, nosotros saliéramos corriendo en dirección contraria. No es que no seamos capaces de alcanzar la meta; es que no sabemos ni donde está.

En las familias disfuncionales raramente se reconocen los errores, las carencias o cualquier otra conducta anómala que afecte al ente familiar y, por ende, a nosotros. Tampoco es muy probable que se lleven a cabo demasiados exámenes de conciencia. Lo más habitual es cerrar filas. Quien intente poner en cuestión el núcleo familiar sólo conseguirá ser excluido, ignorado o acusado de enajenación transitoria.

He dibujado un panorama poco halagüeño, lo sé, pero me consta que no es en absoluto infrecuente. Son muchos los casos de abusos sexuales intrafamiliares donde sucede algo parecido. Para hacer tales aseveraciones me baso en mi experiencia y, en mayor medida, en la de mis compañeros.

También podemos formar parte de una familia admirable que sirva de apoyo en todo momento y que nos ayude a superar un trauma provocado por uno de sus componentes. ¡Ojalá fuera siempre así! Pero por mucho que queramos creerlo, lo cierto es que las estadísticas apuntan hacia otro lado.

La mayoría estaremos de acuerdo en que las alternativas son escasas; o te conviertes en un agujero negro, derrumbándote una y otra vez sobre ti mismo, o explotas como una supernova, llevándote por delante a quien se interponga en tu camino. La primera alternativa no es la más correcta, pero sí la más usual y la que siempre solemos tomar. Nos han educado para ello. Aunque resulte difícil y nos embargue la angustiosa y alargada sombra de la culpa, debemos escoger el camino correcto. No existen terceras vías; decir la verdad y dejar que cada cual se ponga en su sitio, por doloroso que sea, es la única opción a considerar. Lo demás son parches.

Los impulsos instintivos de la infancia se transforman gradualmente mediante influencias y correcciones que nos irán moldeando. Existe una resistencia innata a responsabilizarnos de nuestros actos. Asumimos que recae sobre nuestros padres y educadores en general. Es un proceso natural por el que deberíamos transitar con la adecuada y esperable evolución. El buen manejo de esa responsabilidad dará la medida de la persona en la que nos vamos a transformar en el futuro.

La educación que recibí contemplaba la autoridad paterna como un hecho sobre el que no planeaba ni la más pequeña sombra de duda, aunque vale la pena mencionar que no estaba asociada a la violencia física. Mucho tiempo después comprendería que hay muchas formas de abuso de poder que no requieren el uso de violencia explícita.

La mayoría de niños ven a su padre como el héroe, el más fuerte, el más listo, el que siempre tiene razón y que resuelve cualquier problema que enturbie el horizonte. ¿Qué ocurre cuando aquél que debe solucionar el problema es el origen del mismo?

El niño tiende a olvidar según que detalles e idealizar la figura paterna de la que tanto depende, pero ¿cómo podía yo conjugar los abusos sexuales con el hecho de que mi padre tuviera razón? No parecía un conflicto de fácil resolución. La verdad es que tardé muchos años en hacerlo. Demasiados...

Hoy empiezo a vivir ese futuro que sólo estaba en mis sueños. A veces creo que si no fuera por la intervención de circunstancias extraordinarias, estaríamos condenados a languidecer en nuestra patética charca de mediocridad hasta extinguirnos sin hacer apenas ruido y sin que nadie se acordara de nuestro paso por este mundo.

Fue en ese encuentro con el futuro, como decía antes, donde pude conectar con las razones que me llevaron a complicar mi existencia cada vez más. Un buen ejemplo de ello es la ludopatía que desarrollé a los veinte años. Esta adicción, junto a otros comportamientos anormales, era utilizada para huir de las situaciones que no sabía resolver. Era la respuesta cobarde de quien no quiere ni oír hablar de la pregunta.

Cuando te enfrentas a una situación donde la prioridad es hallar una explicación a lo que ocurre, pero al mismo tiempo sabes que no la tiene, te ves indefectiblemente abocado al caos emocional. Ése es el contexto en el que se vive el abuso sexual, un contexto que a la larga puede desembocar en salidas como el alcoholismo, la bulimia, la drogadicción, el suicidio y otras sintomatologías cuyo origen, en nuestro caso, es el abuso sexual en la infancia. Son desesperadas e incontrolables vías de escape donde la inexorabilidad de un destino trágico siempre está presto a servirnos de colchón de piedra al que cada vez caemos desde mayor altura.

Muchos padres perciben sin problemas la adquisición de sus hijos de alguna costumbre o habilidad inculcada por ellos. No obstante, estos mismos padres son incapaces de ver ningún comportamiento anómalo transmitido por las mismas vías.

Debemos convenir que si nuestros padres tenían deficiencias importantes, lo más lógico es que ahora formen parte de nuestro propio bagaje, al menos en parte. Son aprendizajes muy interiorizados y no es sencillo, por decirlo así, distinguir el grano de la paja. Si no adquirimos plena conciencia de ello no eliminaremos aquello que nos perjudica, por lo que seguiremos transmitiéndoselo a nuestros hijos. Esta triste sucesión de individuos "defectuosos" puede prolongarse de generación en generación hasta que surja alguien dispuesto y capacitado para poner fin a la cadena.

Seguro que a poco que nos esforcemos, vendrán a nuestra memoria imágenes del pasado. Muchos aspectos ya no formarán parte del recuerdo consciente, pero aun así, no será demasiado complicado revivir esas sensaciones que todos hemos tenido alguna vez. Me refiero a unas sensaciones que no van necesariamente ligadas a la realidad. Todos recordamos aquel suceso que ahora nos parece inverosímil, pero que en la niñez nos pareció absolutamente real. Quizá lo recordemos como un sueño intemporal o como un recuerdo imposible de ubicar en el tiempo; tal vez como reminiscencia de otra vida, realidad o existencia. Da lo mismo, lo substancial es que ahora no dudamos en considerarlas fantasías de un periodo que debiera haber sido mágico y que, desgraciadamente, no lo fue. Pero volviendo a esos recuerdos, no hay mejor ejemplo que uno hallado en mi particular baúl de la infancia.

Recuerdo perfectamente aquel día que me regalaron una escopeta que disparaba "balas de verdad". No tendría yo más de siete u ocho años. Aquella primera vez, y con motivo de su estreno, salimos al jardín. A la derecha se erguía la pared lateral de la casa de nuestros vecinos. Era una simple pared de ladrillos convencionales que se alzaba, quizá, unos quince metros. Mis padres me estaban advirtiendo por enésima vez que tuviera cuidado con la escopeta. Pero yo, sin pensármelo dos veces, y con el corazón a cien por hora, disparé cerrando los ojos. Entonces, mi padre me señaló un agujero considerable que, supuestamente, había hecho yo; un agujero que, como es lógico, ya existía antes del presunto disparo. Pero yo siempre creí que mi escopeta que disparaba "balas de verdad" fue la verdadera causante de aquel agujero.

Ésta es una anécdota que podría explicar las razones de nuestro silencio. ¿Y eso? Durante ese periodo que llamamos infancia, todo lo que nos ocurre y muchas cosas que creemos que ocurren, nos parece igual de reales. No hemos aprendido todavía que algunas cosas pueden ser y otras no. Por eso muchos abusados se preguntan a veces ¿realmente ocurrió?

Ahora distinguimos sin problemas algo que sea intrínsecamente malo. Cuanto menos eso es lo que pensamos. Pero durante la infancia nuestro discernimiento no estaba tan desarrollado. Por lo tanto, cuando alguien en quien confiábamos nos dijo que aquello que intuíamos como malo no lo era, el resultado sólo podía desembocar en una profunda desconfianza hacia nuestras capacidades cognitivas. ¿Cómo íbamos a explicar que nos estaba sucediendo algo malo si no estábamos seguros de que realmente lo era? ¿Cómo conciliar que aquello que nos parecía malo estaba relacionado directamente con nuestro padre? Y más cuando el agresor actuaba como si no lo fuera. Pero entonces, ¿por qué era un secreto? ¿Cómo explicar tantas cosas inexplicables? ¿Y cómo hacerlo inteligible a las personas ajenas a este problema?

Sobreponerse a la educación recibida implica grandes dosis de determinación y superación, máxime cuando ya desde pequeño se coarta brutal y alevosamente la libertad y la rebeldía que nos han de procurar tantos descubrimientos y aprendizajes, y todavía se agrava más si en el camino están los abusos sexuales.

A esas edades se carece de recursos suficientes, y aunque podamos manifestar comportamientos que no se ciñen a la normalidad aparente que estamos viviendo, no suelen ser interpretados como convendría a nuestros intereses. Dichos síntomas, que deberían alertar a quien corresponda, a la postre, sólo sirven para forjar nuestra futura imagen de personas raras, solitarias y conflictivas; una situación que con el tiempo nosotros mismos acabaremos creyendo.

Efectuar un profundo análisis de uno mismo para encontrar los errores, despropósitos y desgracias que jalonan nuestra vida, suele ser demasiado doloroso. Nadie quiere pasar voluntariamente por algo así, excepto cuando no hay más remedio. Esta situación se da cuando, por los caminos más dispares, se llega a una fase donde no parece haber salida; la conocida y temida fase de tocar fondo.

Nos vemos como un punto y aparte, como si no pudiera haber en todo el mundo nadie igual a nosotros. Y más extraños nos vemos cuantos más sean los aspectos negativos que añadir a los abusos.

Los abusos constituyen una punta de iceberg que tal vez nos sorprenda por su inesperada magnitud. Al principio examinamos nuestra vida como si tratáramos de persuadirnos de que no está tan mal, pero cuando tropiezas, como me sucede a mí, con un padre abusador, parecería absurdo que defendiera su labor educadora, obviando el hecho de haber abusado de mí. El autoengaño, una de nuestras especialidades, nos hace ver blanco lo que es negro. Sin embargo, una vez modifiquemos nuestro rumbo, acabará produciéndose el inevitable enfrentamiento con nuestros fantasmas.

No importan tanto los motivos que nos han impulsado a revelar los abusos, lo relevante son los resultados que obtendremos en un futuro relativamente próximo. Quizá sintamos cierta culpa por no haber tomado la iniciativa, en el caso de que no lo hayamos hecho. Pero eso, a la larga, no tendrá excesiva relevancia. Tiempo habrá de tomar decisiones. Lo importante es empezar; y más importante aún, es seguir.

Hasta ahora hemos sido incapaces de mover un dedo en nuestro propio beneficio. Sin la ayuda de alguien a quien nunca se lo agradeceremos lo suficiente, nos hubiera resultado muy difícil salir a flote. No estoy seguro de que lo que acabo de escribir sea aplicable a todos los supervivientes del abuso, pero en mi caso fue exactamente así. Sin ese ángel de la guarda llamado Marta, tengo la certeza absoluta de que no hubiera logrado muchas de las metas que he alcanzado, empezando por el primer paso que, con toda probabilidad, es el más trascendente.

Al echar una ojeada al pasado contemplo con consternación una vida perdida en la desidia, la negación y la tristeza. Una existencia resignada cuyo destino podía ser controlado por cualquiera. Una vida sin creencias ni objetivos. Una vida que me parecía terriblemente injusta, aunque no podía darme cuenta que la principal injusticia era la que yo estaba cometiendo conmigo mismo.

# El aprendizaje

No me avergüenza confesar mi desconocimiento sobre muchas de las leyes fundamentales de la convivencia y de la vida en general. Es un terreno donde voy avanzando con lentitud, pero tratando de comprender que el reconocimiento de los problemas siempre es el primer paso hacia su resolución.

De resultas del abuso, uno se siente tan insignificante que termina por asumir que todos tienen el derecho de hacer lo que quieran contigo, por más que sus actos interfieran en tu vida, y no siempre de un modo positivo, precisamente. En estos casos, la respuesta siempre era la misma; escudarme en la resignación estoica de quien no posee otros recursos.

Ahora, estoy empezando a aprender que cuando debo decir que no, digo no. Lo que trato de evitar es quedarme callado. También escucho cuando alguien a quien le importo me está indicando que estoy equivocado. Reconozco que no es fácil, pero intento reflexionar y no esconderme tras el silencio o la autodefensa a ultranza.

Éstas son las secuelas de un pasado que estoy decidido a superar y que sólo acarrean malas interpretaciones y situaciones extremas perfectamente evitables. En pocas palabras: estoy aprendiendo. Estoy haciendo lo que durante la niñez no pude hacer.

El aprendizaje es doloroso. Parte de ese dolor aparece con el descubrimiento de algunas verdades que nos obstinábamos en no reconocer. La intolerancia ante las opiniones ajenas, aunque fueran con la mejor intención, unida a nuestra contumaz ceguera antes los hechos más evidentes, han impedido la evolución a la que teníamos derecho.

Nuestro proceder no ha sido siempre el más adecuado, y no es extraño que en más de una ocasión se haya visto dominado por conductas absurdas e inverosímiles. Hemos deambulado por la vida como un extraterrestre que no entiende nada de lo que sucede a su alrededor. Pero lo que vislumbrábamos en los peores momentos, después siempre hallábamos el modo de justificarlo; al final seguíamos viéndonos como personas corrientes, sin más complicaciones que las acostumbradas. El mundo, la gente y la mala suerte, eran los únicos culpables de nuestra triste existencia. Así pues, con esa limitada comprensión, únicamente veíamos problemas imaginarios en nuestro mundo imaginario. Sólo el paso del tiempo nos permite ver la magnitud de nuestro error, de nuestro engaño y de nuestra ceguera ante evidencias que ahora nos parecen incuestionables. Esta nueva visión significa que hemos dado un salto cualitativo hacia delante, y valdrá la pena cualquier precio que hayamos tenido que pagar por ello.

Hay conceptos básicos que nunca llegaron a formar parte nuestro aprendizaje. Con el tiempo, y con más desacierto que acierto, intentamos reinventarlos e incorporarlos a nuestro repertorio. El inconveniente es que al tratarse de unos comportamientos adoptados para no diferenciarse, a duras penas cumplen la función que se les supone. Las carencias que se acumulan por culpa de este proceder, las suplimos hábilmente con el autoengaño.

Para mí, el aprendizaje adquirió su verdadera dimensión cuando fui capaz de vencer el miedo que me producía regresar al pasado. Si no podemos vencer el miedo, el miedo nos vencerá a nosotros. No hay punto medio. Y si continúa paralizándonos, el futuro sólo será una idea inalcanzable que terminará pudriéndose en nuestra mente.

Siempre es arriesgado dar por sentado que los mismos casos producen las mismas consecuencias. La experiencia indica que las coincidencias, en los rasgos generales, suelen ser numerosas. Pero después está el individuo, que es el auténtico termómetro de cada situación.

Todos somos diferentes. Hago esta salvedad para hablar de los sentimientos. Quizá pueda compartirlo o quizá no. Las semejanzas, eso sí, están en la confusión que nos produjeron y que probablemente nos producen aún. En los peores tiempos constituían una intrincada cábala que en modo alguno podía descifrar, ni mucho menos asociar con la realidad.

Cuando era niño llevaba una vida paralela. No lograba que la realidad, tan normal para al resto de los mortales, llegara a tener algo que ver conmigo. Tenía mi propia percepción de lo real, sin embargo no era algo que pudiera compartir fácilmente. Mi mundo era extraño, y para acceder al mundo de los demás no tenía más remedio que actuar. Cuando no actuaba me convertía en un cuerpo inerte.

Debo rasgar el velo de las incoherencias hasta encontrar la auténtica realidad que permanece oculta y tomar conciencia de los momentos en los que me estoy engañando o mirando hacia otro lado. Deberé desaprender los recursos que generé por una simple cuestión de supervivencia. Sólo así podré ubicar mis sentimientos en el lugar adecuado.

Imaginemos por un momento que somos un ordenador y que nuestra mente es el disco duro que va almacenando la información. Durante la infancia nuestro "disco duro" va acumulando todo tipo de información, lo que nos permitirá ser competitivos en una posterior etapa de madurez. Ahora supongamos que, bien por descuido o bien porque se ha ido la luz, el procedimiento habitual para la desconexión del sistema del ordenador no se ha efectuado correctamente. ¿Qué repercusiones ha tenido este hecho sobre el disco duro? Pues muchas o ninguna. Para averiguarlo deberemos poner de nuevo en marcha el ordenador y evaluar las anomalías que se hayan podido producir. Pero nunca lo hicimos. Si esto sucedió a menudo, la posibilidad de que se acumulen errores aumenta. La primera batalla hay ganarla al miedo irracional que nos produce poner en marcha nuestro ordenador. Sólo así podemos conectarnos de nuevo con la vida que nos merecemos, evaluar de una vez por todas los daños producidos y tratar de ponerle remedio siempre que sea posible.

Si tuviera que destacar algún rasgo negativo de mi pasado, creo que me decantaría por la nula disposición a la hora de tomar decisiones. Casi me parece estar viendo un coro de cabezas asintiendo al unísono. Probablemente sea una de las características más comunes entre quienes hemos padecido abusos.

La actitud más habitual, cuando se quiere o desea alguna cosa, es manifestarlo. No sé si todavía seguirá asintiendo ese imaginario coro de cabezas, pero mi caso no era éste. Yo utilizaba todo tipo de recursos, a cual más extraño, tratando por todos los medios que fueran los demás quienes se dieran cuenta de mis necesidades, y a la postre, decidieran en mi lugar. Es como si existiera una barrera que impide la toma de decisiones, aunque éstas fueran irrelevantes e inocuas. Sólo pasaba a la acción cuando era absolutamente imprescindible.

Es difícil explicar este tipo de comportamientos a quienes no han pasado por ello. En realidad, es difícil de explicar hasta para quienes hemos pasado.

Cuando tomamos una decisión sabemos que va a tener consecuencias. No existen las decisiones inocentes. Unas serán fallidas y por otras pagaremos un precio que puede convertirse en una recompensa. Paradójicamente éstas son las que más nos asustan. ¿Cómo es posible explicarlo? ¿Qué nos retiene, cuando no sólo la intuición sino la propia inteligencia nos indican el camino correcto? Nos retiene el miedo. A lo malo, a lo bueno, a lo regular... El miedo.

Hemos crecido creyendo que los mejores regalos están en los peores envoltorios, y además, se nos ha inculcado el lamentable convencimiento de no ser dignos de ellos. El miedo paralizador, la baja autoestima y la culpa permanente han hecho que dejemos pasar de largo los regalos que la vida nos ha ido ofreciendo. Hemos visto pasar ante nuestras narices infinidad de oportunidades mientras nos lamentábamos de las desgracias que, en buena medida, nosotros mismos nos infligíamos.

Empleamos buena parte del tiempo añadiendo obstáculos a nuestra felicidad. Ni siquiera lo hacemos de un modo consciente. Nos educaron bajo la máxima de que las cosas son así porque siempre lo han sido. Espero que tanto los educadores del presente como los del futuro alcancen un entendimiento superior.

No tengo hijos, pero si los tuviera no querría que fueran como yo; lo que realmente querría es que fueran felices. Porque ¿acaso yo soy el paradigma de la felicidad? ¿Alguien lo es? ¿Qué les hizo pensar a nuestros padres que su concepto de felicidad era hereditario, correcto y transferible? ¿Por qué, incluso sabiendo que han tenido una infancia y una educación repleta de carencias, tratan por todos los medios que sus hijos actúen conforme a sus reglas y preceptos?

Nacemos una sola vez para vivir una única vida. Mientras no se demuestre lo contrario, esto es lo que hay. ¿Por qué malgastamos el tiempo dándole vueltas a los asuntos que nuestro corazón dilucida en un momento? ¿Cuánta sabiduría nos hace falta para arrogarnos el derecho de inculcársela a nuestros hijos? Sabremos que tenemos suficiente cuando la humildad encamine nuestras responsabilidades respecto a los demás. Seremos sabios cuando aprendamos a escuchar y a respetar las opiniones que antes nos sublevaban.

Yo todavía me encuentro lejos de semejante sabiduría, pero al menos ya soy capaz de reconocerla. Aún me pregunto que es lo que me retiene, que me impide recorrer tantos caminos y emprender tantas acciones que siguen ahí, esperando a que haga algo. ¿Qué me retiene a presentarme en la casa de mis padres, por ejemplo en Navidad o Nochevieja, y ante toda familia, señalar a mi padre, diciendo: "Ese hijo de puta abusó sexualmente de mí cuando era tan sólo un niño?".

Quizá no sea necesaria una actitud tan drástica, pero si lo fuera ¿sería capaz de hacerlo? Ésa es la cuestión. Lo más sensato es pensar que todo forma parte de un proceso de curación que no se detiene, y como últimamente pienso, si hoy puedo hacer lo que ayer no podía, mañana haré lo que hoy no puedo.

Cuando los abusos sexuales se perpetran en la más flagrante impunidad y durante un prolongado periodo de tiempo, existe el riesgo de que se vean afectadas numerosas facetas de nuestro futuro comportamiento.

La permanente activación del sistema de alerta ante acontecimientos irrelevantes que no lo requerían en absoluto, fue uno de los errores que primero advertí. Es una respuesta relativamente habitual. En estos casos nuestra vida queda condicionada por un continuo estado de descontrol, sin que sepamos discernir lo peligroso de lo inocuo. Poco a poco desarrollamos esa equivocada percepción de la realidad que termina por persuadirnos de que la única posibilidad de integración pasa por el mimetismo. La representación de un papel con el que pretendemos pasar desapercibidos pasa a ser nuestra tarjeta de presentación. También se le denomina máscara, sin embargo, éste es un concepto con el que se puede identificar mucha gente y por muy diversas causas. Cuando se transforma en un hecho patológico, creo que es más acertado hablar de actuación o de reinterpretación de uno mismo para adecuarse a un entorno que consideramos hostil.

Recuperar el aprendizaje que quedó en suspenso hace tanto tiempo nos hace seres especiales. Gozamos de una segunda oportunidad para valorar todo aquello que no tuvimos ocasión de experimentar durante la niñez, algo que no todos pueden decir. Y por si fuera poco, podemos hacerlo desde la privilegiada atalaya del adulto. La asimilación de tantas enseñanzas que pasaron de largo, ahora adoptan un carácter nuevo y trascendente.

Quizá el primer descubrimiento que hice tuvo que ver con la claridad para distinguir lo importante de lo superficial, invirtiéndose, en muchos casos, la antigua interpretación de los hechos. Sería interesante recordarlo en aquellos momentos en los que cunde el desánimo.

Nos encerramos en una cárcel y tiramos la llave. Eso me trae a la mente una película donde unos prisioneros, tras muchos años de encarcelamiento, obtenían la libertad. Lo paradójico era que no sabían que hacer con ella. Experimentaban una pérdida de perspectivas que, en algunos casos, les llevaba hasta el suicidio. Ahora entiendo esa sensación. Fuera de su reducido mundo carcelario todo era extraño y hostil. En ese otro mundo de libertad se hallaban totalmente desubicados. Su vida carecía de misión o de objetivos a los que aferrarse. Era un mundo vacío donde nada tenía sentido. Ahora entiendo también el miedo a enfrentarnos a la realidad que todos nosotros tenemos; ese miedo que se oculta tras el victimismo, las adicciones y otras máscaras que nos protegen de un mundo que no comprendemos.

## Autoayuda

La víctima interioriza de tal forma el abuso sexual que es incapaz de hallar una fórmula que le permita relatar lo sucedido sin que intervenga la culpa, la vergüenza y otros sentimientos autodestructivos. Esos sentimientos se han introducido en las distintas áreas del comportamiento, y hacen que nos sintamos culpables por todo aquello que nos sucede.

Es chocante que al mismo tiempo que nos inculpamos y destruimos, estemos protegiendo a quien abusó de nosotros. Y a todo eso ¿qué hace el agresor? Observar impasible y sin remordimiento alguno como se desmorona nuestra vida.

¿Cómo explicar lo que nos ocurre si no somos capaces de explicárnoslo nosotros mismos? No entendemos lo que nos mueve a actuar de determinada manera, incluso sabiendo de antemano que dicha actuación puede ir contra nuestros propios intereses. Conocemos mil maneras de autodestruirnos, pero ni una sola para explicar porque ocurre tal cosa.

Primero debemos aceptar la realidad negativa que hemos ido construyendo desde que nuestra memoria alcanza, y segundo, poner todo nuestro empeño en modificarla. Nos espera un tortuoso camino colmado de problemas y sinsabores que deberemos ir superando uno tras otro.

Existe una barrera que nos separa del mundo real, una barrera que nosotros hemos alzado y nosotros podemos eliminar. Porque somos nosotros quienes constantemente saboteamos nuestras ideas y acciones hasta impedirnos acceder a esa realidad que tanto anhelamos. Cuando encontremos la clave de este contrasentido, habremos dado con uno de los fundamentos de nuestra futura felicidad.

Eludir una premisa tan esencial como revelar que fuimos abusados durante la niñez y señalar a su autor, puede significar que nuestros esfuerzos posteriores no sólo sean un derroche de energías para unos resultados insatisfactorios, sino que también sirvan como pretexto para convencernos de que nuestra inhabilidad a la hora de acometer la empresa de restaurar nuestra dignidad, de hacer justicia y de sacar la verdad a la luz, sea una característica que siempre nos acompañará.

Pero aun cuando nuestra predisposición nos permita hacerlo, es fácil que nos veamos enfrentados a un vacío desolador y sin nadie que comprenda nuestro dolor, nuestros actos o nuestras necesidades. A veces no basta que alguien se solidarice con nuestra desventura. Nuestras palabras, junto al universo de miedos, vergüenzas y desórdenes de toda índole, sólo pueden encontrar respuesta en los oídos de quienes hayan sufrido los mismos traumas.

El personaje central de cualquier curación siempre serás tú. Sin ti nada es posible. Eso es algo que no deberíamos olvidar, sobre todo cuando depositemos esperanzas desproporcionadas en personas cuyas propias limitaciones les van a impedir llegar a los lugares a los que sólo nosotros podemos acceder.

Los recursos que vamos a utilizar se convertirán en el instrumental con el que emprenderemos el camino de la curación. Cada uno de nosotros debe elegir lo más sabiamente posible el instrumento más adecuado a su caso. Un terapeuta, un amigo, la pareja, un familiar; todos ellos pueden ser instrumentos válidos.

Pero las personas, la propia fe o cualquier otro recurso, por sí sólo, no resolverá todo el problema. Serán una ayuda de incalculable valor, pero un grupo de autoayuda, junto a la voluntad de cambio y de hallar nuevas respuestas, serán las mejores bases para dar un giro a nuestra vida.

Analizar las actitudes de las personas de tu entorno y las nuevas relaciones que vas estableciendo con ellas, es un procedimiento óptimo para evaluar los progresos efectuados en el proceso de recuperación. Donde más pueden apreciarse los avances es en la naciente predisposición a prestar ayuda. El grado de progreso conseguido puede determinarse a través de nuestro comportamiento respecto a los demás. Cuando advirtamos que alguien requiere nuestra ayuda sin la necesidad de que ésta nos sea solicitada de un modo expreso, ya estaremos en disposición de afirmar que hemos alcanzado buena parte de nuestros objetivos. Aun así siempre debemos estar atentos a las motivaciones que nos incitan a hacer una u otra cosa, así como a la actitud que adoptemos respecto a ellas. En otras palabras, hemos de ser conscientes de las razones que nos mueven a prestar cualquier tipo de ayuda.

Pueden darse tres casos distintos. En el primero prestaríamos ayuda porque estaríamos esperando que nos fuera devuelta; en el segundo prestaríamos ayuda para evadirnos de los problemas y responsabilidades propias. Y en el tercero, el ofrecimiento de ayuda se llevaría a cabo porque tus experiencias te han capacitado lo suficiente como para transmitir conocimientos y respuestas adecuadas a unos problemas específicos que has conocido de primera mano y has resuelto satisfactoriamente o, en todo caso, tus consejos, comentarios u opiniones están avalados por una experiencia que puede resultar útil a un tercero.

# Justicia

Es difícil abordar el concepto de justicia y situarla en un plano donde sea aceptado por todos. Siempre existirán condicionantes que, inspirados por la religión, la moral o la ética, pueden determinar ciertos tipos de justicia asumidos en unas sociedades, pero que en otras serían inaceptables.

Si hemos de buscar coincidencias en las que todos deberíamos estar de acuerdo, creo que podríamos referirnos a la libertad, la equidad o la imparcialidad. Pero la justicia no es una ciencia exacta; está sujeta a interpretaciones de jueces que, aun moviéndose dentro de un marco de legalidad preestablecido, pueden hacer oscilar su veredicto lo suficiente como para provocar auténticos descarrilamientos desde ambos lados de la balanza. Por otra parte, y por más que se pretenda que todos somos iguales ante la ley, la justicia sigue estando demasiado supeditada a prejuicios e intereses como el poder, la riqueza, el sexo o la raza.

Hemos crecido bajo el amparo de una idea sobre lo que es y lo que no es justo, considerando que ésa es la única percepción válida, aunque sólo se trate de una percepción individual. Pero ¿en qué basamos tal interpretación? Nuestras primeras relaciones con la justicia se producen en el entorno familiar, donde el largo tránsito hasta alcanzar la madurez nos conduce a una concepción de justicia ecuánime y solidaria. Eso sucedería en las familias normales, lo que a muchos nos deja al margen. Más adelante, y a medida que vamos creciendo, ampliamos el círculo de "jueces" dispuestos a encauzar nuestra existencia; bien sea la escuela, el servicio militar o el trabajo, entre otros.

Hemos hecho de la justicia un descubrimiento de aplicación estrictamente humana. Su empleo sólo parece tener sentido cuando se destina a nuestros conflictos con nuestros semejantes y con nuestro entorno. Constituimos una auténtica excepción y apenas somos conscientes de que el mundo funciona de otra manera; o más exactamente, funciona de muchísimas maneras, siendo la nuestra una más, y no necesariamente la mejor.

Imaginemos una escena donde una leona trata de darle caza a una gacela. Si la leona y la gacela pudieran expresarnos su opinión, probablemente, tendrían apreciaciones muy diferentes sobre la justicia. A la leona le parecería justo darle caza a la gacela por una mera cuestión de supervivencia, pero por muy comprensiva que se mostrara la gacela, su punto de vista sería diametralmente opuesto.

La justicia no puede abarcarnos a todos con nuestro consentimiento. Semejante idea tiene tanto de utopía como de falacia, y no sólo porque en la práctica no se lleve a cabo, sino porque unos somos leones y otros somos gacelas, y aun otros, vivimos en la alternancia de ambos papeles. Y a pesar de ello solemos hablar del concepto de justicia universal; esto es, de la justicia como un concepto absoluto de aplicación absoluta. Quizá sea necesaria para la supervivencia de la humanidad, pero no es menos cierto que tanto el individuo como su concepto justiciero en irrelevante a escala universal. Tampoco creo que este tipo de justicia sirva a nuestra individualidad, en todo caso le serviría a Dios, suponiendo que exista. Sólo podemos servirnos de un único modelo que habrá de regir nuestros titubeantes pasos por esta vida; la justicia propia.

La justicia individual; la que cada uno de nosotros asume como propia y aplica lo más correctamente que sabe o puede, es la que nos proporcionará esas sensaciones de las que hablábamos antes; libertad, equidad e imparcialidad. Creo que si todos nos esforzáramos en elaborar y analizar concienzudamente la profunda significación de este término, tanto en la teoría como en la práctica, nuestra existencia perdería una buena parte de su estupidez y ganaría otro tanto en coherencia.

Una vez vistas las dificultades que entraña situar la justicia fuera del ámbito estrictamente personal, podemos regresar de nuevo a la cuestión que nos ocupa.

Al develar el oscuro secreto de nuestra infancia ¿qué ocurre? ¿Es justo el proceder de nuestros familiares, amigos y allegados? ¿Es justa nuestra decisión de sacarlo a la luz? Pues dependerá de la perspectiva. Cuando nos presentan la justicia como un todo inmutable e uniforme, nos dejamos embaucar por una imagen distorsionada que no se corresponde con la realidad. Pero si desechamos ese espejismo para basarnos en nuestro propio criterio, entonces obtendremos la visión real del mundo, tanto en lo que a justicia se refiere como en cualquier otro ámbito de nuestra existencia.

No debería sorprendernos que la mayoría de las personas no actúen como nosotros teníamos previsto; o sea, del modo que consideraríamos justo. En casos como éste es donde se demuestra que la justicia no es un patrimonio universal, sino el prisma en el que cada cual se manifiesta según sean sus circunstancias e intereses.

Podemos compartir conceptos de justicia parecidos con nuestros familiares y amigos, o no. Pero cuando en el debate creemos que puede imponerse aquella noción que defendemos, nos estamos equivocando, porque si la justicia no es universalmente aceptable, la razón lo es menos aún. Es por este motivo que no deberíamos permitir que nadie, en nombre del amor, de la amistad, de la familia o de lo que sea, intente cambiar nuestro concepto de justicia. Las contingencias que te obliguen a actuar de un modo diferente al que te sería propio, a la larga se volverán contra ti.

Si al revelar que padeciste abusos sexuales durante la infancia se escandaliza toda tu familia e incluso te culpan por ello, no pienses que es injusto, aunque hay que reconocer que es difícil no pensarlo. Piensa que en realidad se trata de su justicia, no de la tuya. Ellos responderán de sus actos, y lo harán, más allá de otras consideraciones, ante sí mismos. Y nosotros deberemos hacer otro tanto con los nuestros.

# El perdón

Siempre que hablamos entre mis compañeros sobre la posibilidad de perdonar a nuestro agresor surgen opiniones encontradas. La idea predominante nos conduce a la idea de que el perdón no tiene porque ser un acto imprescindible en la culminación del proceso curativo. Podemos acceder a la felicidad, y hacerlo con la conciencia tranquila, sin tener que pasar por el "peaje" del perdón.

En este caso quisiera mojarme. Me cuesta verme rebosante de magnanimidad y otorgando el perdón a mi agresor, como si fuera un rey que nombra caballero a un vasallo de dudoso pasado. Mi nueva realidad descansa y se sustenta en la creencia de que no es necesario perdonar a quien abusó de mí. Hacerlo significaría eximirle, cuando no redimirle, de una culpa que le pertenece por completo. ¿Quién soy yo para liberarle del peso de la culpa?

Yo era un niño. No tenía culpa. Es difícil explicar porque la sentía, y quizá más difícil sea explicar porque la he sentido hasta ahora. En cualquier caso no debo ni quiero exculpar a alguien que sé fehacientemente que es culpable. Negar el perdón no significa odiar ni llevar una vida condicionada por sentimientos negativos que, después de todo, sólo perjudican a su portador. Bien me voy a cuidar de no andar lastrado por sentimientos que se vuelvan contra mí. Ya anduve ese camino demasiado tiempo. En la actualidad me inclino a creer que el final de este largo conflicto está en la indiferencia y la distancia. Uno se aparta de aquello y de aquellos que le dañan o que impiden su evolución, crecimiento y bienestar.

Cuando pones la mano en el fuego y te quemas, no piensas si debes o no debes perdonar al fuego, simplemente te alejas y evitas volver a ponerla. A pesar de la aparente sencillez de muchas de las cosas que nos rodean, hay lecciones que requieren muchos años de aprendizaje.

Siempre tuve la sensación de haber perdido mucho tiempo. Y aún me acompaña en ocasiones. Han sido muchos años de mi vida malogrados, y quizá sea ése el precio pagado por el perdón; un perdón que sólo yo merecía. Han sido muchos años antes de empezar a vivir. Y eso es algo que jamás volveré a poner en peligro. Sólo él y sus actos podrán hacerle o no merecedor del perdón. Yo no quiero ni tengo nada que hacer al respecto. No volveré a sentir culpa propia por la indignidad ajena.

# El éxito

Al observar retrospectivamente nuestra vida es probable que advirtamos una acusada represión de nuestros instintos. O bien veamos todo lo contrario; una manifestación desenfrenada de esos mismos instintos, lo que nos pone en peligro tanto o más que la actitud reprimida.

La pregunta es obvia: ¿dónde está el término medio? El equilibrio, también por obvio, debería ser la respuesta correcta, pero ¿cómo alcanzarlo? ¿Cómo puedo saber si mi conducta es equilibrada? Antes de lograrlo, tal vez tenga que dar unos cuantos tumbos, yendo de un extremo a otro.

El éxito reside en la pericia para conducir nuestra existencia y llevarla hacia las metas deseadas y deseables, una coincidencia que no siempre se da y en cuyo discernimiento descansa el propio éxito. Cualquiera que se halle al mando de su vida, y la conduzca sin miedo, pero con seguridad, no ha de temer al fracaso, pues aunque este aparezca en su camino, la persona de éxito no lo identificará como un obstáculo o un freno, sino como una oportunidad para seguir avanzando. Con el fracaso sucede justo lo contrario, razón por la que suele ir ligado al inmovilismo o al desenfreno.

Durante la infancia no aprendimos a controlar los hilos de nuestra existencia. No nos dejaron ni nos enseñaron como debieran. Empezamos a frenar o a acelerar sin medida, y así seguimos, creyendo que ésa es la única realidad posible. Pero hay otras muchas realidades.

Hoy somos capaces de admitir y comprender los motivos que nos indujeron a adoptar semejante comportamiento y, por consiguiente, también está en nuestras manos corregirlo.

# El silencio

No creo que uno sea dueño de sus silencios. O al menos, cuando pienso en mí, no ha funcionado en absoluto. Yo siempre fui un esclavo del silencio. Por eso he llegado a la conclusión de que la palabra es el auténtico artífice de nuestro estado de ánimo, el que nos ha de abrir las puertas, el que nos permitirá conocer y darnos a conocer. Hablar siempre termina posicionándote en un sentido u otro. Y hablar de los abusos todavía más.

Es verdad que al romper el silencio pueden generarse situaciones de rabia, de intolerancia, de incomprensión o incluso de indiferencia, pero sea cual sea la postura que los demás adopten, la nuestra siempre será un primer paso, y el más importante, hacia un camino que nunca nos atrevimos a tomar.

La palabra obliga a posicionarse, a mover pieza, a no quedarte sumido en la pasividad o en la ambigüedad del que no es capaz de tomar ninguna determinación.

Aunque tal vez nos parezca que el camino del silencio es el más cómodo, a la larga no es así. Podemos pensar que el silencio no nos delata, pero sí nos conduce a una lenta e inexorable acumulación de problemas no resueltos que más pronto o más tarde estallarán, alejándonos cada vez más de una posible solución y de la realidad misma. En nuestro caso termina siendo el camino hacia la autodestrucción.

El silencio es un muro que empezamos a construir desde el momento en que empezamos a sufrir los primeros abusos. Si ya no decimos nada esa primera vez en que fue traicionada nuestra confianza, tampoco lo haremos las siguientes. Pronto nos sentiremos cómplices de lo sucedido y entraremos en esa vida oscura donde quedaremos atrapados por nuestro secreto. No será fácil desmantelar estas ideas que se instalaron en nuestro cerebro durante la niñez.

Vivimos desconectados de la realidad, separados de todo y de todos por la vergüenza, la soledad y la incomprensión. No podemos acercarnos a quienes estarían dispuestos a ayudarnos, ni tampoco estos pueden, en la mayoría de casos, llegar hasta nosotros. Romper el silencio es la clave que nos abrirá las puertas a una vida infinitamente mejor. Es la llave hacia la libertad, la llave que nos conducirá hacia nosotros mismos.

El silencio nos privó de la posibilidad de ejercitar nuestras habilidades sociales. Algunas de ellas tan siquiera las llegamos a adquirir. Al derribar este muro también echaremos abajo muchas de las limitaciones que siempre tuvimos por insuperables y que, por supuesto, no lo eran.

Cuando optamos por hablar empezamos a darle una oportunidad a nuestros sentimientos. Nos estamos permitiendo actuar como los seres humanos que somos. Además es la mejor manera de combatir la vergüenza que siempre nos ha paralizado. Las palabras son las que nos permiten llegar a conclusiones tan trascendentes como la ausencia de culpabilidad en los actos que acontecieron en nuestra niñez. Se nos enseñó a creer lo contrario. También las palabras serán las que sitúen a cada cual en su lugar; serán los dardos certeros que apuntarán al agresor.

## Violencia e intimidación

Al hablar del abuso sexual infantil, la mayoría de la gente imaginará a un ser despreciable que, posiblemente, habrá hecho uso de la violencia y la intimidación. En todo caso nadie duda que se trate de un maltrato físico o psicológico, o ambos a la vez. Sin embargo pueden darse diferentes relaciones donde la violencia, así como otras formas de intimidación, adoptan un perfil un tanto equívoco, aunque no por ello menos efectivo.

Para cualquiera de nosotros es complicado explicar muchos aspectos relacionados con el abuso que padecimos. Antes debemos enfrentarnos con preguntas que, no sólo quisiéramos que satisfagan a un hipotético interlocutor interesado, sino que nos satisfaga a nosotros.

Yo era de los que hasta hace poco tiempo pensaba que mi caso estaba exento de violencia e intimidación, lo que hacía incrementar mi sensación de culpa. Si eso es tal como lo escribo ¿por qué no hice algo, entonces? ¿Por qué no impedí que sucediera? La lista de interrogantes es muy larga. Cada cual tiene su particular pregunta sin respuesta: ¿por qué me traicionó mi cuerpo y sentí placer? ¿Por qué seguí permitiéndolo a los 16, 18 ó 20 años?

Aunque nadie en sus cabales ponga en duda que el abuso sexual infantil es condenable tanto social como penalmente, por lo que a mí respecta y por más execrable que pudiera parecer la conducta de mi padre, no puedo eliminar por completo la posibilidad de que alguien imparcial llegara a la conclusión de que en mis circunstancias no hubo violencia ni intimidación. A fin de cuentas es algo que se contempla en un juicio. Y es que yo he sido el primero en creerlo. No es fácil encontrar el modo de explicar lo que no hemos sido capaces, tan siquiera, de asumir como algo que nos sucedió en la niñez.

Es importante analizar este asunto con detenimiento, sobre todo ahora que hemos hecho mención de las connotaciones penales a las que está sujeto el abuso sexual y la relación existente entre éste y la agravante añadida de la violencia y la intimidación.

Nunca formó parte de mis prioridades la denuncia de estos hechos. En realidad nunca me lo planteé. Pero aunque hubiera sido así, de poco me hubiera servido, ya que el delito prescribió hace tiempo. No obstante, considero de suma importancia aclarar y delimitar cómo se llevó a cabo el abuso sexual y si éste estuvo agravado por actos de violencia e intimidación, fueran estos cualesquiera que sean, y aun a pesar de que legalmente no fueran admitidos.

Cuando se utilizan los términos violencia e intimidación se suele investigar en que grado afectaron a la víctima y si fueron degradantes y vejatorios.

El enfrentamiento siempre fue difícil. Yo siempre hubiera querido contestar que hubo violencia, que hubo intimidación y que ambas fueron degradantes y vejatorias. Así parecería todo más justificable. Pero la realidad que yo concebía hasta hace poco me hacía pensar que la definición era otra. ¿Realmente era así? Hoy tengo una percepción radicalmente distinta.

En la definición de violencia, si consultamos cualquier enciclopedia, se nos habla de violar y de violentar. Ambos casos se adaptan perfectamente a nuestra realidad. Y también a la mía en particular.

Degradar implica arrastrar a alguien a un nivel moral muy bajo, lo que también nos afecta a la mayoría de un modo incuestionable.

Vejar se define como humillar gravemente, mencionándose asimismo el abuso de poder, lo que encaja a la perfección con la realidad que me tocó vivir, y me atrevo a decir con la realidad que vivieron todas las personas que sufrieron A.S.I.

En definitiva, y atendiendo a estas definiciones, puedo concluir que en mi caso hubo violencia y que ésta fue degradante y vejatoria.

En lo tocante a la intimidación todavía me parece que es más incuestionable. La intimidación se define como el estado de quien está atemorizado, lo que en mayor o menor grado nos pasó a todos. De no ser así, no hubiéramos permitido que ocurrieran los abusos. También se habla en las definiciones de asustar o amedrentar, lo que equivale a un estado en el que nos vemos incapacitados para hacer frente a una realidad para la cual carecemos de capacidad, entendimiento y recursos, situándonos en una posición de inferioridad o desvalimiento frente al presunto agresor. Otra realidad irrefutable para casi todos.

En cuanto a sí fue degradante y vejatoria, creo que basta con aplicar los mismos razonamientos ya esgrimidos en el tema de la violencia.

Por tanto concluyó que en mi caso también hubo intimidación y ésta fue vejatoria y degradante. Otra cosa será que mis reflexiones se interpretaran de igual forma si llegara a los tribunales. Desgraciadamente, como decía, me temo que no.

En estos casos, y también en otros, es cuando uno se da perfecta cuenta de la necesidad de escribir un libro para tratar de explicar aspectos de nuestras experiencias que, de no hacerlo, se interpretarían de una forma muy diferente a la que corresponde.

Es obvio que la violencia puede ejercerse de muchas maneras. Poco a poco, entre mis propias vivencias y las de los demás, he descubierto a un tipo bastante común de abusador: el amable, el que no llama la atención; incluso el brillante, el ejemplar, el favorito de la familia. Cuantas veces no habré oído: "¿cómo voy a denunciar lo que me hizo, si él es el perfecto?" "¿Quién me creería, si yo he sido el problemático, el raro, el que nunca está a la altura?"

Casi me atrevería a bautizarlo como el síndrome del abusador genial. Nuestro tío simpático y encantador, nuestro hermano brillante y preferido por todos, nuestro padre ejemplar y respetable o ¡nuestro venerable abuelo! ¿Qué hacemos nosotros, seres cargados de problemas que nadie entiende? ¿Cómo nos atrevemos a señalar con el dedo a estas maravillosas personas? Seguro que no estamos bien de la cabeza o nos mueve la venganza. No nos merecemos la familia que tenemos, la misma que se ha preocupado por nosotros y a la que siempre hemos causado problemas y disgustos y a la que, para más "inri", ahora pretendemos hundir con una acusación horrible. ¡Y es que somos unos verdaderos monstruos!

Con nuestra irrupción al mundo de los adultos, las cosas no mejoran demasiado. Al contrario, más bien diría que empeoran. Nos vemos tan miserables que cualquier energúmeno se ve con superioridad y con derecho a abusar de nosotros. Pero donde quedamos desarmados por completo es ante el abusador genial, porque es probable que vuelva a cruzarse en nuestro camino. Y entonces ni siquiera nos daremos cuenta, porque sus armas no serán la intimidación ni ese tipo de violencia que cualquiera puede advertir. Es el abusador amable, el que se hace necesario, el que pretende ayudarnos, el que no sabemos combatir de ningún modo.

No hay duda de que la violencia puede ejercerse de muchas formas. Si tuviéramos que elegir entre ser heridos con malos modos o ser asesinados con amabilidad, creo que elegiríamos la primera opción. Pero para ello, antes deberemos ser conscientes de que nos hallamos en esa situación. A veces nos están matando con tanta sutileza y tan buenas maneras que hasta nos sabe mal impedirlo.

Las formas tienen su importancia, es innegable, pero incluso más que eso, debe importarnos el objetivo que se persigue con determinadas actuaciones, sobre todo cuando estas nos afectan y nos sentimos amenazados y violentados por las mismas.

## Adicciones

Todos tenemos en mente un significado aproximado para el término adicción. La mayoría lo asociamos automáticamente al mundo de las drogas, del alcohol o del juego. Sin embargo tiene un ámbito de acción mucho más amplio.

El diccionario, en una de sus acepciones, define la adicción como una obsesión hacia algo. Esta definición abre muchas posibilidades. Tal vez convenga indagar sobre los límites de una obsesión y que es, de hecho, una conducta obsesiva. Si volvemos a echar mano del diccionario nos encontramos con que la obsesión es una idea fija que no puede apartarse de la mente y que domina a la persona.

Este acotamiento, cuanto menos, nos permite establecer ciertas pautas y límites con los que catalogar a las personas susceptibles de padecer una o varias adicciones. Pero aun así, el margen sigue siendo demasiado grande. Después de todo ¿no estaré yo mismo obsesionado con la confección de este libro? Desde que concebí la idea de hacerlo, los pensamientos relacionados con el libro siempre están rondando por mi mente, aunque ya no estoy tan seguro de que dominen mi persona.

Con esto pretendo llegar a la idea de que cualquier conducta está expuesta a ser interpretada como obsesiva, todo depende de quien sea el observador que pretenda clasificarla. Será mejor buscar otros rasgos distintivos.

Hablar con propiedad de lo que es y no es adicción, y hacerlo con objetividad, no resulta sencillo. Dando eso por sentado, yo diría que hay un elemento diferenciador que podría ayudarnos a distinguir unos casos de otros.

Cuando una conducta pretendidamente obsesiva persigue unos objetivos que, al menos en principio, van a beneficiar a terceras personas o a uno mismo, podríamos discriminarla como obsesión positiva, con lo cual dejaría de tener cabida dentro de la terminología propia de la adicción. Aun definiéndola como obsesión positiva, sé que igualmente puede ocasionar problemas, pero serían problemas menores de más fácil solución. En este sentido sirva el ejemplo de este libro que mencionaba antes. Mi dedicación, en ocasiones, puede comportar algún que otro problema con mis relaciones o con otras ocupaciones que quedan relegadas a un segundo término. Puede ser un problema, pero eso no me hace perder por completo la perspectiva de la realidad o me imposibilita para encontrar un término medio que permita conciliar mi tiempo con otras responsabilidades.

Si una conducta, contrariamente al caso anterior, persigue o supone algún perjuicio para nosotros o para terceras personas, independientemente de cuál sea nuestra voluntad al respecto, entonces estaríamos hablando de una obsesión negativa que equivaldría a una adicción en toda regla.

Cabe señalar que en ambos casos, tanto en lo beneficioso como en lo perjudicial, sería extraño que los efectos a terceras personas y sobre uno mismo no se dieran a un mismo tiempo. No es normal beneficiarse o perjudicarse uno mismo sin que dicha situación afecte a las personas más directas de nuestro entorno. Eso es algo que hemos podido comprobar ampliamente quienes nos hemos visto atrapados por una conducta obsesivo– negativa; o sea, una adicción.

La visión personal, desde la atalaya que proporciona la propia experiencia, es un magnífico mirador desde el que observar las profundidades de aquello sobre lo que no nos gusta pensar, pero sobre lo que hay que volver una y otra vez.

Si pienso en el término adicción siempre acabo asociándolo al juego. Y no es por casualidad, precisamente. Han sido muchos los años desperdiciados entre la bruma embriagante de esa pesadilla interminable. Son muchos los años en pos de un olvido que nunca logré alcanzar. Son muchos los años de espaldas al mundo. Son muchos años para que ahora haga una asociación en la que no esté el juego.

Mi realidad parecía ser inalterable. Por más que me ocultara entre las oscuras nubes de la adicción, mis recuerdos nunca se desvanecían; seguían allí, agazapados, esperando el momento oportuno para arañar cruelmente mi frágil memoria.

Tal y como suele suceder con todas las adicciones, yo utilicé la mía para evadirme de mis responsabilidades. Cada vez más, mi mundo se hundía en un mar de soledad y sin sentido que no auguraba ningún futuro.

Uno siempre gusta de imaginarse distinto a los demás, de hallar aquellos rasgos distintivos que lo identifiquen de una u otra forma, pero por más que quisiera engañarme, al final siempre acababa viendo a un ser patético y sin futuro que iba tocando fondo cada vez más a menudo. Alguien que cualquier día no iba a ser capaz de escapar del pozo en el que siempre terminaba cayendo.

No. La verdad es que no era diferente en el sentido deseado. Antes al contrario. Era un pobre diablo sobreviviendo a duras penas en un mundo incomprensible, igual que otros tantos desahuciados emocionales cuya vida no tiene remedio ni sentido.

Quizá parezcan un tanto exageradas estás últimas aseveraciones, pero lo cierto es que los pensamientos de un adicto, en los momentos más bajos y oscuros, son estos o incluso bastante peores.

Sólo cuando atisbé la posibilidad de que el juego pudiera estar estrechamente relacionado con los abusos sexuales, evento reciente por otra parte, empezó a abrirse un mundo nuevo ante mis asombrados ojos. Por fin algo parecía tener sentido, por fin una explicación a la que pudiera acogerme.

Hoy puedo decir que algunos de los problemas irresolubles del pasado han remitido hasta desaparecer casi por completo. No pretendo utilizar este argumento para llegar a la conclusión de que existe una lógica universal, ni menos aún que se haya producido una curación milagrosa. Quisiera seguir tocando con los pies en el suelo y no ser tan clarividente como para afirmar que la revelación de los abusos es suficiente para eliminar de raíz una adicción como la ludopatía. O cualquier otra. Eso sería demasiado suponer, máxime cuando cada caso tiene unas particularidades específicas que hacen que aquello que sirve a una persona o es útil en determinadas situaciones, sea ineficaz o incluso perjudicial en otra.

Llegados a este punto ¿debemos concluir que se trata de una coincidencia? No necesariamente. Puede hallarse una respuesta esclarecedora que sirva para otros casos, pero sin que siente un precedente en el que ampararse la totalidad.

Por lo que respecta a mi situación en concreto, puedo decir que el reconocimiento del auténtico problema posibilitó la desaparición de un problema secundario que hasta entonces había interpretado como el origen de todos mis males. En realidad sólo tenía una función encubridora de los abusos sexuales. Cuando esa realidad quedó al descubierto, la función "vía de escape" de la ludopatía perdió su razón de ser, aunque no su peligrosidad. En ese sentido podía volver a considerarme libre. Pero eso no significaba que los problemas hubieran desaparecido. Lo que había desaparecido era la venda que me impidió verlos durante tanto tiempo.

Esta nueva situación no garantiza que nunca más pueda recaer en la adicción al juego. Sólo me ha dado una nueva visión de la realidad y nuevas herramientas para enfrentarme al mundo en mejores condiciones de las que tenía anteriormente. Ahora dependerá de cómo las utilice.

Sé muy bien que un adicto, potencialmente, lo es para siempre. Los intentos que se hagan para investigar las interioridades de una persona con una o varias dependencias física o psíquicas pueden ser bastante frustrantes. La complejidad psicológica y las múltiples sintomatologías de un adicto hacen que la búsqueda de una causa originaria sea una tarea de inciertos resultados. Pero no siempre es así. La causa de mi adicción eran los abusos. Creo estar en disposición de afirmarlo con certeza y hasta con rotundidad por la experiencia de haber vivido inmerso muchos años en el mundo del juego y haber vivido, después, otros tantos alejado por completo de él. En este sentido me siento afortunado, pero me veo obligado a puntualizar una vez más que se trata de mi experiencia.

No todos están en disposición de decir yo juego porque... o yo bebo porque... Pueden aducirse muchas causas para beber, jugar o drogarse, pero en general no responden a la voluntad de encontrar las verdaderas causas de esta conducta, sino que tienden a buscar las excusas que justifiquen dichas actitudes. En realidad son las consecuencias de un origen que acostumbra a estar profundamente enterrado en nuestra memoria y, por supuesto, no nos apetece en absoluto desenterrarlo.

Vamos a imaginar que nos afecta una jaqueca recurrente y que no hay forma de acabar con ella. Casi cada día tenemos insoportables dolores de cabeza que nos amargan la existencia hasta extremos insospechados. Nos sentimos impotentes porque no hay nada capaz de eliminarla. Así transcurre nuestra vida hasta que un mal día descubrimos que nos afecta una grave enfermedad que, además, es la causante de nuestros dolores de cabeza. En ese preciso instante desaparecen las preocupaciones por la cabeza y nos concentramos en lo que realmente importa; la enfermedad que puede costarnos la vida.

Este símil reflejaría la relación que hubo entre la ludopatía, como efecto, y los abusos sexuales como causa. Al dedicarme por completo a la comprensión de lo que significaron los abusos –lo que sería la grave enfermedad– me olvidé literalmente de la ludopatía –que vendrían a ser los dolores de cabeza– .

Yo era consciente de la destrucción a la que me estaba sometiendo con el juego, sin embargo, era incapaz de detener una espiral que me hubiera precipitado hasta honduras difíciles de describir. Entonces se produjo el milagro. En aquel momento no imaginaba que pudiera existir una relación causa efecto, pero desde la revelación de los abusos sexuales, el problema del juego desapareció por completo.

No puedo pasar por alto lo que he vivido, lo que me ha servido y lo que, probablemente, haya salvado mi vida. Para mí ha sido fundamental descubrir la raíz de mis problemas y alejarme de una superficie engañosa con la que podría falsear indefinidamente mi existencia. No hay otra realidad; si me hubiera conformado con resolver mis problemas de ludopatía sin entrar a fondo en las causas, ahora no estaría donde estoy, y tampoco estoy seguro de que hubiera logrado resolver nada. Me inclino a pensar que hubiera permanecido en la superficie, inmovilizado por el miedo y siempre con el riesgo de una nueva recaída.

Creo que ante cualquier adicción hay que profundizar hasta donde haga falta. No basta con superarla. De hecho ¿qué significa superarla? Hay que averiguar todo lo relacionado con ella. Si existe un motivo que en su momento provocó el problema, ese mismo motivo seguirá estando allí aunque consigamos vencer momentáneamente la adicción. Ganar una batalla es esas condiciones no es garantía de éxito, y aunque logremos detener la adicción, el problema original puede encontrar otras vías de escape más sutiles que pasen desapercibidas... hasta que sea demasiado tarde y se conviertan igualmente en adicción.

Antes de comprender que los abusos constituían mi principal conflicto y que era lo que en verdad debía tratar, creía que todos los problemas adicionales provocados por el abuso provenían del juego, de mi personalidad, de la mala suerte, de que nadie me comprendiera... de cualquier cosa excepto del abuso sexual. Confundía las causas y las secuelas. En mi mente imperaba la ley del silencio, con lo que difícilmente podía hacer esa asociación, así que antes de romper esa barrera mental, mi vida gravitaba en torno al juego, igual que lo hace una polilla alrededor de una luz incandescente. Y no es necesario decir que el final de ambos era lamentablemente parecido.

En los breves periodos que lograba aislarme del juego, se abría un futuro donde no era posible distinguir ningún tipo de vida mejor que la que había llevado hasta entonces. En esos momentos me sentía dominado por el vértigo. Me invadía un sentimiento de inutilidad que me bloqueaba. La recaída, en comparación, no parecía una salida tan desesperante como mi realidad cotidiana.

Ahora el futuro es muy distinto, aunque quizá no tanto como la percepción que tengo de él. Ahora me parece un lugar repleto de oportunidades por las que vale la pena luchar. No veo el mundo de color de rosa, ni tampoco pretendo insinuar que los problemas vayan a desaparecer por arte de magia, sólo que, por lo menos, sé cuáles son. He asimilado su esencia y creo saber lo que hay que hacer con ellos. No dudo que eso me lleve un tiempo, también sé que tropezaré varias veces, incluso cayendo estrepitosamente, pero confío en levantarme y seguir adelante, haciendo, ni más ni menos, lo que hace cualquier persona.

Los sentimientos manifiestan claramente los estados de nuestra personalidad y son, también, los que se hallan más sujetos a comparación y estudio respecto a las causas que los originan. Lejos de tratarlos como patologías nocivas, debemos empezar a aceptarlos como lo que son y dominarlos en vez de dejarnos dominar por ellos. Debemos alcanzar ese eslabón de la sabiduría que nos permita averiguar a que causa obedece cada sentimiento, pues sólo a través de ellos descubriremos el origen de los problemas, ansiedades e infelicidades que nos acucian.

Cada sentimiento es un síntoma de algo que nos ocurre o nos ha ocurrido. Incluso de lo que nos puede llegar a ocurrir. Puede ser bueno o puede ser malo, y lo que debe hacerse es tratarlo como la respuesta que nos ha de llevar hasta la pregunta, es decir, la causa de nuestras aflicciones y desgracias. No es inteligente querer curar un síntoma dejando de lado la enfermedad.

# II. Testimonios

# ACINOREV

Creo que mi padre empezó a tocarme desde que tengo uso de razón. Recuerdo que era muy pequeña cuando le pedía a mi padre que me rascara la barriguita o que me subiera al caballito. Él, entonces, me tocaba las partes. A mí me gustaba y me hacía sentir especial. Qué inocente fui.

Lo siguiente que recuerdo fue una vez que me llamó a su habitación y cuando llegué, él estaba desnudo en la cama. Me pidió que me acercara, cogió mi manita y la puso en su pene. No estoy segura de los detalles; lo único que sé es que le masturbé y me fui. En aquellos momentos debería tener unos 7 u 8 años.

A partir de entonces empezó a venir muchas noches a mi cama para que le tocara, y yo sólo pensaba "ya está el pesado aquí que no me deja dormir". Y entonces se lo hacía rápidamente para que me dejara en paz.

No es fácil ubicar en el tiempo, de una manera correlativa y coherente, recuerdos, sensaciones y hechos. Sé que algún tiempo después, todos los sábados a las siete de la mañana, cuando mi madre se iba a la peluquería, él venía a por mí y me llevaba a su habitación. En esa época, primero me tocaba a mí y luego yo a él. Sé que no era normal pero creo que me gustaba.

Recuerdo que en aquellos tiempos pasaba muchas horas con mi padre. Él venía al colegio a por mí y nos íbamos al campo, hablábamos, hacíamos los deberes juntos, e incluso cuando cumplí 11 años me enseñó a conducir. También me contaba que con mi madre no le iban bien las relaciones sexuales, que era muy sosa... hasta recuerdo haberle dado consejos. En ocasiones me contaba que tal o cual hermano, en el colegio, había hecho esto o aquello y que los habían llamado para hablar con el profesor. Poco a poco me convertí en su pareja.

Me gustaba hablar con él; me contaba cómo era su vida de pequeño o cómo había llegado a montar el negocio. En el colegio no tenía amigas, nadie quería sentarse conmigo, así que me sentía querida por él.

Llegó un momento en que comprendí que aquella situación no era normal. Él me decía que un amigo suyo hacía lo mismo con su hija.

Cada vez me daba mas asco besarle, tocarle y que me tocara. Era horrible; me consolaba con que sólo era un rato, un poco más de una hora, y todo se terminaba.

Él lo tenía todo preparado; el colchón, el vídeo, el TV, películas porno, revistas... todo en la empresa. Incluso en cierta ocasión, cuando yo tendría unos 11 ó 12 años, compró una cámara y a escondidas lo grababa todo. Me dijo que no quería enseñármelo, que era para él, pero finalmente pensó que sería una buena idea que lo viéramos juntos para ver dónde fallábamos y si podíamos mejorar la relación. Recuerdo que sólo miré unos segundos el vídeo. Me sentí tan sucia que cerré los ojos. Cuando mi padre se dio cuenta de que no lo estaba viendo, se enfadó.

A la empresa íbamos todos los sábados, y entre semana, una o dos veces como mínimo. Lo tenía todo bien montado para que no lo pillaran; puso llave en las oficinas, que sólo tenía él, y cerraba todos los días. De este modo, si alguno de mis hermanos se acercaba por allí, al verlo cerrado, no sospecharían. Incluso aparcaba el coche lejos para que no lo vieran, y aun en el caso de que lo hubieran visto, decía haber cogido la moto para ir al campo y dejado allí el coche.

Para que no supieran que estaba con él, me obligaba a decirle a mi madre que me iba con unas amigas a la biblioteca, entonces quedábamos en un sitio y él me recogía. Luego, cuando volvíamos, me dejaba primero y se iba. Quince minutos después aparecía como si nada.

¿Cómo le decía yo que no me gustaba lo que estábamos haciendo? Al fin y al cabo nunca me había negado, y cuando me preguntaba si me gustaba, alguna vez le dije que sí ¿cómo le iba a decir ahora que no? Algunas veces me decía que la gente no lo entendía, que tenían celos de que nosotros nos lleváramos tan bien. Después me preguntaba si me gustaba, y que si no quería seguir que se lo dijera, pero lo preguntaba de una forma que sabías que no ibas a poder negarte, pero tampoco podía decir que sí. O sea que generalmente no respondía.

Lo peor fue cuando él me propuso la penetración; me dijo que lo que estábamos haciendo no estaba mal para una niña, pero ahora ya era una mujer. Así que me hizo prometer que el día de mi cumpleaños, cuando cumpliera los 15, me convertiría en una persona adulta.

Tenía tanto miedo, cada vez que se acercaba a mí y me preguntaba si estaba preparada... Él decía que lo estaba, que lo tenía todo preparado, dijo que había comprado vaselina, nuevas revistas y películas para el gran día.

Y llegó el día. Cumplo los años el 30 de junio, así que no tenía colegio. Intenté por todos los medios pasar cada momento del día con alguien; con mis hermanos, mi madre, lo que fuera para no ir, pero mi padre, en un momento que estaba sola, me dijo "¡que haces! Ya lo tengo todo preparado, vamos". Me hizo subir al coche y nos fuimos a la fábrica.

Estaba muy asustada. Cuando llegamos ya estaba todo preparado; un ventilador, el colchón en el suelo con las sabanas nuevas, no sé cuantas revistas y películas nuevas.

Hizo que me quitara la ropa y que me acostara. Empezó a tocarme. Me dijo que me tranquilizara y que iba a ponerme a punto para el gran momento, pero yo no me podía tranquilizar. Estaba muy asustada. Entonces cogió un montón de vaselina, me la puso, y se subió encima. Me asusté y empecé hacer fuerza para salir de debajo de él. No podía, era muy grande y pesaba mucho. Lo intentó y me hizo mucho daño. No sé si llegó a penetrarme, aunque fuera un poco, la cuestión es que conseguí salir de debajo de él, no recuerdo cómo. Me fui a una esquina de la habitación y empecé a llorar. Le dije que me había hecho mucho daño. Él se enfadó mucho y me dijo que muchas chicas de mi edad ya eran madres, que tenía una cría como hija y que le había decepcionado.

Volvió a intentarlo en días posteriores, pero no pudo. Así que con el tiempo lo dejó pasar. Pero llegó el siguiente cumpleaños y me lo hizo prometer de nuevo. Y otra vez volvió a pasar lo mismo. En esta ocasión se enfadó más. Volvimos a la rutina de siempre, y al cumplir los 17 nuevamente pasó lo mismo. Volvió a enfadarse y su trato hacia mí empeoró. Todos los días me lo tiraba en cara; que era una cría, que nadie querría estar nunca conmigo. Cada vez que pasaba por su lado, o cada vez que me daba un beso me decía: "ya estas preparada, tengo muchas ganas de follar contigo" y cosas así, no sé cuantas veces al día.

Cada vez me sentía más agobiada. Los sábados eran horribles. En realidad no me obligaba físicamente a que lo hiciéramos, siempre decía que lo había comprendido, y que cuando estuviera preparada ya lo haríamos.

A veces me resulta difícil ubicar en el tiempo todos los detalles. Recuerdo, no sé si antes del intento de penetración, que me decía que su mayor ilusión era que encontrase un novio y me casase. De este modo, cuando mi marido fuera a trabajar, él iría a mi casa para hacerme disfrutar, que siempre tendría un hueco para él.

No podía quitarme de la cabeza ese "te voy a follar". Me torturaba aquel pensamiento; pensar que incluso cuando me casara lo tendría siempre encima. Tenía mucho miedo.

En tercero de Formación Profesional me iban fatal todas las asignaturas, pero en la clase de religión, el profesor (un cura) siempre hablaba de temas de actualidad, como las drogas y temas así. Un día nos hizo hacer un trabajo sobre temas como la inseminación artificial, el aborto y cosas de este estilo. Recuerdo que me hizo salir a mí. Llevaba un chicle en la boca y no me entendían cuando hablaba. Se burlaron de mí y él me defendió.

Es un cura que cae mal a mucha la gente, a veces se pasa de burlón y también es bastante fanfarrón, pero a mí me ayudó en ese momento y en él encontré la puerta de escape a mi problema.

Al final del curso, unos días antes de mi cumpleaños, ya con casi 18 años, la presión de mi padre era tal que ya no pude aguantar más. Tenía mucho miedo a que llegara el día de mi cumpleaños. Ya sería mayor de edad y quería creer que cambiarían las cosas, pero no estaba segura de que me dejara en paz respecto a la penetración, o si esta vez se enfadaría de verdad y me violaría.

Hice acopio del escaso valor que aún me quedaba y me fui a hablar con el cura. Le dije que quería hablar con él, que era importante. Él dejó lo que estaba haciendo y nos fuimos a una habitación a solas. Me preguntó qué quería, pero yo no me atrevía a decirle nada. Me dijo que algo debía estar ocurriendo y que no estaría tan nerviosa por nada, así que empezó a preguntar: "¿Es algo con algún amigo?". Le dije que no. "¿Con algún familiar?" Le respondí que sí. De este modo, mediante preguntas más o menos sutiles, consiguió sacármelo todo.

Le rogué que por favor no hablase con nadie, que tenía mucho miedo. Él me dijo que se lo tomaba como una confesión y que si no le daba permiso no diría nada. Finalmente me venció la tensión y caí al suelo, no me aguantaban las piernas. Él pidió ayuda y me dejó con unas profesoras, tuvieron que agarrarme entre tres o cuatro personas por que no me aguantaba. Después me dieron una tila.

Poco a poco me fui tranquilizando. La directora me dijo que así no podía estar y que iban a llevarme a casa. Les pedí que hicieran conmigo lo que quisieran, pero que por favor no me llevasen allí.

En ese momento llegó el cura, me dijo que había ido a hablar con mi padre y que no lo había negado. Me aseguró que no volvería a ocurrir, que él mismo se iba a encargar de que no me hiciera nada. Me dijo que hablara con alguien de la familia. Seguro que encontraría alguien en quien confiar.

Así que al final me llevaron a casa de la novia de un hermano. No quería ver a nadie de la familia, pero mejor ella, que mi padre, mi madre y hermanos. También ella, con preguntas, me sacó todo lo que me pasaba. Me dijo que se encargaría de decírselo a mis hermanos y que podía confiar en ella.

Pero tenía que volver a casa. Cuando llegué, mi padre ya me estaba esperando. Me dijo que estaba loca y que cómo me había atrevido a decírselo al cura. Dijo que él lo había negado todo y que me culparían a mí. Me sentía fatal, perdí por un momento la vista. Estaba volviendo a perder las fuerzas.

Cogí la puerta y ya no volví.

# Carmen

No sé cuál es mi primer recuerdo, seguramente, porque era tan pequeña...
Las escenas más vívidas las asocio a los viernes. Entonces ponían mercado en mi barrio y mi tío, que sabía que mi madre salía a comprar, tocaba el timbre y yo le abría la puerta. Nada más entrar se acercaba a besarme en la boca y, acto seguido, ponía una mano entre mis bragas, utilizando la otra para cogerme la mía y llevarla hacia su pene (que asco; estaba lleno de mocos). Me metía el dedo, fuertemente, y recuerdo que me dolía mucho. Me empalaba entre él y la pared, mientras refregaba su media barba y sus babas contra mi boca. Yo chillaba bajito (no me fuese a oír alguien).
– Déjame, no me hagas eso.
– Pero si esto no es malo, no pasa nada.
Y así un viernes tras otro. En ocasiones sucedía con mi madre en casa, pero como estaba en un cuarto, al final del pasillo, y estaba cosiendo, no caía en la cuenta si tardábamos en entrar o no. Algunas veces, cuando tocaba el timbre, me encerraba corriendo en el baño y chillaba:
– No puedo abrir, estoy meando.
– ¡Siempre igual! ¡Sal ahora mismo y abre la puerta! –me contestaba con tono de enfado. Y a ver quién no iba, con la mala leche que tenía mi madre.
A veces, cuando sabía que iba a venir, me bebía el champú "Geniol", que sabía a fresa, y como terminaba vomitando, era mi madre la que salía y aquel día podía librarme.

Luego, en alguna ocasión, vino a donde jugaba con mis amigas, y me decía que mi madre le había pedido que me llevara a casa. Entonces se desviaba por un campo de naranjos, me tiraba al suelo, y se echaba encima de mí. Creo que es el único episodio que no tengo claro. No sé hasta donde llegó; es algo que se borró de mi memoria, y la verdad, tampoco me apetece hacer grandes esfuerzos para recordarlo. Todo esto duró unos cuatro o cinco años.

Tampoco recuerdo cómo dejó de acosarme, ni porque. Siempre he sospechado que siguió con mis primas, las que fueron naciendo después de mí, aunque ellas lo niegan rotundamente. Si he de ser sincera, no me lo acabo de creer.

Cuando yo tenía 19 años y mi hermana 9, sucedió algo que nunca he podido olvidar. Nos hallábamos todos en una reunión familiar cuando, en un momento dado, salieron a la calle mi hermana y mi prima. Acto seguido él salió detrás, y yo, que ya lo conocía demasiado bien, también salí junto a mi marido (entonces él no sabía nada). Y en efecto, allí estaba, acorralándolas a las dos. Rápido y como pude, le conté a mi marido lo que estaba pasando. Él quiso ir, pero yo me asusté por miedo al escándalo. Así que fui yo quien se acercó. Mandé a las niñas que se fueran arriba y le dije en plan desafiante:

– Te he visto con ellas y te voy a estar vigilando. Si veo que te acercas a mis hermanas o a mis primas te denunciaré por ellas y por mí.

Él, con su estúpida sonrisa, dijo que no estaba haciendo nada. Yo tampoco dije nada más y me fui.

Dos años más tarde, cuando le comenté este episodio a mi hermana, a ver si lo recordaba, ella me contó que él les había dicho que se dejasen tocar, que no pasaba nada y que a mí también me lo había hecho.

Julio del 73, tengo 6 años y acabo de recibir la comunión. Como soy alta me han permitido hacerla junto a mi hermano, aunque no tenga 8 años.

Mi madre, que por aquel entonces no pensaba tener más hijos, lo celebra por todo lo alto. Que feliz fue aquel verano... Después de la comunión, con todos los regalos y demás, nos fuimos un mes de vacaciones al pueblo de mi padre. Me libraría durante un mes del baboso de mi tío. ¡Qué alegría!

Llegamos al pueblo y vienen mis amigas corriendo a verme. Les doy regalitos de la comunión, les enseño las fotos y algunos regalos que llevo. Me siento como una reina.

Mi amiga Marisol está enferma. Es la hija de un ricachón del pueblo. Mi madre me da su regalo para que vaya a llevárselo. Su casa es enorme. En la parte trasera, está la piscina, debajo de la casa la discoteca, y arriba un bar. Todo esto era de su propiedad y estaba abierto al público. Además no había otra discoteca en el pueblo. O sea que hacían pasta por un tubo. Cuando acabo de darle el regalo su papá me dice:

– ¿Quieres que te enseñe la discoteca?
– ¡Sí! le contesto encantada.

Cuando llegamos a la cabina se sienta en el taburete. Me coge y me sienta encima de él. Empiezo yo a notar esa cosa dura que ya conocía. No sé que hacer. Me toca las "tetitas" mientras me dice que estoy haciéndome muy mayor.

Pasan los días, y cada vez que íbamos a su casa, él buscaba la ocasión de sobarme, y de que yo le sobase, generalmente dentro de la piscina. Cuando no estaba abierta al público, se bañaba con sus hijas y conmigo. Me sobaba a cada momento. No sabía cómo deshacerme de él.

Al final, cuando venían sus hijas a buscarme, inventaba cualquier excusa para no ir con ellas o, simplemente, me negaba. Mi madre se enfadaba y me reñía. A ella le encantaba codearse con el ricachón del pueblo. Una de las últimas veces que fui, me dijo que me llevaba al garaje a enseñarme un coche nuevo. Me metió en la parte trasera y se echó encima de mí. Tampoco estoy muy segura de lo que pasó. Los episodios más desagradables los tengo borrados o no los quiero recordar. Después de aquello, me empeñé en no ir más a su casa. Mi madre se enfadó mucho y me dijo:

– Si no estás para jugar con Marisol, no estás para jugar con nadie.

Así que cuando mis amigas venían, ella decía que estaba castigada. De este modo concluyó mi verano feliz; encerrada sin salir. Maldito verano del 73, me fui huyendo de uno y me encontré otro. Pero como dice el refrán... no hay dos sin tres. A la vuelta me saldría un tercero.

Terminó el verano y vuelta al colegio. Vuelven los viernes odiosos, pero por lo menos ya no estaba el baboso del pueblo. Me reencuentro con mi mejor amiga, también procedente de una familia con cierto poder. Al parecer, su abuelo, un facha de mucho cuidado, era "espía de Franco" o algo parecido. El caso es que su abuelo montó una bodega a la que había que ir día sí, día no, a por el vino de la comida. Ibas con una botella vacía y te la llenaban.

Mi madre debió pensar que ya era lo bastante mayor para ir a comprar yo sola. Así que empezó a mandarme a por el vino. Y de nuevo empezó la historia de siempre. Al principio me ponía el vino de los primeros toneles, luego ya me llevaba dentro a ponérmelo del almacén. Ahí empezó a tocarme y hacer que lo tocase, cada vez más...

Hice lo imposible para no ir a por vino, me negaba. Pero enseguida salió la voz dominante de mi madre acojonándome. Yo le contestaba:

– Que vaya mi hermano. (Dos años mayor que yo)

– Vas tú, porque yo te lo mando.

Joder, esta mujer no puede ser mi madre, me manda a un sitio al que odio ir. Entonces, lo que hacía era dar vueltas, esperando el momento que hubiese gente en la tienda, pero de nada servía, aunque entrase gente después de mí él siempre decía:

– No, si la niña no tiene prisa.

Cuando se quedaba vacía, cerraba con llave y me llevaba adentro. Luego, cuando llegaba a mi casa, mi madre me reñía por haber tardado tanto, y yo le explicaba que había mucha gente y que se me colaban. Y encima me volvía a reñir por ser tonta y dejar que pasasen delante de mí.

Al final, casi encontré la solución. Iba primero a casa de alguna amiga para que me acompañase y así no pasaba nada. Pero eso también me costaba broncas, porque entonces decía mi madre:

– ¡Es que no puedes ir sola que tienes que buscar a tus amigas!

Bueno, el caso es que, más o menos, conseguía escaparme del facha, aunque mi tío seguía viniendo. El capítulo se cerró un buen día que llegué a mi casa y allí estaba mi amiga llorando. Mi madre me dijo nada más llegar.

– Dale un beso, pobrecita, que se ha muerto su abuelo.

Me encerré en el baño, pensando que lo había matado yo a fuerza de desearlo. ¿Cómo podía mirar a mi amiga a la cara? No tenía padre y ahora tampoco abuelo. No pude darle ningún beso.

Ya sólo me quedaba mi tío, y el verano siguiente, ya veríamos qué pasaba. A este energúmeno no sabía cómo quitármelo de encima. ¿Y si contenía la respiración hasta contar 40? A lo mejor haciendo algo raro no venía. Pero no, no daba resultado. A lo mejor tendré que aguantar hasta 45. Entonces me ponía roja, me mareaba... pero seguía viniendo. ¿Y si salto cuatro escalones juntos? Nada. Quizá si probara con cinco. Tampoco. Si me agarraba a la barandilla conseguía saltar hasta diez, pero no dejó de venir.

En fin, cosas de niños.

# Dulce

No sé por dónde empezar. No sé si al escribir una historia plagada de eufemismos va a entenderlo alguien más que yo. Tampoco tengo claro que alguien vaya a leer esto, o que una cadena de retazos sin sentido pueda ayudar de algún modo a cualquiera. O a mí misma. Bueno, realmente creo que he llegado a un punto en que mi conciencia ya no necesita ayuda y a mi inconsciente no hay manera de hacerlo cambiar.

No recuerdo cuándo ni cómo empezó todo. No fue una vez, ni dos, y cuando algo se toma por habitual no es fácil darse cuenta de que lo habitual no es necesariamente "normal". Demasiada filosofía para un niño tratar de discernir entre el bien y el mal, entre lo que es correcto y lo que no lo es.

Cuando intento averiguar cuándo empezó esto, sólo hallo alguna aproximación al recordar infecciones de orina que tuve muy de niña, o de incontinencias nocturnas que debieron durar hasta los 8 ó 9 años. A partir de ahí supongo que llegó la "sobreadaptación" de la que hablan los psicólogos, porque sí tengo memoria de que continuaron hasta alrededor de los 11 ó 12 años.

Los abusos fueron perpetrados por parte de un tío, el marido de la hermana de mi madre. Sucedía siempre que por algún motivo dormíamos bajo el mismo techo; bien durante las navidades, cuando nos reuníamos todos y yo dormía en su casa, bien en la casa de la sierra donde pasaba todo el verano, o bien cuando me iba unos días con ellos a la playa.

No podría enhebrar la historia porque durante el resto del año vivía feliz en mi casa y lo que recuerdo son encuentros ocasionales. Por aquel entonces todavía no me permitía tener que pensar en ello cada día. Pero todos esos momentos... ¡claro que los recuerdo perfectamente! Solía venir a mi cuarto al amanecer o en la hora de la siesta, probablemente alguna noche también. Y yo me volvía de espaldas, haciéndome la dormida. Me sobaba. Me besaba en la boca con toda su lenguaza (Dios, no podía ni respirar). Me la metía en la boca. Igualmente me faltaba la respiración cuando lo hacía (cuando por fin se iba salía corriendo a escupir y a lavarme los dientes). Ponía mi mano en sus partes para que le masturbara. Me lamía y me metía los dedos (aún no sé qué placer podía provocarle aquello, yo sólo recuerdo haber sentido dolor). Llegó hasta restregarse contra mi trasero mientras yo sentía su calor pegado a mí.

Nunca había contado todo esto de forma tan explícita... es absolutamente repugnante, sobre todo cuando no son palabras vacías. Siento si hiero la sensibilidad de alguien, pero sé que si no sigo adelante nunca voy a volver sobre este tema.

Sobre situaciones concretas recuerdo muchas. En la casa del pueblo se levantaba temprano cada mañana, para "ir a cazar" (que ya te digo yo lo que cazaba), bonita forma de dar los buenos días. Fíjate qué madrugador, qué pronto se levanta siempre, nadie pensó nada extraño. Yo incluso dormía con el pestillo de la puerta cerrado, pero terminó por soltar los tornillos y con un simple empujón la puerta se abría. Nadie pensó nada extraño. Aunque siempre me hacía la dormida, una vez, durante la hora de la siesta, no pude más que abrir los ojos. Cuerpo calmado, ojos asombrados y corazón furioso. Y tuvo la desfachatez de preguntar: "¿te gusta cómo beso?". Creo que desde entonces cuando algo me asusta cierro los ojos, me arropo y me duermo.

En su propia casa dormía en las fiestas de Navidad, yo en el sofá y ellos en su cama. Parece que llegó un momento en que el sofá debió parecerle incómodo porque me llevó a su cama. Qué encanto, para que la niña esté más cómoda le cede su propia cama. Nadie pensó nada extraño. Entre medias de mi tía y él, se restregaba contra mí y actuó como siempre. Mi tía siguió durmiendo, mi cara contra su espalda, y no se enteró de nada. ¡Y no se enteró de nada! Nunca he sentido más impotencia y nunca me sentí tan sola como aquel día.

Cada verano iba unos días a la playa con ellos dos. No podía decir que no; no lo entenderían y sospecharían. Así que a la playa. Y fíjate, en bandeja, porque si fácil lo tenía con más gente alrededor, allí, estando los tres solos, y mi tía con ese sueño tan reparador, pues no te quiero contar. Una noche veíamos los tres las noticias del telediario, mi mano en sus partes y las miradas en la televisión. Hablaban de un hombre que había estado abusando continuamente de una niña. Mi tía comentó encendida "qué hijo de puta, a esos primero se la cortaba y luego les cortaba la cabeza". Qué situación tan patética.

Uno de los veranos dormí en una habitación con litera. Por supuesto elegí la cama de arriba, y bien pegada a la pared. Hasta qué punto puede llegar la obsesión humana que ni siquiera eso lo detuvo. No entiendo cómo no llegó a ser más grave la cosa, porque podéis imaginaros qué probabilidades hay de que una litera, ligera como una pluma, aguante el peso de un mostrenco como él, haciendo malabarismos de pie sobre la escalera para subir. Hubiera preferido dar con los morros en el suelo, que él hubiera acabado con la cama encima y varios huesos rotos y que todo hubiera salido a la luz. Pero no, una vez más nadie pensó nada extraño. Ni siquiera cuando una noche durmió en la cama de abajo la hija de unos amigos suyos, un par de años más pequeña que yo, y pasó la noche llorando y vomitando. Qué mal le había sentado la cena.

Otra vez que pasaron allí un fin de semana, se fueron con unos amigos que tenían dos niñas, algo menores que yo. Bueno, bueno... primer plato, segundo y postre. Eso sí que es pasar un buen fin de semana. Desde entonces esos amigos le advirtieron que no querían volver a verlos. Que con ella no tenían nada pero que a su marido no querían verlo ni en pintura. Hoy, años más tarde, todavía se preguntan cómo pudieron ser tan estúpidos después de haberles ofrecido su casa en la playa para pasar unos días. Y tampoco entiende porque mi hermana (diez años mayor que yo) no tiene mucho trato con ellos. O porque jamás les ha dejado a su hijo, ni tan siquiera para estar unas horas a solas con ellos. Vamos, tendréis queja, con los veranos que habéis pasado con nosotros. ¡Qué estúpida eres!

La familia de él también es estúpida, claro. Todos lo somos menos ellos. Aunque no hay nada que pueda redimirle, dudo mucho de la educación que en su día recibió en su casa. Son dos hermanos que se llevan poco tiempo, y los dos se llaman exactamente igual, y los padres eran harto extraños. Tengo la sensación de que él siempre fue el tonto de la casa, y su hermano el perfecto. Y después de probar qué se siente al imponer superioridad sobre alguien, debió ser como una droga. ¡Dios qué placer! Además, si de paso puede vengarse empezando por las hijas de su hermano (que hace años que no le hablan), ya es un éxtasis total.

Acerca de las secuelas, de las de entonces y de las de ahora, podría limitarme a copiar cualquiera de las listas que da cada persona que escribe su testimonio, exceptuando todo lo que refiere a amnesia, autolesiones o suicidio. Me quiero demasiado como para permitir más daños físicos sobre mi cuerpo, bastante hay con los que causaron los demás y con los que cada día me ocasiono inconscientemente.

Siempre he sido de pocos y buenos amigos, a ser posible no demasiada gente a la vez. Hablaba poco y escribía bien. Prefería la compañía de "gente mayor" hablando de cosas serías que de un puñado de críos jugando al escondite. No tenía término medio en mi relación con los demás, o me tomaban mucho aprecio y me dejaban ser, o era esa chica tan rara y seria que habla de forma tan extraña.

De todo esto sólo me di cuenta tiempo después, por aquel entonces sólo trataba de entender porque no podía ser como los demás y dejar de ser siempre la nota discordante.

Y en ésas estuve hasta poco después de cumplir 17 años. Una noche de sábado volvía a casa después de estar con mis amigas, y cuando entré en mi portal un chico se me echó encima, tirándome al suelo sobre las escaleras y tapándome la boca. No soporto que hagan eso, me falta el aire sólo con pensarlo. Así que (como siempre) en lugar de atacar intenté defenderme, y sin querer funcionó. Con un manotazo intenté quitar su mano de mi boca, con ese gesto le clavé las uñas y retiró la mano, con el tiempo justo de gritar "socorro" y que él se asustara y saliera corriendo. De todo aquello me quedó un moratón en la rodilla, heridas de mis uñas en mi cara y un labio roto.

La denuncia la puse al día siguiente, cuando ya no servía para nada, pero esa noche yo ya no estaba para muchos ruidos. Todavía recuerdo cuando el policía me acusó de que el problema éramos nosotras mismas, que vamos provocando.

Desde ese día algo se debió disparar. Intentaba no volver a casa sola, me asustaban hasta los rincones, la oscuridad, incluso tenía la sensación de que había alguien observando detrás de cada espejo. Fue entonces cuando rememoré mi pasado de forma más agresiva; empezó a salir todo lo negativo y comenzaron a cambiar muchas cosas. Cada noche me acostaba llorando, no tenía ganas de ver a nadie y no sabía cómo cambiar nada, ni si realmente quería que algo cambiara.

Un día se lo conté llorando a una amiga, fue la primera persona que lo supo. Me dio un bajón y luego, en cierto modo, me sentí mejor después de haberlo contado. De todas formas ella me ayudó de la única forma que sabía, estando conmigo, que no es poco. Pero tampoco era suficiente, aunque yo no podía pedirle más, no hubiera sabido qué hacer y no quería abrumarla con problemas que no eran los suyos.

Un buen día, al poco tiempo de aquello, estaba sola en casa con mi madre y ella estaba hablando por teléfono con mi hermana. Yo escuché la conversación, y me di perfecta cuenta que lo que mi hermana le estaba contando era todo lo que ella había pasado. Yo no sabía entonces que tanto ella como yo habíamos pasado por lo mismo. Desde aquel momento empecé a tener tal berenjenal en la cabeza que me sentía completamente saturada y bloqueada, con nervios y piel de gallina, y pálida como el mármol. Con lo cuál, aunque ni abrí la boca ni cambié de postura, mi madre me miró y se quedó atónita, ¡menuda oferta, dos por una! No dije mucho más, sólo que me dejara en paz, que no quería hablar de ello, ni que anduviera contándolo a todo bicho viviente, ya que era asunto mío. La verdad es que no me sirvió de mucho porque en cuestión de días lo sabía mi padre, lo sabían mis abuelos y faltó un pelo para que llamara pidiendo consejo a algún programa de televisión ¡palabra! Con eso ya me hubiera dado un ataque, vamos.

No hubo nada más desde entonces. Jamás se ha vuelto a escuchar comentario alguno sobre el tema. Para mis abuelos es más majo que las pesetas; él, que siempre estaba pendiente de ellos. Además, no le des tantas vueltas al asunto, con la de años que hace que pasó... quien más quien menos pasa alguna vez por lo mismo y nadie se muere. Mi padre es de los que zanjan los problemas dándose la vuelta para no mirar, no por dejadez o por insensibilidad, sino porque es un buen mecanismo psicológico para afrontarlo (me convenzo de que no hay problema, y deja de haberlo). No le culpo; es su forma de ser. Mi madre supongo que debe estar hecha un lío entre lo que ella entiende que debe de hacer y lo que yo le pido que haga. Además, aunque yo misma intente por todos los medios que no sea así, es muy dada a hacer suyos los problemas de los demás. Con lo cual ella debe pensar que es la culpable (en esta familia les encanta buscar culpables en lugar de soluciones) y que es ella la que tiene el problema. Y yo ya estoy cansada de intentar consolar a quien cree que tiene un problema que en realidad es mío. A estas alturas de la película el problema ya no es de nadie; es mío.

Por casualidad, uno de esos días en que estaba tan mal, descubrí el mundo de los "chats", antes de que llegara el boom de internet y el chat. Con lo poco que salía de casa y las ganas nulas que tenía de comunicarme con nadie, salvo que no quedara más remedio, fue una forma de conocer gente nueva, ser graciosa, descarada, seria o lo que hiciera falta. Era la más joven con diferencia de todos los integrantes, pero a través de una pantalla eso no importaba. Fue completamente adictivo, exagerado, creo. Tardé tiempo en "desengancharme" y me costó lo suyo. Suena un poco extraño tildarlo de adicción, pero ahora que lo veo desde fuera, casi que me quedo corta. Pegada a una pantalla tuve toda clase de sentimientos; reí a carcajadas, lloré como nunca, pasé nervios y escribí con manos frías y sudorosas, dormí inquieta... ¡buf!, no sé, tantas cosas...

Y en medio de tanta locura encontré gente que cambió mi vida completamente, gente por la que sentí una fuerte empatía y con la que congenié increíblemente. Una de estas personas fue capaz de descubrir mi "gran secreto" en menos de un mes. Por primera vez dejaban de hablarme como una niña, que yo no entendía que me trataran de ese modo ni cuando realmente lo era. Eso también incluía dejarse de tapujos y decirme a la cara toda una sarta de verdades, me dolieran o no, darme dos "bofetones virtuales" para que dejara de llorar y arrinconarme y empezara a actuar. Es increíble como alguien que está a dos mil kilómetros de ti puede influir tanto en tu vida. En ningún momento sentí que me manipulara o me dijera cómo debía actuar, sólo me allanaba el camino para que aprendiera a andarlo por mí misma en la dirección que yo quería. Incluso llegué a pasar en su casa unas vacaciones, su mujer tan encantadora como él. Si alguien me dice poco tiempo antes que iba a coger un avión yo sola para recorrer dos mil kilómetros y alojarme con un matrimonio que ni conozco, la carcajada se hubiera oído desde el otro lado del charco.

Cambié de amigos, me volví mucho más fría y racional, construí un mundo a mi alrededor en lugar de empeñarme en entrar en mundos ajenos. Ya sé que todo esto no es tan apropiado como parece y que también tiene su parte negativa. Poco a poco, supongo. Gracias a esto he conseguido ver claramente muchas más cosas, quererme un poco más y tomarme cualquier opinión que contradiga la mía como un comentario y poco más, no como algo que invalida mi propio parecer.

El problema que ha ocasionado es que ahora domino mi mente pero no puedo controlar el inconsciente. El hecho lo tengo asumido, ya no es algo que viva sino como un mal recuerdo. A él intento evitarlo salvo que no me quede otra, y a veces ni eso. Simplemente no quiero verlo, no le deseo mal ni bien, sólo siento completa indiferencia. Ya ni me molesto en hacer el "paripé" cuando hay gente delante, ni siquiera con mi tía cerca. Ella no sabe el motivo de mi desdén, y yo sólo le digo que se lo pregunte a él, a ver si deja de ser un cobarde y es capaz de admitir la realidad. Por la razón que sea no vuelve a sacar el tema. Me da igual. Además sé a conciencia que todo esto terminará por salir a la luz pronto, y ya no me importa. Ahora estoy preparada. De momento no saldrá, ni por mí ni por mi hermana. No tengo ganas de volver a las andadas ahora que está todo algo más tranquilo, porque al final las consecuencias se padecerán en mi casa. Me conformo con que entiendan las razones de mi comportamiento y evitarme los comentarios que lo "idealicen" por algún motivo (eso no siempre lo consigo).

Ya no me da miedo, a veces ni siquiera me da tristeza ni odio. En todo caso siento que mi tía tenga tan inculcada esa sensación de perfección y esa otra de imperfección ajena. Pero ya no me afecta si me dice o me deja de decir. Prefiero discernir por mí misma cómo soy, qué acepto en mí y qué no, y qué me gustaría cambiar si tuviera voluntad. Me importa un pepino lo que me puedan decir. Los psicólogos dirían que como nadie me ayudó en su día yo tengo la sensación de que nadie me va a ayudar ahora, y que por tanto me siento tan autosuficiente como tuve que serlo entonces. Bien por ellos, me alegro de saber provocar en la gente la respuesta que espero, de ser tan buena actriz que se crean lo que digo, y de reconocer en los demás un conato de ayuda que manejo a voluntad.

Qué triste tener que volverse tan frío para autodefenderse. Yo antes no era así. Pero la pasaba llorando, así que seguiré siendo fría. Sin embargo me repatea tener reacciones que conscientemente no quiero. Odio romper a llorar en un momento de crisis en que tengo todas las frases del mundo para aplacarla, odio que me tiemblen las piernas ante una situación que puedo manejar, odio la angustia de quedar con alguien y que se retrase diez minutos, odio ponerme a la defensiva cuando me dicen una palabra de cariño, odio, odio... odio la respuesta de mi cuerpo cuando se contradice con la de mi mente.

Así que ahora voy un pasito hacia adelante, un pasito hacia atrás. Sólo pretendo hacer ver a cada cuál que su decisión es absolutamente respetable y que yo nunca la voy a juzgar ni a intentar convencerles de nada. Sólo que no me gusta que se pavoneen de cómo actuarían si se les diera el caso, al fin y al cabo no han pasado por ello y no saben cuál sería su reacción. Tampoco pretendo que se pongan en mi piel, no sería justo ni constructivo.

Después de tantos años sin hablar, finalmente lo hice. He intentado dejar las cosas claras. Dije que debía quedar claro que si algún día esto llegara a explotar por el motivo que fuera no quería escuchar un sólo comentario que me culpabilizara de lo que pasó, ni de no contarlo, ni de disgustos en la familia, ni una posible separación de mi tía... Para ser justa diré que del mismo modo que no admito que se me tilde de culpable, tampoco juzgo a los demás (supieran o no lo que pasaba); sería como redirigir mi rabia hacia personas con las que "sé que puedo". Y ellos no tienen nada que ver; sólo hay un culpable en esta historia.

Mi hermana tampoco ha abierto la boca en todo este tiempo, salvo en contadas ocasiones y poco más que para darme la razón o repetir mis propias palabras... debí dejarla un tanto chocada con más de una contestación, creo que están acostumbrados a que me calle la boca y asienta. Sí que admitió que lo único que sentía era no haber hecho nada porque no me sucediera lo mismo a mí. No la culpo. Aunque sí es cierto que yo sí que mantuve a su hijo protegido desde que nació, en la medida de lo que pude, y por aquel entonces yo era igual de niña que él. La reacción inicial de mi madre fue estereotipada. Defendió que estaba dolida por no haberse enterado antes. Y que no podía comprender cómo no se lo conté entonces, aunque fuera una niña, aunque estuviera asustada, aunque no supiera cómo decirlo. No puede entenderlo, y si no es capaz de entender eso yo tampoco soy capaz ni me apetece explicarle otras tantas cosas. Ya no.

¿Sabéis lo que me sorprendió de mí misma en aquella conversación? Que lo único que me costó fue sólo estallar. Después bien es cierto que tenía las manos heladas, pero estuve soltando exactamente lo que quería decir, con frases tranquilas y ordenadas, sin pegar voces y sin ponerme nerviosa en ningún momento. Incluso calculando hasta qué punto podía hablar para no encender a mi padre y provocar bronca en casa, y para que mi madre no lo pasara peor de lo que debía. Y poniendo freno cada vez que se desviaba el tema hacia lo que los demás querían, o cuando intentaban hacer víctimas de algo que, aunque negativo, me perteneciera a mí. Para una vez que estaba hablando de mí no podía consentir zanjar el tema y consolar a los demás, como siempre. Sí, lo mío también tiene importancia y no está todo tan superadísimo como aparento.

Pero también me entristeció darme cuenta de que a pesar de que yo diera el paso de pedirles ayuda, nunca lograré nada de ellos. Aunque me quieran y aunque me apoyen. Tienen demasiado "batiburrillo" en la cabeza para saber ayudarme, o para poder ver que cualquier camino que intentaran tomar conmigo, yo ya hace tiempo que lo anduve sola y sé lo que van a decir, y sé lo que pretenden que diga o sienta. A mí no me ayudarán y en mi casa se enrarecerá el clima, así que no compensa.

Es un poco "odioso" volverse así de fría. Alguna vez me dijeron que esto no es ser fría, sino decir las cosas serenamente. Sí, ya lo sé, me lo repetiré, pero es que a veces me gustaría tener menos serenidad y más calor.

En compensación a este momento de "pseudos–gloria" en que mis nervios no se alteraron lo más mínimo, han seguido dándose otras tantas situaciones contrarias, que suelen ser más habituales. En ellas mi cuerpo me avasalla. Me destrozo la espalda, se incrementan mis lesiones musculares, siento el corazón triste, y atrapado por unos pulmones convertidos en cemento. Los nervios a flor de piel, como si millones de hormigas recorrieran mi cuerpo, y unas tremendas ganas de llorar aunque apenas me permita el lujo de hacerlo. Y miedo. Miedos que siempre me acompañaron y miedos que nunca tuve, algunos absurdos e inexplicables y otros que por desconocidos me confunden. Miedos que me enardecen y me provocan inseguridad e impotencia por no saber cómo afrontarlos. ¿Por qué no sé vivir? ¿Por qué cada vez tengo más miedo, cada vez soy más fría, más independiente, más seria, más...? Y siento menos, y disfruto menos, y quiero menos gente cerca, y quiero más gente a mi lado (tamaña incongruencia...). Y miro con más desidia, me arreglo menos, me da todo más pereza, y estoy tan inerte, desencantada y desesperanzada.

No sé cómo solucionarlo, no sé cómo conseguir que mi cuerpo y mi mente vayan a la par. Conscientemente no tengo mucho que aprender, la lección está más que sabida, he tenido mucho tiempo para pensar y me conozco demasiado. Mi cuerpo no lo controlo yo.

   Y aquí termino la historia, que no sé a quién puede interesarle ni por qué la escribo... Dicho queda, quizá sea verdad que el tiempo pone a cada uno en su sitio. El mundo sería mucho más justo.

# Ander

Son escasos los recuerdos de aquel niño pequeño y rubio de ojos azul claro que fui.

Era un niño solitario, introvertido, que siempre jugaba solo. No hablaba ni me quejaba, a no ser que quisieran meterme en la ducha. Pasaba las horas tirado en el suelo de mi cuarto, jugando con mis coches.

Mi hermano fue quien destruyó mis días poco a poco sin apenas darme cuenta. Me incomodaba, eso seguro, aunque era demasiado pequeño para ser consciente de mucho más. Era una sensación que ya conocía. No puedo recordar el día que comenzó aquello; sólo soy capaz de recordar esa sensación, la sensación de que ya has vivido lo que te está pasando, y desde luego que era un "juego" que no me gustaba.

No puedo recordar sus palabras, de qué manera accedía, ni cómo lograba que yo jugara a sus "juegos", pero lo cierto es que lo conseguía, y entre tanto yo callaba y me sentía culpable, sucio y asqueado. Además veía que mi padre siempre estaba por él; era su hijo favorito. Yo tenía el aspecto de un niño enfermo. Digamos que no daba el perfil para ser el hijo predilecto de "papá" y de "mamá". Ella siempre consintió, tanto aquel favoritismo, como lo que mi hermano hacía conmigo.

Recuerdo perfectamente, siendo aún pequeño, que una vez entró ella en la habitación donde mi hermano, justo en ese momento, empezaba a "jugar" conmigo. Pero mi madre, muy lejos de involucrarse, parar aquello y quitarme muchos años de sufrimiento... se limitó a cerrar la puerta para dejarme allí en la oscuridad. Ya nunca volvió, nunca más se abrió esa puerta. Hasta hace poco aún esperaba que se abriera alguna puerta. Hoy ya no espero nada.

El agresor campa a sus anchas, se desenvuelve con absoluta naturalidad entre los demás miembros de la familia, y todos le bailan el agua, sin embargo yo soy un "autista", el raro, el que se encierra entre las cuatro paredes de su habitación, siempre solo...

Siempre solo, al igual que en los patios del colegio. Siempre estuve solo, hasta que me acostumbré a contar únicamente conmigo. Y mientras tanto él siguió haciéndome lo que quiso, con total impunidad. Me sodomizaba, me obligaba a practicarle felaciones, me humillaba delante de todo el mundo, me insultaba, se burlaba de mí, tanto a solas como delante de sus amigos... y yo... yo bajaba la mirada, callaba, me giraba y volvía a casa, a esconderme en mi guarida.

Puede que para mis padres haya sido tan sólo un número, el cuarto, el último de todos. Creo que no esperaban tenerme, fue un error. Pero una vez nacido al menos podrían haber disimulado un poco. Nunca tuvieron la reacción que esperaba. Debo suponer que tratar a un hijo "autista" y "anti-social" era demasiado complicado para ellos, o quizás lo difícil era prestar atención a lo evidente y buscar ayuda.

Mi historia fue así y no puedo modificarla por más que lo desee. Estuve viviendo muchos años entre la desesperación, los abusos, el miedo nocturno, las humillaciones, el continuo disimular y el intento por ser un buen hijo a los ojos de unos padres que nunca vieron en mí a ese hijo que querían; nada era suficiente, y por el contrario, todo lo que venía de mi agresor era bien recibido.

De nada ha servido, familiarmente hablando, relatar lo que me ocurrió. Incluso creo que lo cuestionan, pero para mí ya no hay nada que cuestionar. Es imposible inventar tantas cosas, tantos detalles... ¿Es que no se dan cuenta? ¿Por qué habría de hacerlo? ¿Por celos, quizás? En absoluto; él fue quien siempre sintió celos de mí.

Es tan contradictorio ser abusado, humillado, insultado, y a un mismo tiempo ser también deseado, ser el centro de sus celos. No tiene sentido.

Me condenó a una tristeza y una depresión profunda de la que sigo sin poder escapar del todo. Siempre sintiéndome solo, siempre estando solo. No tenía amigos ni tampoco los buscaba. Creo que lo que yo buscaba no podía ofrecérmelo nadie... tan sólo compartía algo de mí con aquellos cuadernos que llené de escritos donde daba rienda suelta a un odio ilimitado hacia mí mismo. Deseaba la muerte, porque él ya me había matado en vida. Sentía que todos los demás le apoyaron y nunca objetaron nada ante aquella mutilación. Nunca cesaron los abusos, ni siquiera sus insultos.

Revisando años después algunos de mis escritos, descubro que su significado es distinto al que le daba en su día. Hoy he abierto los ojos, de alguna manera he madurado, profundizo más en ese dolor, y empiezo a entender mejor lo poco que merecen la pena aquellos seres que decían quererme, que se criaron conmigo, que me dieron la vida, aunque yo hubiera deseado no nacer.

Durante muchos años he sido una persona oscura, y creo que siempre quedará una parte de mí que no alcance a ver la luz, pero no teñiré todo de negro nunca más, no quiero que me controlen, no pueden, no soy su marioneta, ya no. Lo he sido durante demasiado tiempo.

Ahora, cada vez que el pasado vuelva a mí, intentaré que sea de otra manera, teniendo claro que quienes decían quererme no me quieren, sabiendo que hay personas fuera de aquella familia que realmente me quieren. Es por ellas por quien doy la vida.

Me tendréis por siempre; no me habéis parido, más os debo la vida, sin vosotras hoy no estaría vivo. Si no os hubiera tenido la noche más fatídica de mi vida, todo habría acabado. Pero ellas estuvieron ahí, al otro lado del teléfono, calmándome, reteniendo mis impulsos hacia el suicidio.

Os amaré siempre.

# Marce

Mis recuerdos son fragmentados y ambiguos. Eso me lleva a cuestionarme sobre la importancia de recordar conscientemente todo lo sucedido. A veces me da mucha bronca no poder hacerlo, y a veces lo necesito con desesperación, pero bueno... es lo que hay.

Sé que no tenía más de 3 ó 4 años. Y el mundo a mis pies. Era el único hijo de unos padres medio raros, cuya relación amorosa iba y venía como el viento. A veces juntos, a veces separados. Mi padre viviendo en casa por épocas...

Durante los periodos en que mi madre estaba sola, sin mi padre, nos instalábamos en la casa de mis abuelos. Ellos vivían en el campo. Lo recuerdo como un lugar maravilloso, donde podía andar a mis anchas y donde lo más simple se tornaba mágico.

Sin embargo siempre tuve esa sensación, aunque fuera muy en el fondo y a pesar de toda la magia del lugar, que me decía que algo no había estado bien. Crecí con la firme convicción de que había algo oscuro dentro mío, con la seguridad de que un monstruo se escondía en mis entrañas.

Recuerdo a mi abuelo como un hombre de costumbres sencillas, de profesión policía y querido y respetado por sus vecinos. Todos me recuerdan como su nieto preferido a pesar de tener muchos. Sólo de grande descubrí cuán preferido fui para él.

Durante toda la vida me he sentido diferente, incomprendido... Toda la vida acompañado por esa inexplicable necesidad de fingir ser otro. Siempre con la idea omnipresente de que al mostrarme "tal cual era" la gente huiría despavorida. Así me fui perdiendo en mi propia maraña, entregado a esta compulsión de agradar, de decir a todo que sí, de mostrarme gracioso, amigable y sumiso. Y por dentro, la podredumbre me seguía ganando el alma. Y las noches en vela, y las ganas de nada... La sensación, si trato de ponerla en palabras, sería algo parecido a estar sumergido en un pozo oscuro lleno de lodo. Un lugar donde los esfuerzos por asomar la cabeza resultaban estériles, donde cada movimiento que intentaba era lento, forzoso, doloroso... Era mejor, entonces, estarse quietito, no intentar ninguna jugada rara y aceptar que jamás me podría enfrentar a un pasado que me llevaba, irremisiblemente, a un destino incontrolable. La plenitud no estaba hecha a mi medida; de eso estaba seguro.

Pero... ¿qué era todo eso que siempre me tiraba para abajo, siempre más al fondo? ¿Cuál era la compulsión que me hundía en esa depresión sin retorno? Sólo sabía que el monstruo hablaba dentro de mí, confirmándome presentimientos que apenas me atrevía a comprender. Yo tenía la culpa, yo era responsable de mi miseria. Es más; me merecía esa miseria. ¿Por qué? Simplemente porque estaba sucio, porque era inservible, porque era un fracasado.

El estigma del fracaso me perseguía desde la niñez. A pesar de haber sido un excelente alumno, a pesar de no haber tenido problemas aparentes para relacionarme con los demás... a pesar de ello, toda mi vida sentí el fracaso o la frustración como algo cotidiano.

No había nada que llegara a satisfacerme. Nunca nadie me conformaba del todo. Nunca podía "mostrarme" como era. Nunca podía relajarme. Al final llegó un momento en que me entregué de una manera tan sumisa a los hilos de esta vorágine... que sin duda fue ahí recién cuando entré en la parte más oscura de mi vida.

Esa necesidad de fingir ser algo que no era, o que yo sentía que nunca iba a poder ser, terminó por esclavizarme. Fingía ser feliz, imponente, glorioso, inmutable. De hecho llegué a ser un tipo muy popular en todos los ámbitos de mi vida. Todos querían ser amigos míos, todos querían estar cerca de mí. Todos me querían... ¿todos me querían? No. Definitivamente no. Todos querían a un Marcelo de cartón, a una caricatura, a una imagen que yo proyectaba para ocultar algo de mí que ni siquiera sabía qué era. Pero por dentro el monstruo era más contundente. La apatía me ganaba el alma y se iba comiendo cada vez más mis fibras más íntimas.

Lo peor que alcanzo a recordar eran las noches. Dios... ¡cuánto miedo le tenía a las noches y a la soledad! Ahí aparecía el Marcelo real. Las crisis de angustia, el odio hacia mí mismo... porque estoy seguro que era odio. Me odiaba. Evitaba los espejos para no tener que reconocerme en ellos. Fíjense que llegué al punto de tapar con una cinta autoadhesiva el espejo a la altura de los ojos cuando iba a afeitarme, porque no resistía mi propia mirada.

Me sentía tan solo, tan a la deriva, tan culposo, tan culpable... y otra vez el interrogante. ¿Culpable de qué? ¡¡De qué!?

Casi por casualidad (aunque las casualidades no existen) empecé a ir a terapia. Casi sin querer empecé a reconocer cuáles eran mis miedos, mis dolores, mis partes más oscuras, mis culpas más ancestrales... ¡Y surgió de golpe una imagen y el terror! Recuerdo esa sesión como si fuera hoy. Hablando de cualquier otra cosa (aunque sabemos que en un contexto de terapia no existe el "cualquier otra cosa") apareció en mi mente una mano, muy vívida. Una mano que se acercaba, y que me iba a hacer daño. Una mano a la que yo podía verle las uñas recién cortadas, a la que podía verle cada unos de los pliegues de su palma... Y no quise recordar más. El terror se apoderó de mí, y tuvieron que medicarme...

Por un tiempo no quise ni pensar en esa mano. No quería recordar más. No quería... pero entonces empezó a aparecer en mis pesadillas. Y peor, empezó a aparecer acompañada de otras sensaciones que lo hacían más real. El olor de los eucaliptos... el ruido de un camión en marcha... no podía apartar esa mano de mi pensamiento aunque quisiera. No podía hacer como si no existiera... sentía que me iba a volver loco. De remate. Definitivamente loco. Pero no. Fue otra vez en terapia donde tuve que empezar una vez más a hablar de esa mano que se aparecía todo el tiempo en mi cabeza, y también de las sensaciones que la acompañaban. Esa vez, en terapia, supe que había sido abusado sexualmente. Esa vez adquirí plena conciencia del horror. ¿Quién? ¿Cómo? ¿Cuándo? Y sobre todo... ¿por qué?

Todavía tardé un tiempo en desenmascarar la identidad de mi agresor. Mi mente lo defendía a capa y espada; no quería dejarlo desnudo ante mi mirada adulta. No quería que descubriera que una de las personas en quien más confiaba, era la que más daño me había hecho en mi vida. Pero fue así. De a poco fui reconociendo esa mano, y el aroma a eucalipto del campo de mis abuelos, y el camión de mi abuelo, y el anillo en la mano de mi abuelo...

Qué difícil describir la infinita tristeza que me encogió el alma cuando por fin dejé al descubierto a mi abusador... qué desilusión, qué decepción tan grande la que desgarró mi corazón.

No recuerdo mucho más que esa mano. No tengo conciencia real de qué fue lo que me hizo. Ni cuanto tiempo duró. Sólo que empezó a los tres años, aproximadamente, y terminó a los ocho.

Es tan difícil empezar a aceptar que la persona que debe cuidarte es la misma que, para satisfacer su perversión, te usa y te condena a una vida de sufrimiento. Es tan difícil entender que la culpa no es tuya... Y lo tenés que repetir una y otra vez. La culpa no es tuya, no es tuya... y por más que lo intentas, por dentro, sentís que toda la culpa recae en tu pecho.

Es tan difícil quererse uno mismo... aceptarse... ¡Cómo iba a quererme cuando estaba "demostrado" que no merecía el cariño de nadie! Es tan difícil sentir que el futuro puede ser diferente. Es tan difícil entender que otra vida es posible, que puede haber un destino alternativo, un horizonte propio. Es tan difícil entender que tu vida no está arruinada sin remedio. Entender que está en tus manos cambiar el rumbo, barajar y dar de nuevo.

Es demasiado dolor. Demasiado. Es demasiada tristeza acumulada. Demasiados años de silencio y de soledad. Son demasiados miedos los que guiaron mi vida. Demasiadas culpas ajenas. Demasiado horror. Hasta que decidís que no es demasiado. Hasta que por una razón de pura supervivencia volvés a intentar ponerte de pie. Y las cosas aparecen más claras, el panorama más abierto. Y acá estoy. Entre ustedes. Con esta historia a cuestas, con este dolor a cuestas. Y con toda una vida que me espera. Y con toda la esperanza que nunca tuve. Porque el miedo ya no es mi guía. Porque tomé el timón de esta embarcación para convertirme en mi propio capitán, tripulante y pasajero.

# Manzanita

Los primeros recuerdos son remotos.

Recuerdo a mi padre diciéndome que sabía lo que yo hacía con mis amiguitas en el baño, recuerdo la humillación ante el tono que usó... estaba hablando de algo que pertenecía a mi intimidad, algo que yo no sabía que pudiera estar mal. Recuerdo mi mirada clavada en las baldosas del piso... Las baldosas, entonces, quedaban cerca. No habré tenido más de 4 ó 5 años.

También recuerdo que mi padre se bañaba conmigo. Él jura, y también mi madre, que lo hacía con el traje de baño puesto, pero yo recuerdo perfectamente su desnudez. También recuerdo su desnudez por la casa, aunque él jure que jamás estuvo desnudo frente a mí. Recuerdo que recién a los 11 años empecé a cerrar la puerta de mi cuarto para cambiarme y él dijo que si yo me cambiaba a solas, entonces él también.

Luego viene su hermano, mi amado tío. Era el rey de los niños, simpatiquísimo y lleno de trucos. Vivía con nosotros y compartía conmigo la habitación. Lo recuerdo dentro de mi cama, mirando la televisión, tal vez de día... sus dedos deslizándose bajo mi ropa interior mientras yo, totalmente rígida, clavaba mi mirada en la tele. Recuerdo pánico, tensión, desconcierto. Había un mundo fuera de la sábana y otro adentro. Bajo la sábana, él me frotaba y me hacía doler... pero nada estaba pasando, él y yo mirábamos la televisión. Nada más. Lo que ocurría bajo la sábana no ocurría. Yo tenía 7 u 8 años. Viví el resto de mi vida intentando creer que habían sido sólo sueños.

Una vez me preguntó si me limpiaba bien cuando hacía pis. Como si fuera la condición que debía cumplir para que él me hiciera eso, como si lo hiciera por mí, como si me hiciera un favor... yo tenía que portarme bien y limpiarme con cuidado para que él siguiera haciéndolo.

Recuerdo la sensación desagradable, el daño (alguna vez creo que pude rememorar algo de placer también, pero sobre todo recuerdo lo desagradable) y sobre todo la incomprensión... algo estaba ocurriendo que excedía totalmente mi capacidad de raciocinio, de comprensión, de explicación... No entendía lo que él hacía, no entendía porque lo hacía, no entendía qué se suponía que debía sentir... Pero era mi tío del alma, si él lo hacía debía estar bien y yo debía estar equivocada. Nunca me atreví a explicarle que no me estaba haciendo ningún favor.

Recuerdo la tensión en todo el cuerpo, ahora mismo me duele el cuerpo al recordarlo. Ni un solo músculo debía dar testimonio de lo que estaba pasando. Ni un solo pelo se me tenía que mover. Allí no estaba ocurriendo nada. Era demasiado enorme, demasiado terrible, demasiado incomprensible como para preguntar. También recuerdo la culpa del malentendido, de no atreverme a decirle que si era por mí podía parar ya mismo... me sentía una traidora. Era como nuestro secreto o algo así. Nunca estuve segura de si mi padre sabía que eso ocurría o no, en aquella época creo que pensaba que mi padre lo permitía.

Eso parecía durar siglos, millones de siglos, yo paralizada mientras él me frotaba y me frotaba y me frotaba... no recuerdo si llegó a penetrarme alguna vez, era tal mi esfuerzo por no enterarme de lo que ocurría bajo la sábana...

También en esa época estuvo el hombre que me agarró en el ascensor del edificio. Me dijo que debía buscar si tenía puesta la vacuna, me levantó en vilo y empezó a frotarme con violencia. No recuerdo pero imagino que llegó a penetrarme porque recuerdo la violencia y el dolor. Y también recuerdo mi cabecita preguntándose cómo descubriría así si tenía o no tenía la vacuna... yo que imaginaba que las vacunas te las daban en el cachete de la cola, y este tipo buscándolas ahí... y recuerdo cuando me dejó ir y entré a mi casa, caminando, sin decir nada... con la vida arruinada.

Y estuvo también el hombre de la playa, que supuestamente me enseñaba a hacer la plancha mientras me frotaba bajo el traje de baño y me apretaba la nuca teniéndome ahí acostada en el agua, exigiéndome que me relaje para poder flotar... recuerdo todo el pánico concentrado en la nuca, y a la vez el intento de relajarme... recuerdo el cielo, y recuerdo el agua cubriendo mi rostro cada vez que el tipo me soltaba y yo me hundía, el pánico a ahogarme mientras él me frotaba... perversamente jugando a ahogarme mientras me tocaba. Recuerdo mi pobre esfuerzo por relajarme, pensando que si finalmente lograba hacer la plancha, entonces el tipo me dejaría ir... mal camino fue: hoy, a los 38 años, no logro hacer la plancha. Todavía no lo logré.

Tampoco logré librarme de la contractura cervical.

Ésas son las historias que recuerdo en la infancia. De grande fueron infinitas porque ya venía entrenada a merecer cualquier cosa, como el padre de una compañera que estuvo a punto de violarme a los 17 años, haciéndome montones de cosas, culpándome a mí por provocarlo además... y a quien, por supuesto, nunca denuncié; convencida de que lo ocurrido había sido culpa mía, igual que lo de mi tío, lo del ascensor y lo del mar... todo culpa mía. Y antes y después, relaciones horrendas y abusivas, a las que creía que debía prestarme... Frente a las que no conocía la opción de negarme. La palabra "no" nunca estuvo en mi menú de opciones.

En mi infancia también pasé otro tipo de maltratos, aunque mis padres no eran violentos tuvieron otras formas de maltratarme, creo que ellos mismos se asombrarían hoy de rememorar las crueldades de las que fueron capaces. Es asombrosa la capacidad de negación que tiene el ser humano, y la mayoría de los supervivientes de ASI lo sabemos muy bien.

Viví, crecí convencida de que todo era culpa mía... los abusos, los maltratos, la crueldad, el dolor... El resto del mundo estaba muy bien, yo estaba equivocada. Era el mundo del revés: los muebles iban acomodados en el techo, si se me caían en la cabeza era mi culpa.

Hablé en la adultez en un estallido de dolor y fue como si no lo hubiera hecho. Nadie condenó al culpable, nadie quiso preguntarse si esto realmente era cierto, lo único que se intentó fue seguir como si nada hubiera ocurrido, sólo querían que me callara y acabara con esto de una vez.

Recién hoy, después de quince años de haber hablado, he vivido el privilegio de escuchar a mi madre decirme con amor que no tengo la culpa de nada, que me quiere, que lo más importante para ella soy yo... y moriré agradecida de haber podido escuchar eso, así sea sólo una vez.

# Carmina

Los cinco sentidos

### Tacto

Invasión.
Fue una mano enorme y sólo había manos que se multiplicaban. La tabla del dos, la del tres... mañana a la pizarra. Qué pequeñas eran las mías, palomitas de maíz, tan blancas.
Manos con rumbo fijo al centro de mi escarcha.
Piedra pómez sobre mi cera, dentro de mí, cristales rotos y fríos teñidos de zumo de amapola.

### Vista

Negro sobre negro más oscuro.
Un tubo fluorescente parpadea inquieto sobre dos cabezas, con luz negra de metal helado. "Se le ha roto un ojo a mi única muñeca y pienso en ella: le pondré un botón negro...".
Cajas de agua de Solares al fondo, de la que bebe mi hermano que acaba de nacer. Periódicos viejos amontonados en el suelo negro, con fotos y letras negras.
Gusanos diminutos están devorando la pared, y en mi casa los sigo viendo desde mi cama, en la oscuridad. Pero ahora los veo más cerca.
Maraña de piel ajena... no quiero ver... mis sandalias de tirillas trenzadas, con mis pies de chocolate blanco... cierro los

ojos y veo el mar... todo me duele menos cuando los cierro... si los abro se pondrán solos a llorar... y no puedo... hace tiempo que no lloro.

## *Olfato*

Huele a avecrem y a fregasuelos; a cartón añejo.

De cerca, a animal de zoo, como la jaula de los monos de Madrid en Navidad. A cuadra mulera de mi abuelo... a ácido, como el pis. Sudor tembloroso y hambriento por el que me resbalo y me escurro hasta el suelo de periódicos negros. Necesito respirar, pero no quiero. Veneno sulfúrico y poderoso que me aturde: me ahogo...

Me sigo ahogando. A veces también me ahogo fuera de aquí, sólo cuando pienso... no pienso, sólo quiero estar lejos, correr... no parar de correr con mis patines... lejos... anoche lo soñé, pero sólo fue un sueño...

## *Oído*

Me oigo, pero nunca hablo.

Las chicharras del verano no se cansan nunca, pero están fuera, al sol... Respirar hace ruido, un ruido con ritmo veloz, pero yo no respiro, yo me sigo ahogando...

Silencio y fuerza, sólo él respira. Le gustan los verbos en imperativo; sólo ordena, exige, a su ritmo, con su sola respiración que se vuelve tan loca como un columpio desbocado... y el silencio vuelve de nuevo.

Me pregunta cosas que no entiendo, pero yo nunca hablo, con él nunca... Sólo lo escucho.

## *Gusto*

Náusea.

Minúscula boca con vocación de paloma. Fresa mordida.

Saliva de almíbar agraz y rancio. Labios rotos de imposible cura.

Hoy se me ha caído un diente, pero como no me río, no se me nota. Pero me duele... no quiero abrir la boca... por favor... deja mi rosa desdentada y triste...

Creo que he vomitado un sabor a médula salada... y me he manchado mi vestido de nido de abeja, de miel amarga y espesa...

Hasta mañana, preciosa. ¡Toma! Cómete un chupa-chups.

*Dedicado a Mª Ángeles*

# Gustavo

Nací en San Miguel, provincia de Buenos Aires, Argentina. Fue un 30 de enero de 1968. Soy el menor de una gran familia compuesta por diez hijos; cinco mujeres y cinco varones.

Por circunstancias de la vida, y a modo de introducción, podríamos empezar diciendo que nací en la cocina de la casa de alquiler donde vivíamos. Mi madre estuvo asistida por una vecina y por mi papá, que fue quien me cortó el cordón. El caso es que mi mamá perdió mucha sangre. A raíz de aquel parto quedaría muy enferma de por vida. Hago la narración de estos acontecimientos porque considero que iba a tener bastante importancia en todo lo que acontecería posteriormente; el hecho es que mi madre casi siempre estaba internada, y mucho me temo que esta carencia tendría bastante relación con los tristes sucesos de mis primeros años.

Algún tiempo después nos mudamos a otra casa más linda y más grande. Mi hermana se hizo amiga de los vecinos de la casa de enfrente. Más adelante supe que también tenían dos hijos varones. Por desgracia mi amnesia no me permite albergar recuerdos demasiado claros de esa época; no puedo recordar ciertos periodos, tanto anteriores como posteriores, pero sí tengo clara una imagen; una imagen grabada a fuego. Una imagen que me marcó, me desgarró y me dejó tremendas heridas en el alma y la mente.

Me veo... debo tener entre tres y cinco años. Estoy en una habitación, la puerta está cerrada. Miedo. Me sentía a su merced, como si fuera un mero objeto. En la habitación entraba la luz del día por las rendijas de la ventana de madera que también estaba cerrada. Había un espejo, creo, y algunos utensilios de peluquería. Recuerdo estantes en la pared, y muchas cosas en ellos. Casi en el medio de la habitación estaba ¡aquel sillón! El maldito e infame sillón… Se trataba de un sillón de peluquero, de esos que se ponen los pies en una plataforma retráctil, con un apoyabrazos de esos que giran. Me parece recordar que era de color crema y tapizado negro. También recuerdo muchos frascos.

Me veo inmóvil ante aquella puerta, la que estaba cerrada, la que dejó tras de sí la inocencia y la paz de aquel niño… ¡¡NOO!! ¡De aquel bebé! ¿Cómo llegué allí? ¿Dónde estaban mis hermanos mayores? Supongo que yo andaría con mi hermana porque mi mamá se sentiría mal, o bien estaba nuevamente internada. Imagino que mi hermana, adolescente todavía, tendría en mente planes más importantes que cuidar de su hermanito. En la adolescencia uno no percibe tan bien esas cosas.

Sólo soy capaz de ver un niño indefenso, perdido, con miedo, desprotegido… No alcanzo a recordar ni una de sus palabras, pero ahí estaba él; lo percibo a través de la luz que entraba por las rendijas de la ventana de madera. Me parece recordarlo con el pelo muy corto, rubio, de tez blanca, con un aspecto que se asemejaba al típico soldado alemán de la segunda guerra mundial. Delgado, creo que bastante alto, aunque siendo yo como era tan chico…

Ahora lo veo sentado, mas bien recostado en el sillón. Me habla, invitándome a que me acerque. No tengo la sensación de violencia explícita, pero si una decisión imperativa a la que poca resistencia podía oponer un niño de mi edad. Creo que era joven; por su aspecto diría que de unos 19 ó 20 años, aunque no veo su rostro con claridad. Esto, ahora, ¡me da mucha bronca! ¿Quién sos? Necesito saberlo…

Te veo en esa silla con el miembro erecto, lo recuerdo como algo enorme. ¿Sería porque era yo muy chico? Recuerdo que me hacía sentir mucho miedo. Nunca antes había visto la desnudez de un hombre.

Ya no me acuerdo de las palabras que me dirigiste, pero sí tengo claro que no me aliviaban para nada. Te miraba con miedo. Recuerdo el miedo, omnipresente... Teniendo en cuenta lo que sucedería después, imagino que me estabas invitando a practicarte sexo oral. Yo no quería, estaba aterrorizado. Entonces te pusiste azúcar en tu pene. ¡¡Fue horrible!! Aún hoy, a pesar de los años transcurridos, ya tengo 39, siento el sabor del azúcar, de esos cristales derritiéndose en mi boca. Nunca olvidaré esa sensación. También siguen grabados en mi mente tus gemidos, tus espasmos... Me agarraste fuerte de la nuca, sentías como me ahogaba... ¡¡y ese sabor!!

Mi mente no guarda todos los recuerdos, al menos en la consciencia, sólo imágenes aisladas... y ese pavor constante, la repugnancia, el dolor cuando me metías tus enormes dedos... yo sólo quería escapar de allí. Sé que me hiciste otras cosas. ¡Pero ya basta! Es suficiente.

Luego nos mudamos a una nueva casa, allí empezarían a manifestarse las primeras secuelas del abuso. Calculo que mi llegada a esa casa se debió producir a los 5 ó 6 años, ya que de inmediato inicié el curso de 1º inferior. Tengo vagos recuerdos de mi paso por la escuela. En realidad, tengo graves problemas para retener cualquier recuerdo a largo plazo. Sé que sufría constantemente, que tenía muchos temores, que no quería estar ahí. Solía escaparme del colegio; tanto fue así que un año no me pudieron calificar por inasistencia. Cuando pienso en la primaria, siempre me acompaña el miedo. Tengo como una especie de flash, una vaga imagen en la que iba caminando por un pasillo de la escuela, era pequeño. Alguien, diría que mi maestra, me llevaba al gabinete psicológico o algo así. ¿Por qué? ¿Qué había pasado? No lo sé...

Gracias a vos he perdido casi todos los recuerdos de mi niñez. La mayoría de ellos, por decirlo de alguna manera, los he adoptado a raíz de lo que mi hermano, un año mayor que yo, me contó hasta el cansancio. Hice míos esos recuerdos y les puse imágenes, pero yo no tengo recuerdos.

Gracias a vos sufrí toda mi vida. Siempre ocultando lo que había en mi interior, arrastrando esa carga inhumana que suponía guardar aquel enorme secreto; un terrible y destructivo secreto. Me sentía distinto; una persona rara, haciendo cosas de las que después me arrepentía. Siempre me creí menos que los demás, sin poder mirar a los ojos a otra persona. Con la autoestima por los suelos, con miedo y con un manifiesto sentido de inferioridad ante cualquiera que tuviera más edad o más autoridad que yo. Nunca pude superar el trauma de estar a solas con otro hombre. ¿Qué me podría pasar? Yo mismo soy un hombre. Y no obstante me ponía muy nervioso, todo el tiempo esquivo, pensando que tal vez me viera como una presa fácil, que se podría aprovechar de mí... ¡Y pensar que enseñaba defensa personal!

Me hiciste sentir, vivir y pensar distinto. No fue hasta grande, una vez ya casado, que pude saber a ciencia cierta que no era homosexual; en realidad no era porque me gustaran los hombres, sino por la incomodidad que me causaba la situación y por lo indefenso que me sentía cuando estaba a solas con uno.

También debo agradecerte mi fobia social. Gracias a vos tuve como compañía las pesadillas; pesadas, angustiantes, nítidas, vívidas, cargadas. ¿Cómo iría al cielo si yo era eso? ¿Cómo me salvaría si, aunque nadie lo notara, llevaba algo tan bajo, tan sucio y tan desagradable dentro de mí?

¿Podré alguna vez estar con niños sin que me sienta incómodo? Pero... ¿Incómodo por qué? No lo sé. Tal vez se trata de una idea irracional, quizá pensando que de saberlo alguien, no dejarían que me acercara a sus hijos. Quiero gritar que ¡¡YO FUI LA VICTIMA!! Gracias a lo que me hiciste, y a sus secuelas, nunca tuve novia, por poner otro ejemplo. Y no es que no me gustaran las mujeres, sino que me sentía tan distinto... tan poca cosa... ni siquiera me sentía un hombre.

Recién cuando me enamoré de la que ahora es mi esposa, algo despertó en mi interior; necesitaba desesperadamente hacer algo. Ella me ayudó enormemente a derribar las paredes que había ido construyendo y que me aislaban de todos. Con amor y paciencia, ella fue dando los primeros pasos. Sin su amor habría quedado encadenado, aprisionado para siempre en mi mundo. Gracias a que alguien me amó sin reservas ni prejuicios, hoy soy padre y esposo. He vencido a mi fantasma.

# Adriana

Intentaré contar mi historia desde el principio.

Mi infancia fue muy feliz. Recuerdo que al llegar del colegio me recibía mi mamá, pues era ama de casa. Éramos cuatro hermanos y una familia muy feliz, o al menos así es como lo recuerdo.

Mi madre se graduó y quiso trabajar, por lo que abrió un escritorio contable, abandonándonos un poco. Entonces yo tenía unos 10 años. Una prima quedó a cargo de nosotros, concretamente de los dos mayores; a los más chicos los mandaron a un cuidado infantil todo el día. Ella era unos 7 años mayor que yo y nunca me quiso mucho. No tendría que pasar mucho tiempo antes de que comenzara a golpearme; me halaba el cabello, me gritaba y constantemente presentaba quejas a mis padres, quienes me castigaban. En ese contexto fue cuando empezó lo peor.

Llegaba del colegio, almorzaba, me cambiaba y salía de allí con mi mejor amiga; así lograba evitar los maltratos de mi prima. A ella no le importaba mientras llegara a casa antes que mis padres. En esos días los vecinos de enfrente se mudaron y la casa quedó en venta. Pocas semanas después ya estaba de nuevo ocupada; se trataba de un señor con muy buena posición económica y cuatro hijos, tres varones y una chica. Acababa de divorciarse y consiguió la custodia de los niños, su única hija (de ese matrimonio) tenía mi edad. Ella, mi mejor amiga y yo pronto nos convertimos en inseparables. Tenía muchísimos juguetes, juegos de video, películas infantiles... Su casa era como un parque de diversiones, por supuesto los videojuegos y las películas estaban en el cuarto de su padre. Él siempre nos llevaba de paseo, y aunque mi papá me había prohibido salir de casa sin su permiso, y mucho menos entrar en la casa de ese hombre, yo siempre me las ingeniaba para ir.

En cierta ocasión estábamos viendo una película, era una tarde muy lluviosa. Él mandó a sus hijos a comprar chocolates a la tienda. Me dijo que yo no fuera porque si me mojaba mi padre podría descubrirme, así que me quedé allí, sola con él. No pasaron ni dos minutos antes de que se desnudara. Se acercó a mí y me dijo que no me asustara. Al principio sólo me hizo tocarlo y nada más, pero al poco rato me desnudó a mí también. Yo sabía que estaba mal, intenté zafarme, intenté correr, pero él era más fuerte. Se acostó sobre mí y me violó. Recuerdo un dolor profundo, muy fuerte... y una sensación de desgarre. Lloré mucho, comencé a temblar; el dolor era realmente insoportable. Me mandó a limpiarme, hizo que me vistiera, y me envió a casa. Recuerdo la lluvia sobre mi cara, y la confusión que me embargaba.

Me despertó mi papá. Eran las 8 de la noche, yo tenía fiebre y se preocupó. Me dio una medicina y se acostó conmigo como siempre hacía cuando estaba enferma. Recuerdo haberme puesto a llorar desconsoladamente mientras él me acurrucaba. Él debió pensar que me sentía mal por la fiebre. Así me quedé dormida. Al día siguiente no fui al colegio.

Unos pocos días después mi vecina cumplía 11 años. Mi papá dijo que me daba permiso para ir a celebrar su cumpleaños. Yo le dije que no quería ir, entonces ella comenzó a llorar. Mi mejor amiga también insistía. Finalmente me vestí y fui. Una vez allí, en un momento en que estaba en la cocina, me tomó por un brazo, me tapó la boca y me llevó a su cuarto. Lo hizo otra vez, fue tan rápido... escuchaba a los niños jugar afuera, escuchaba que mis amigas me llamaban y sólo quería que él terminara para poder salir. Nadie notó lo que había pasado. Él mismo me vistió esta vez.

Comenzó a pasar cada vez con más frecuencia; si no iba a su casa, era él quien me venía a buscar al colegio. Por aquel entonces yo me iba a casa sola, ya que el colegio quedaba a sólo una cuadra, así que nadie sospechaba nada.

Las veces en las que intenté defenderme fueron peor. Una vez me dejó un gran moretón en el rostro, por lo que mentí a mis padres y les dije que me había caído, y ellos me creyeron. Aún no entiendo cómo no se dieron cuenta; estaba flaca, no comía, no dormía, tenía pesadillas, mis calificaciones bajaron ostensiblemente... Fue un periodo en el que me aislé, incluso en el colegio dejé de tener amigos.

Mi agresor era considerado como el vecino perfecto; el que ayudaba a cualquiera que estuviera en apuros. Todos lo admiraban y hablaban bien de él. A esas alturas los abusos ya se habían convertido en una rutina. Me amenazaba y me obligaba a ir a su casa todos los días a las tres de la tarde. Lo tenía todo bien planeado: inscribió a su hija en natación, así que a esa hora estaba solo. Y yo, tan estúpida, iba a su casa.

Se puso cada vez mas violento, me halaba el cabello, me pellizcaba, me golpeaba... Una vez me preguntó si me había venido el periodo. Le dije que no. Entonces se puso como loco, insistió en que le dijera desde cuando no me llegaba. Estaba histérico y yo no entendía nada. Al día siguiente estaba en su casa un señor que me extrajo sangre de un brazo. Unos días más tarde me hizo tomar unas pastillas. Al cabo de unas horas tuve un dolor agudo en el vientre y comencé a sangrar. Infiero que fue un aborto, aunque nunca lo sabré con absoluta certeza.

Finalmente él consiguió pareja. Era una mujer joven que tenía una niña unos cuatro años menor que yo. Al poco tiempo ellas se mudaron a su casa y la tortura para mí termino.

Fue casi un año, un tiempo lleno de torturas, maltratos y vejaciones, tanto físicas como psicológicas. Fue una etapa tremendamente difícil. Yo sólo quería que acabara.

# Isabel

Mi madre nació en una familia humilde, en una remota aldea de Galicia. A los 32 años emigró a San Sebastián. Allí vivió dos años y se quedó embarazada. Los detalles no los conozco porque siempre fue un tema tabú. Regresó embarazada de 8 meses a su aldea, instalándose en casa de su madre. Su padre ya había fallecido y entonces quien mandaba en casa era el hijo mayor, o sea su hermano. El regreso provocó una gran convulsión en la familia, sobre todo por el embarazo. No lo aceptaron de buen grado, pero al fin y al cabo allí estaba su madre, mi abuela... y allí nací yo. Ya veis que situación ¿no? Pues bien, al cumplir yo nueve meses, mi madre emigra de nuevo, esta vez a Alemania. Me deja a cargo de mis tíos y mi abuela en esa remota aldea de Galicia.

Sólo venía una vez al año a verme, en verano. Yo no la conocía. Para mí, mis padres eran mi abuela y mis tíos. Mis primeros recuerdos de la infancia, se remontan a la edad de 3 ó 4 años, más o menos. Eran gratos recuerdos. Era feliz, vivía en el campo y mis tíos me trataban como a una hija más. Mi abuela era mi gran protectora y, de año en año, venía una señora que al parecer era mi madre, aunque lo que yo recuerdo era que me hacía muchas fotos y me traía vestidos nuevos. Ése es el único recuerdo que tengo sobre ella en esos años.

Tendría yo 4 ó 5 años cuando empezaron a escucharse rumores sobre el nuevo embarazo de mi madre así como de su nuevo casamiento. Yo sabía que no tenía un padre, al menos no en el sentido que todos daban a esa figura. Para mí, mi padre "era" mi tío y le llamaba papá.

De golpe y porrazo, en el verano de 1969, aparece mi madre con otro hijo y un señor al que partir de entonces debería llamar papá (nunca lo hice). Se había casado, embarazada de nueve meses, con ese individuo en el mes de Diciembre. Era el mes de agosto, me acuerdo perfectamente. También recuerdo que a ese señor le molestaban las vacas que pasaban por delante de nosotros y dejaban mal olor a su paso. Era de ciudad y ¡no había visto nunca una vaca!

Pasaron los años más felices de mi vida volando, nos trasladamos a vivir a una ciudad de provincias, mis tíos, primos, mi abuela y yo…éramos felices. Cuando cumplí diez años, pasó lo peor de mi vida hasta aquel entonces: "mis padres" retornaban y yo tenía que irme a vivir con ellos y con mi hermano, el cual había vivido, desde que llegó en verano del 69, con otra tía. O sea que habíamos vivido con familias distintas y no teníamos apenas contacto. A mí se me cayó el mundo encima. Me tenía que ir a vivir al otro extremo de la ciudad, aunque lo único que me animaba un poco era que seguía yendo al mismo colegio, el cual quedaba cerca de la casa de mis tíos, a quienes visitaba cada vez que podía, aunque después me reñían y me pegaban por ello. Querían que cortara la relación con ellos de raíz. Al final sólo me dejaban ir a verles cuando venía a buscarme un primo, sino tenía que hacerlo a escondidas.

A estos dos señores, mi madre y el otro que iba a ser "mi padre", les acompañé varias veces a juzgados, notarios, abogados, etc… Todo para darme sus apellidos y adoptarme. O sea que ya tenía un padre. Pero yo no quería un padre, quería seguir con mi abuela y mis tíos y que esos señores me dejasen en paz. No les conocía de nada.

Hasta aquí todo más o menos bien. Pero comenzó en mí el cambio hormonal, o sea, empezó a crecerme el vello púbico, un poco el pecho, etc.

Un día estaba en el sofá del salón de mis padres. Entonces vino mi padrastro (al que le tenía pánico). Recuerdo que estaba semi acostada, durmiendo. Él se sentó a mi lado y apoyó un codo justo encima de mi pubis. Al despertarme noté que me dolía de estar con tanto peso encima. Quise levantarme, pero no me dejó. Dijo que estaba bien así y que me pusiera cómoda. Me quedé como una tonta, paralizada, allí aguantando.

Los siguientes recuerdos me sitúan en mi habitación y en el baño. Cuando estaba desnuda o me estaba bañando entraba sin pedir permiso. Nunca me había mostrado desnuda en su presencia y sabía que lo hacía aposta. Él se reía y se relamía con la lengua... me daba asco. Lo siguiente que recuerdo, ya más vagamente, fueron los tocamientos. Pasaba por mi lado y me tocaba los pechos, o me metía la mano entre las piernas. Yo me ponía muy nerviosa, escapaba sin saber muy bien que hacer. Le amenazaba con decírselo a mi madre, pero él se reía y me animaba a que lo hiciese; total no me iba a creer y me llevaría una buena paliza, lo cual era bastante frecuente, aunque más para mi hermano que para mí.

Lo que recuerdo con más nitidez fue cuando empezó a enseñarme sus genitales. Sucedió en Italia, en el año 77. Lo recuerdo bien porque habíamos viajado un mes a Italia, ya que es su país de origen. Allí, por primera vez, me ordenó que buceara en la playa, con unas gafas que nos había comprado. Entonces comenzó a enseñarme sus genitales. Era la primera vez que veía algo así y me dio un asco terrible.

Durante esas vacaciones sucedieron más cosas. Un día nos echamos a dormir la siesta y yo tuve que dormir con ellos por falta de espacio. Me metieron en el medio. Cuando mi madre se durmió y él creyó que yo también estaba dormida me introdujo su pene en erección entre las piernas, aunque yo tenía ropa interior puesta. Me desperté y noté que jadeaba. Tenía ganas de gritar, pero no sabía que decir. Me callé y a los pocos minutos me levanté como si no hubiese notado nada.

Regresamos de las vacaciones y ese mismo año, en septiembre, nos marchamos a un país extranjero. Eso acabó por destruirme del todo, alejada de mis tíos, de mi abuela, de mis primos... sola.

¿Qué iba hacer ahora?

Cada vez me exigía más y me amenazaba diciéndome que le diría a mi madre que era yo la culpable y que le incitaba a ello.

Tenía que dejarme tocar los pechos, pero ahora ya no tenía suficiente con hacerlo por encima de la ropa, tenía que ser por debajo.

Después comenzó a tocarme mis genitales, también por debajo de la ropa. Y así mes tras mes, exigiéndome cada vez más. Naturalmente se cuidaba mucho de hacerlo cuando no estaba nadie en casa. Es más, salía del trabajo media hora o una hora y se venía a casa cuando sabía que yo estaba sola. Yo creí que me iba a volver loca.

Entonces encontré algo que me aliviaba de aquel calvario: tomarme una copa de cualquier licor que hubiese en casa. Con 14 ó 15 años comenzó a pedirme que le masturbara, y también me sometí a eso. Sucedía una o dos veces al mes. A veces en la sala, con él acostado en el sofá, de noche cuando los demás estaban en cama. Me pedía que me sentara encima de él, naturalmente que notaba su erección, pero yo hacía todo lo posible para que su miembro coincidiera entre las piernas y no me hiciese daño.

Un día quiso penetrarme, pero empecé a gritar como una loca y se fue. Nunca más me lo volvió a proponer.

Iban pasando los años, y yo cada vez me sentía más sometida, más anulada. Me decía que vendría a tal hora, que estuviese preparada. Entonces fue cuando le dije que se pusiera un preservativo, porque a mí me daba mucho asco tocar sus genitales y además cuando eyaculaba, me entraban unas ganas enormes de vomitar.

A partir de ahí le masturbaba con el preservativo puesto y al mismo tiempo tenía que dejarme tocar por debajo de la ropa los pechos y los genitales. Antes de que viniese me tomaba una copa de alguna bebida alcohólica; sólo así podía soportarlo.

Un día apareció un preservativo la taza del WC, usado claro, y mi madre lo cogió y me preguntó al respecto. Yo le dije que no sabía nada. Tenía pánico. No sé que le debió contar, pero desde entonces no me dejaba a solas con él. Lo que no sabía ella es que salía de su trabajo para venir a casa cuando yo estaba sola.

A medida que iban pasando los años yo me fui rebelando. A los 18 años me quise marchar de casa. Entonces se ve que él ahí cogió algo de miedo y me dejó una temporada en paz. No me fui de casa porque mi madre me lo suplicó.

Desde esa época pocas veces más sucedió, pues las veces en que lo intentó tuvo que enfrentarse con una histérica que le gritaba y que, incluso en alguna ocasión, le llegó a amenazar con un cuchillo.

Así hasta que cumplí 21 años. Terminé de estudiar y regresé a España. Nunca más me dejé tocar por él, aunque lo intentó varias veces.

Años más tarde también retornaron ellos. Yo ya había formado una familia. Tenía un hijo y me iba bastante bien... hasta que empezaron a inmiscuirse en nuestra relación. Se pasaban todo el tiempo criticando, hablándonos mal de mi hermano y su mujer y viceversa, hablándoles mal a ellos de nosotros. Creando conflictos continuamente.

El caso es que cada vez que yo había estado en casa de mis padres, o ellos en la mía, o solamente que me hubieran llamado por teléfono, acababa recurriendo a la bebida, fuese cual fuese el problema. Ese periodo duró desde su retorno hasta el otoño pasado, que fue cuando corté la relación con ellos completamente. Traté de solucionarlo sin recurrir a la ayuda de profesionales, pero no fui capaz.

Hace unos meses comencé una terapia con un psiquiatra, éste ya me había tratado más veces, y después, con un psicólogo. Hoy me siento como nueva. En tan poco tiempo estoy empezando a valorarme, a ser yo, a crecer como persona, pues estaba completamente anulada. El problema del alcohol, al ir solucionando el asunto de los ASI, está quedando relegado a un segundo plano. La verdad es que ni se me pasa ni por la imaginación volver a la bebida.

También me empeñé en conocer a mi padre biológico y, casualidades de la vida, lo conocí la semana pasada. Me aceptó mucho mejor de lo que yo esperaba, aunque él también tiene una familia y dos hijos. Incluso me dio las gracias por haberle buscado. Un hijo suyo, que está ahora aquí de vacaciones, quiere conocerme. Me siento como en una nube.

Perdí un par de agresores y gané mi autoestima, mi familia y un verdadero padre.

# Inma

Querido Dios:

Todavía me acuerdo de la niña que te conoció a ti y a los tuyos. Aquella niña inocente que se acercó a ti con humildad y respeto. Aquella niña, mi niña interior, aprendió y te conoció a través de algunos amigos y representantes tuyos.

Aprendió a ser tolerante con los demás, a ser, como dicen, "una niña buena". Aquella niña tímida e inocente se acercó a ti para ser una más de tus seguidores. Decía "quiero ser monja e ir a las misiones; quiero ser misionera". Aquellas palabras eran sinceras, brotaban de lo más profundo de su corazón.

También recuerdo la fecha en que murió su abuelo materno, tan sólo cinco días después de recibir la Primera Comunión, como buena practicante de tus enseñanzas. Su abuelo la abandonó y, siendo tan niña, para entenderlo se aferró más a ti y a los tuyos.

Uno de tus amigos, el párroco de la iglesia, le dijo a la niña que como había sido una buena persona que estaría a tu lado, al lado de Dios, y eso la consolaba en gran medida. Muchas tardes iba a su parroquia a rezarte y a pedirte que lo cuidaras bien.

Ella hablaba mucho con tu amigo por lo que surgió una gran amistad entre los dos. Aquella niña cada vez se apoyaba más en él y acudía cada vez más a menudo a su iglesia. Le gustaba colaborar, allí se sentía bien, ya que tenía algunos problemillas en el colegio.

El verdadero problema comenzó cuando tu amigo se tuvo que saltar todo lo racional y puro que había en aquella relación y besó en la boca a la niña, bajo el campanario, con la puerta cerrada. Tu representante hizo creer a la niña que la amaba. Poco a poco los besos terminaron convirtiéndose en la pérdida de la virginidad de aquella niña de 10 años. Como buen amigo tuyo se preocupó de que ella nunca sintiera dolor, ya que utilizó varios medios para que así fuera.

Durante un tiempo, alrededor de un año, tanto ella como él se sentían muy bien con aquella historia de amor cínico. ¡Vaya que él la cuidó bien! Sólo erró en una cosa; se predica con el ejemplo y tu religión habla bien claro sobre la virginidad fuera del matrimonio. Eso hizo que ella se cuestionara lo ocurrido. Y más aún cuando pensaba en el tema del celibato.

¡Dios mío! Aquella niña era una niña del pecado. Ella comenzó a sentirse mal, aunque por otro lado disfrutaba de los momentos del pecado. Era una niña mala. Tu amigo cada vez jugaba más con fuego y le gustaba llegar más lejos. Necesitaba tenerla cada vez más horas a su lado y se ocupaba de que fuera así.

Él la tocaba con ternura, la masturbaba, le hacía jadear de placer. Toda una tarde cuando tenía su casa sola, se sentían juntos, tocándose, abrazándose... Ella se sentía querida por él y estaba convencida de esa idea.

¡Ay, que ilusa! Era lo que él quería. Empezaron a ampliarse los límites. Tu amigo necesitaba tenerla cerca y tocarla. Daba igual el disimulo, porque muchas veces parecía no importarle que los vieran. Se veían muy a menudo, casi todos los días, y siempre antes o después de ritual, a veces más de una vez al día. Incluso él quiso tener sexo en tu casa, en tu templo sagrado, pero la niña no pudo, ya por entonces tenía algo de miedo.

Aprovechándose de la igualdad de edad con su sobrina, provocó que ambas se hicieran amigas. Así podría utilizar esa excusa para tenerla más y más cerca. Él las llevaba a las dos a la feria, a la playa y a otros sitios de ocio. Recuerdo un día en la playa que lo pasó francamente mal. Ya empezaba a tener grandes dudas cuando en la playa se fueron ellos solos al agua. Allí la intentó masturbar, disimulando como si fuera un juego, y continuó aún cuando su sobrina volvía al agua.

Recuerdo bien cuando su madre la echó del templo diciéndole que se alejara. Fue entonces cuando las dudas aumentaron y el sentimiento de culpa la inundó. Ya no le parecían bien las caricias, los regalos, los detalles, la confianza... Lo que pasaba no estaba bien y ella tendría que pagar por los pecados cometidos, era culpable del pecado. Ella lo había disfrutado y no estaba bien. Pero ¿cómo alejarse de algo que no sentía ni creía que fuera malo de verdad?

Empezó a sentir miedo. Él le hablaba de cosas que no entendía en realidad. Le decía:

– No te preocupes, si te quedases embarazada, yo respondería y me casaría contigo. Yo te quiero y no te voy a dejar nunca sola.

Casarse con una niña de 11 años. ¿Qué decía aquel hombre? ¿Qué piensa una niña cuando le dicen algo así?

La situación se iba de las manos y cada vez se sentía peor. Al final decidió que se tenía que acabar aquella relación y empezó poco a poco a dejar de ir a la iglesia. Se alejo de tu amigo, y fue para siempre.

Él intentó hablar con ella, pero desistió cuando se dio cuenta que ella no quería saber nada de él.

Aquella niña empezaba a vivir entre el dolor de haber fallado como cristiana y el sentimiento de culpa.

¿Cómo podía aceptar lo que había pasado sin sentirse culpable? La religión decía muchas cosas sobre aquel tema, y lo único que lograba era sentirse cada vez más culpable por todo lo sucedido.

Creía en una religión basada en la ayuda mutua, en el dar y el compartir, en el querer a los demás. Realmente creía en esas bases de la religión; unas bases que, hoy por hoy, siguen siendo los pilares de mi forma de ser.

No fue fácil aceptar que no puedes existir en este mundo, porque si realmente existieras, eso no podría suceder. No digo que todos tus seguidores se comporten de la forma que lo hizo éste con mi niña, pero ¿cómo puedes consentir que existan y ocurran estas cosas? Tu religión fomenta el sentimiento de culpa, el aislamiento, la falta de comunicación de las víctimas conforme van adquiriendo conciencia del grave suceso por el que han tenido que pasar.

En cambio los abusadores, si se supone que están realmente arrepentidos, consiguen el perdón, tu perdón, y ahí termina todo. Lo siento, mi Dios, pero esto resulta intolerable; es patético. Hay que ver lo que defiende tu religión a los agresores. Ahora ya sólo me produce una risa irónica.

Igual si no le hubiese pasado esto a mi niña, mi niña interior, hoy sería una fiel creyente. Supongo que eso no lo puedo saber.

Se llevó a cabo un grave abuso a mi persona, una manipulación de una niña con el único propósito de satisfacer sexualmente al párroco de mi iglesia. Fue un engaño difícil de afrontar. Lo peor es que me lo estuve creyendo hasta hace poco, ya con 22 años.

Si existieses, sólo te pediría una cosa. Por favor, no dejes que tus representantes permitan y apoyen que los abusos sexuales sean un tabú, que apoyen el silencio, aunque sólo sea por la vergüenza que tantas víctimas padecen, no permitas que apoyen a los agresores en algo tan denigrante. Por favor, diles que apoyen a los niños. Los niños nunca, jamás están preparados para mantener relaciones y no se debe inducirles a ello porque las consecuencias y el daño cognitivo puede ser irreparable. Esta es una realidad que yo he sufrido, al igual que lo han sufrido muchas más personas.

# III. Cuando estuvimos muertos

## Memorias y sensaciones

Mi padre abusó sexualmente de mí. Lo escribo, lo digo y lo pienso. Sólo son palabras. A veces tengo la sensación de que son palabras huecas. ¿Cómo puede uno acercarse a la realidad? ¿Cómo puede uno plasmarla con simples palabras? Cuando intento hacer algo diferente, no sé por dónde empezar, no soy capaz de encontrar aquellos detalles que pudieran dar la dimensión y la crudeza de lo que me tocó vivir. Quizá no quiera recordar. Tal vez mi subconsciente me está protegiendo de unos recuerdos para los que no estoy tan preparado como me gustaría creer. Si me esforzara podría conseguirlo.

Cuando leo historias, duras, irónicas o desoladoras, aunque siempre ejemplares, distingo claramente un principio, un desarrollo y unas conclusiones. En cambio, cuando me enfrento a mi propia historia, mi mente queda huérfana y a la deriva. Parece que no haya nada con pies ni cabeza. Sólo episodios inconexos. Recuerdo fragmentos difíciles de ubicar en el tiempo. Son como *flashes* en los que estoy en casa, en el coche, en el chalet y en otras partes. Me vienen a la memoria escenas en el coche, aunque no me parece que fuera el lugar más frecuente. Sí recuerdo el miedo y la vergüenza. No entendía que mi padre hiciera eso, a plena luz del día, arriesgándose a que nos pudiera ver cualquiera. Supongo que le parecería un aliciente añadido. Entonces debería tener unos doce o trece años, porque recuerdo que mi padre me preguntó, aunque no sé con que palabras concretas, si ya eyaculaba.

Pensar en eso me ha hecho reparar en un detalle que, ahora mismo, desconozco la importancia que pueda tener, si es que tiene alguna, pero lo cierto es que, a pesar del número de abusos que padecí, jamás llegué al orgasmo. Quizá mi mente lo haya relegado al olvido, aunque lo dudo, debido a la mayor proximidad en el tiempo y a que recuerdo claramente la "constancia" de mi padre, masturbándome. A mí me quedaba el pene hinchado y dolorido, pero él nunca logró su objetivo.

Poco a poco llegan pequeños detalles, destellos de un pasado que sigue ahí, esperando a que la mente esté dispuesta a aceptarlos y a ponerlos en el lugar que se merecen. He escuchado muchas veces, en el grupo de autoayuda, testimonios que demuestran la culpabilidad que puede generar el placer ocasional que haya podido experimentar la víctima durante un abuso. De alguna manera que no alcanzo a comprender, creo que me protegí de eso. No sé si servirá de mucho ni si estoy en lo cierto, pero prefiero pensar que, al menos, pude ganar alguna pequeña batalla.

Es posible controlar los pensamientos: no pensando. Pero los pensamientos te persiguen hasta atraparte. Al recomponer tu maltrecha existencia, necesitas volver a conectar con los pensamientos, aunque estos se nieguen a acudir a tu mente. Para mí no es tanto una cuestión de no recordar como de no querer hacerlo. Los recuerdos están ahí. Creo que el problema es que en algún momento debí establecer una mala relación con mis recuerdos; recuperarlos de nuevo requerirá un esfuerzo permanente. Y escribir también forma parte de ese esfuerzo. Me refiero a escribir sobre aquello que te obliga a pensar, escribir sobre aquello que nunca has querido recordar. Y es que vamos dando vueltas por la periferia de nuestros sentimientos intentando acercarnos a la verdad, pero sin ponerle nombre a las cosas, sin atacar de frente, sin la convicción absoluta de quien se sabe poseedor de esa verdad.

Desde que inicié la redacción de este libro puedo asegurar que he disfrutado con el resultado obtenido. Disfrutar en el sentido de ver alcanzados los objetivos propuestos. Sin embargo, no es menos cierto que el dolor también ha estado presente en muchas ocasiones. En conjunto ha sido apasionante y vivificador. Hacer algo que satisface y que además es necesario sólo puede ser una experiencia enriquecedora. Pero las sombras, los lados oscuros, los miedos y la melancolía siguen acechando. Cuando debo hacer una composición de lo que me sucedió y ahondar en los detalles, la tarea se vuelve ingrata y los demonios te acechan inmisericordes. El rescate de aquellos recuerdos no sólo es doloroso, sino que implica un esfuerzo y una constancia enorme; supone vencer, una tras otra, las excusas que yo mismo me planteo ante la posibilidad de que pueda ser realmente necesario. El malestar que genera esta lucha interna es el indicador más fiable respecto a la orientación de la respuesta. De hecho es la propia respuesta, ya que, si eso me dejara indiferente, significaría que no necesito pasar por este trance. Pero, por suerte o por desgracia, no es así. Mi mente me lleva esta vez hacia un tiempo nebuloso y distante. Siempre tengo la extraña sensación de estar pensando en otra persona, y no en ese niño que era yo.

Me encontraba en el terrado, en casa de mis padres. Debía de ser un día de fiesta, o tal vez vacaciones. Conmigo estaban mi hermano menor y mi padre. No quisiera contar nada que no recuerde. Sólo tengo una imagen en la cabeza. Sólo ese recuerdo de mi padre tumbado, quizá tomando el sol, y yo haciendo lo mismo, supongo. Entonces él me abrió la bragueta y empezó a hacerme una felación. Mi hermano corría por el terrado, jugando, ajeno a lo que ocurría. No sé que edad podría tener yo, sólo recuerdo ese miedo terrible a la posibilidad de que alguien pudiera darse cuenta, bien fuera mi propio hermano, aunque creo que era muy pequeño, o bien fuera mi madre, que en cualquier momento podía subir por las escaleras.

De pequeño, veía a mi padre como un Dios. Supongo que ésa es la típica interpretación infantil. Pero Dios no estaba en ninguna parte. No se lo veía ni se lo oía. Al cabo del tiempo comprendí que mi padre no era tan distinto; tampoco se lo veía ni se lo oía demasiado. Siempre intentaba pasar desapercibido. Pero yo continuaba esforzándome para seguir creyendo en él. A veces imagino esta relación con mi padre como la del perro y su amo. Incluso el ser más despreciable puede tener un perro que le sea fiel. Yo era ese perrito que nunca se apartaba de su dueño, esperando cualquier gesto para adelantarse a sus deseos. Pero lo cierto es que al dueño no le importaba demasiado el perrito. Sólo le importaban las cosas que le concernían a él; o sea, su propio bienestar. El perrito jamás reparó en ello; sus ojos y todos sus sentidos estaban predispuestos a captar tan sólo las cosas buenas, o quizá fuera que no podía dejar de esperar aquellas muestras de cariño sincero que nunca tuvo. Y ese niño que fui yo, ese niño que todos los días esperaba el milagro y que era capaz de verlo en un gesto cotidiano, ese niño, un día, descubrió que su padre no era ningún Dios. Lo fue descubriendo poco a poco, casi sin darse cuenta. Un día empezó a comprender que no era normal lo que le sucedía. Pensaba que a los demás niños no les ocurría lo mismo que a él. Pero no sabía nada. Sólo después supo que aquellos hechos tenían un nombre: lo llamaban abusos sexuales. Ese "niño" realizó todos esos descubrimientos casi a los cuarenta años.

Hoy quiero recordar a ese niño, siempre pendiente de alguien a quien consideraba un Dios; siempre atento a complacer, a jugar, a hacer cualquier cosa por ese Dios miserable con pies de barro. Ésas son las cosas que yo creía, pero hoy sólo veo a un pobre desgraciado; un ser mezquino y cobarde por el que ya no puedo sentir respeto ni ningún otro sentimiento; algo que, por otra parte, tampoco se molestó en inculcarme.

## Carta a mi madre

Te sonará extraño. Tal vez no lo entiendas y tal vez no quieras entenderlo. Quizá lo sientas, al igual que yo lo sentí en su momento, como si fuera un ataque injustificado a la familia. Y ciertamente lo es. Pero en ningún caso injustificado. Tú me dirás que no eres así. Por mucho que quieras establecer diferencias, en el fondo actúas como ellos. Son demasiados años, tiempo que pesa como una losa inamovible. ¿Y quién soy yo para juzgar las actuaciones de nadie? Cada uno hace lo que puede, lo que sabe o lo que cree. Pero nadie debe vivir aquello que no desea. Son demasiados años...

Recuerdo cuando Marta hablaba de los malos tratos y de la violencia que imperaba en su hogar, y que tanto ella como su madre soportaron por parte de su padre. Recuerdo cuando afirmabas sin atisbo de duda que tú jamás estarías con una persona así, que te rebelarías, que... ¿Qué? Nada. Ahora no estás con una persona así, estás con otra quizá peor. Paradojas del destino. ¿Y qué ocurre ahora? Ocurre que es mejor no hablar del asunto. Es mejor hablar de mis problemas. Pero esto ya no basta, porque tú te has convertido en uno de mis problemas. Aunque te cueste entenderlo.

¿Hablamos de sentimientos? Pues si he de decirte la verdad, yo no sé lo que sientes. Nunca he conocido cuáles han sido tus sueños, ni siquiera sé si los has tenido. No he sabido cuáles fueron tus aspiraciones antes de dedicarte por completo a la tarea de atender una familia, o si, simplemente, no tuviste nunca otra aspiración. Pero, una vez más ¿quién soy yo para juzgar?

El otro día apareció Cristina por el grupo. Hacía dos meses que no venía y no tenía noticias de ella. Mi reacción, puramente instintiva, fue abrazarla. No lo pensé. Fue un acto reflejo. Más adelante sí que lo pensé. Y lo hice, sobre todo, para preguntarme cuándo había sucedido algo parecido en mi familia. Y la respuesta es reveladora: nunca. Ésa es la clase de sentimientos a los que me refiero y que, por desgracia, no he vivido.

La responsabilidad conductual y sentimental de la familia depende en gran medida de los progenitores. El resultado de su esfuerzo se refleja en los hijos. Es muy fácil eludir y desviar las responsabilidades. Deberíamos tener presente que al criticar las actuaciones de un hijo, también se está haciendo un reconocimiento explícito del fracaso como padres, al menos en las facetas que se critican. La paternidad debería implicar un exhaustivo examen de conciencia.

Mi vida se ha visto privada de muchas características que ahora, probablemente, conformarían una persona muy distinta de la que soy. Algunas de ellas tal vez sean recuperables, y otras no. Sea cual sea el resultado final, procuraré ser consecuente y aceptar mi realidad. En todo caso, lo que no quiero hacer es vivir de fantasías y crear lazos donde no los hay. Eso es lo que has hecho tú. Quizá por necesidad, quizá porque lo creyeras, y seguro que con toda la buena intención. Incluso es posible que esta irrealidad nos sirviera para ser mejores de lo que cabría esperar. Tampoco quiero carecer de sentimientos como mi padre; una persona, por llamarlo de alguna manera, que no le importa más que lo que le afecta a sí mismo, y con el que sigues viviendo porque no eres capaz de tomar otra elección. ¿Quién soy yo para juzgar? La verdad es que no sé quien soy, y en buena medida se lo debo a él.

Ya sé que las alternativas no son muchas, pero, aun así, me gustaría que pensaras profundamente en todo esto; tanto por humildad, antes de criticar a otros cuyos actos son mucho menos graves que los que has aceptado en mi padre, como por comprensión, en este caso hacia mi postura, ya que mantener la relación con alguien que me asegura que me quiere mucho pero que, al mismo tiempo, sigue unida a la persona que ha destruido mi vida, resulta, cuanto menos, difícil de asimilar. He tardado casi cuarenta años en desembarazarme de una culpabilidad y de unas consecuencias desastrosas. Mi padre era y es el único culpable. Ahora no voy a someterme a ningún otro tipo de chantaje. Y tampoco lo haré por ti; para que puedas seguir engañándote. Ya no creo que lo hagas, las evidencias y la justicia, al final, caen por su propio peso, y el tiempo acabará poniéndolo todo en su sitio. En cualquier caso no voy a ser la coartada de nadie. El otro día me contabas que ibais a vender la casa. Tú no lo comprendes, ni creo que te interese demasiado comprenderlo. Pero si ahora se vende la casa me temo que sólo es para que te mantengas ocupada pensando en ello y no en otros aspectos más comprometedores. ¿O es que ahora, exactamente ahora, ha comprendido mi padre que dentro de un tiempo no podríais subir unas escaleras? ¿Es que no pasaba lo mismo hace 2, 3 ó 4 años? También me parece entrever la huida de un cobarde. Irse a otro lugar es una manera de alejarse de quienes, tal vez, algún día descubran quién es realmente. Así no tendrá que dar la cara. Y tú me cuentas, como si nada hubiera pasado, los avatares del traslado. ¡Y a mí que me importa! De todos modos debo aceptar que muchas cosas las entenderás más tarde, igual que las entendí yo.

Uno de los efectos colaterales de mi pasado es una manifiesta dificultad para reaccionar a tiempo ante conversaciones inadecuadas. La respuesta idónea acude a mi mente horas o incluso días después. De todo eso surge un cierto malestar por no haber dicho lo que pensaba en el momento oportuno. Digo lo anterior por un comentario que hiciste, precisamente, con relación a la venta de la casa. Los otros parientes implicados exigieron una mayor parte del pastel, pues por ley les pertenece la mitad. Claro que podríamos hablar de sentimientos familiares, pero ¿qué quieres que te diga? ¿Con qué autoridad moral se puede condenar una conducta de este tipo cuando se está aceptando a alguien que, ley en mano, debería estar en la cárcel? Cuando os exigieron más dinero, recuerdo que me dijiste que eran unos desalmados y que ojalá los perdierais de vista para siempre. Después (y de eso me quejo) acude a mi mente la respuesta adecuada. ¿Qué crees que siento, entonces, respecto a mi padre, cuando lo que me ocurrió a mí fue infinitamente peor? ¿O no? No quieres volver a ver a esa parentela, pero no te importa seguir viendo a mi padre. ¿Cuál es el criterio? ¿Qué es lo que realmente importa? ¿Cómo debo aceptarlo? ¿Cómo entenderlo? Una vez más, supongo, debo dejarlo en manos del tiempo.

Desde el párrafo anterior han transcurrido varios meses, y el tiempo parece haber puesto algunas cosas en su sitio. Por fin salió el reportaje sobre abusos sexuales publicado en el "Magazine", distribuido por toda España a través de diversos periódicos. Tenía la esperanza de que la repercusión social haya movido algunos cimientos y se logre un mayor apoyo y una mejor comprensión hacia un asunto sobre el que nadie parece querer implicarse demasiado. Por fortuna los resultados colmaron las mejores expectativas. Se recibieron multitud de llamadas y correos electrónicos. Sin embargo, lo que no imaginé es que se produjeran cambios en las actitudes y posicionamientos familiares después de tanto tiempo. Supongo que la publicación del problema obligó a adoptar una u otra actitud. Ahora ya todos están enterados. El agresor está más cerca del ostracismo, y quien fuera la víctima, o sea yo, siente que van aumentando las adhesiones y el apoyo. Dicen que nunca es tarde si la dicha es buena. En todo caso, seguiremos dejando que sea el tiempo quien vaya colocando cada cosa en su lugar.

Las palabras que vienen a continuación se están escribiendo cuatro años después. Ahora mis sentimientos son mucho más serenos. Sigues con mi padre. Mi relación contigo es más cómoda, al menos por mi parte. Hay muchas cosas que han dejado de preocuparme. A veces comparto contigo alguna que otra pequeña alegría, y otras tantas escucho tus pesares y las miserias que te toca vivir con él. Pero bueno, fue tu elección, y con ella van todas las consecuencias.

Años atrás escribía que para mí eras un problema. Y es que antes todo lo era. Necesitaba tiempo, espacio; necesitaba encontrar un lugar en este mundo. Ahora puede hacer frente a los problemas y sé cómo debo actuar en cada situación.

Empiezo a ver una cierta lejanía con lo escrito hace unos años. Eso me permite constatar que mi evolución continúa. Afortunadamente. Me siento en paz con muchas cosas. Mis problemas, que siempre hay, están más relacionados con el presente que con el pasado. Y todos mis conflictos familiares prefiero dejarlos en el pasado.

## Carta a mi padre

No sé qué diré mañana, no sé si me importará o me traerá sin cuidado. Pero a día de hoy sólo puedo decir que siento lástima. Siento una profunda pena. Un desengaño, quizá ingenuo, porque no debería haber esperado nada. Siento pena por la infancia perdida, una sensación que antes estaba mucho más acentuada. Ahora veo un largo camino que se ilumina a mi paso. La oscuridad de tu existencia cada vez me afecta menos. Siento lástima por ti, porque no has sido padre y a duras penas persona. Pero eso es algo que tampoco parece importarte demasiado.

Te veo por el taller, donde aún trabajamos juntos, aunque espero que por poco tiempo, y sólo me pareces un bulto que va y viene. Preferiría dejar de verte, pero mientras mantengas la boca cerrada, y lo harás porque eres un cobarde, casi me es indiferente tu presencia. Creo que debería sentir más rabia de la que siento. No lo sé. Tampoco es algo que uno pueda escoger. Quizá mi proceso de curación no ha alcanzado todavía este punto álgido. Tal vez no sea necesario alcanzarlo. Es probable que cada persona tenga su propia evolución y que ésta no contenga siempre los mismos elementos. Mi rabia no va dirigida tanto a lo que pasé por tu culpa como a lo que está pasando ahora. ¡Y es que te da igual! No hay arrepentimiento. No hay nada. Lo único que deseas es continuar con tu vida miserable sin que te molesten demasiado. Y eso sí es real. Lo estoy viendo y lo estoy viviendo. Creo que en el fondo ésta es la historia de tu vida, una historia vacía porque nunca has puesto nada en ella. Sólo hay cosas que han ido apareciendo. Lo que de bueno pudiera haber te repudia. Hoy puedo afirmar que el único sentimiento que me provocas es lástima y, sobre todo, indiferencia. Es una lástima más relacionada con el asco que con la misericordia. No me avergüenzo de mis sentimientos. Ya no. Nada relacionado contigo me importa lo más mínimo. Si murieras mañana no me alegraría, pero tampoco dejaría de hacer lo que estuviera haciendo.

También estas líneas se están escribiendo cuatro años después. Y también en este caso han cambiado unas cuantas cosas. Para empezar ya no te tengo que ver en el taller ni en ninguna otra parte. En realidad no sé cuanto tiempo hace que no te veo, quizá más de dos años. Y no siento ninguna culpa, ningún remordimiento. Estoy bien. Y tú has recogido lo que sembraste. Sólo te queda mi madre. Y mis hermanos, que de vez en cuando vienen de visita, aunque para ver a mi madre, según dicen. Si por desgracia llegara a faltar mi madre, ¡qué futuro más triste el tuyo! ¡Qué triste final! Nada distinto al que tú elegiste hace tanto tiempo, y por el cual pensabas que nunca ibas a rendir cuentas. ¡Quién lo iba a decir! Ni siquiera yo.

## Nuestras relaciones

No nos encontramos en la mejor disposición posible para manejar adecuadamente las distintas fases por las que discurre cualquier relación. Es fácil interpretar los hechos según las repercusiones que tengan sobre nosotros, pero cuando hay que distinguir las causas originarias y la implicación que hayamos podido tener en ellas, es distinto.

Éste es el tipo de comportamiento con el que interpretamos el mundo desde que padecimos abusos. Perdimos la capacidad de comprender los efectos de nuestra conducta sobre los demás. Tampoco somos demasiado receptivos a las necesidades de quienes nos rodean. Bastante ocupados andamos con nuestro propio universo de problemas. Ésa es la explicación que solemos darnos, pero deberemos esforzarnos por encontrar otra, de lo contrario sólo vamos a conseguir que se alejen de nosotros.

La primera sensación que se advierte al revelar los abusos, es el desamparo. Nos sentimos vulnerables y dispuestos a aferrarnos como lapas a quienes nos presten su apoyo. Estamos aprendiendo a andar de nuevo por el camino de la vida. Nuestros desconocimientos, fruto de las carencias propias de un aprendizaje erróneo, junto a la inseguridad de quien ignora sus capacidades, nos llevan a sobrecargar de responsabilidad a quienes tienen más que suficiente con la suya. No es de extrañar que a veces exploten ante nuestro aparente egoísmo, y, aunque para nosotros sea necesario, eso no nos libra de ser acusados de estar pensando únicamente en nosotros, sin que haya sitio para nada más. Cuando eso ocurre no sabemos cómo reaccionar, y es fácil que adoptemos la ya conocida postura de víctima incomprendida.

Aquel que no esté dispuesto a ayudarnos pasa a ser un mal amigo, una mala pareja o un peor familiar. Pero no siempre es así. En mi vida coexisten dos amores que, por su distinta naturaleza, representan conductas opuestas en busca de un mismo objetivo. Ambos son innegables, pero, como todo en la vida, susceptibles de ser analizados. Los he definido como amor fuerte y amor débil. Si no puedes andar, el amor débil te ayudará a caminar, aunque es muy posible que también te recuerde a menudo lo mucho que se sacrificó para que lo consiguieras, o sea, lo mucho que le debes. El amor fuerte te da un par de muletas y te obliga a caminar, sin escuchar tus quejas. Y no suele recordarte lo que haya hecho por ti, en todo caso te hace saber lo que te espera cuando te halles en igualdad de condiciones.

En mi caso, el amor fuerte es Marta, mi pareja. Sin él no estaría escribiendo este libro ni, me temo, estaría haciendo nada que valiera la pena. Más o menos como siempre, si atiendo a mi pasado. El amor débil corresponde a mi madre, que se inclina sin prejuicios hacia la compasión y a la defensa a ultranza, por más que las evidencias indiquen que ése no es el camino correcto.

Nuestra tendencia general es refugiarnos en el regazo de quienes ofrecen su compasión y su comprensión incondicional. Está claro que un buen número de madres, parejas y amigos pueden aceptar gustosos ese papel, pensando que eso es lo que deben hacer. Por nuestra parte, es fácil dejarse llevar por los sentimientos del pasado y quedar bajo el amparo de quienes nos ven como unas pobres víctimas del destino. Hace ya mucho tiempo que esa actitud desvalida nos consoló o simplemente fue utilizada para llamar la atención. Pero hoy en día no nos va a servir de nada. Todo lo contrario; sólo nos impedirá crecer y aprender a comportarnos y a reaccionar con la madurez y la experiencia que debemos recuperar día a día.

## ¿Por qué no lo dijiste antes?

Todo aquel que ha padecido algún tipo de abuso sexual y lo ha revelado, convendrá conmigo en que esta pregunta es especialmente molesta. A veces llegas a pensar que ésta es la razón por la que nos la plantean, y cuando ocurre, casi siempre tenemos serias dificultades para encontrar la respuesta adecuada. No obstante, para la gran mayoría de personas ajenas a este problema y a la sensibilidad de los supervivientes, se trata de una pregunta totalmente lógica.

Una buena parte de quienes hemos dado el paso para romper este largo silencio nos encontramos en una franja de edad que va desde los veinte a los cincuenta años. Lo que quiero poner de relieve es el tiempo transcurrido desde que sucedieron los hechos y el momento en que lo contamos. ¿Por qué hemos esperado tantos años? La respuesta requeriría un libro. Y en ello estoy. No sólo para explicar las razones que se esconden tras el silencio, sino para hallar soluciones y recursos a otros tantos problemas de profundo arraigo en nuestra vida.

¡Claro que tuvimos mucho tiempo para decirlo! Si no lo hicimos fue por motivos que escapaban a nuestro control. Comprender por qué no se dijo, así como los efectos de aquel largo silencio, es el primer paso para cerrar una herida que lleva demasiado tiempo abierta, una herida que ocultamos y de la que nadie supo ocuparse. Una herida que pudo haber arruinado nuestra vida, si no lo ha hecho ya. Pero no desesperemos; el tiempo siempre trae consigo nuevas oportunidades. El título de este apartado intenta reflejar una cuestión que no resolvimos en su momento. Nos faltaron las herramientas adecuadas. La complicación se produjo en el momento en que se inició nuestro silencio. El miedo convirtió en imposible algo tan sencillo como decir no o denunciar una situación extraña y que en ningún caso andábamos buscando. De eso hace mucho tiempo. Entonces no se pudo revelar porque había alguien con el poder suficiente para impedírnoslo. Tal vez nos lo impidiera solapadamente, sin decirnos nada de un modo explícito. Y aun así mantuvo sellada nuestra boca: «No se lo digas a nadie, porque...», y en este punto todos tenemos nuestra particular historia. Esta frase, dicha o no dicha por el agresor, quedó grabada a fuego en nuestra mente.

Durante la niñez nos sentimos vulnerables e incapaces de asumir los efectos que comporta revelar unos hechos incomprensibles. Llegamos a creer que el mal menor era sobrellevar como pudiéramos la pesada carga de los abusos. Una vez alcanzada la edad adulta, perdimos de vista la relación entre los lejanos acontecimientos del pasado y nuestra conflictiva vida actual. Hemos enterrado los dolorosos recuerdos de la niñez y no los rememoramos nunca. Es posible que los hayamos olvidado, pero lo más frecuente es que no queramos traerlos a la memoria. Aun en el caso de hacerlo, surge una descorazonadora pregunta que nos cierra el paso: ¿de qué sirve contarlo ahora? Eso es lo que pensé aquel día, forzado por una situación límite, cuando revelé mi gran secreto. No tenía una conciencia demasiado clara de los motivos que me impulsaron a hacerlo. Llegué a pensar si no estaría utilizando aquellos sucesos, que aparentemente no tenían nada que ver con mis actuales problemas, como una simple coartada para justificar unos actos a los que no lograba dar otra explicación mejor.

La culpabilidad siempre está presente en cada uno de nuestros actos. Es un proceder extraño y perjudicial donde va implícita la idea de que algo va mal o puede ir mal. Carecemos de seguridad a la hora mantener un juicio u opinión. La falta de criterio nos lleva a pensar que lo que dicen los demás tiene más credibilidad que cualquier opinión que podamos manifestar nosotros.

# Miscelánea

Estamos viviendo en los albores del siglo XXI, una época en la que ya deberíamos haber superado muchos obstáculos. Nada nos impide hablar sobre cualquier cuestión, pero todavía tropezamos con algún tabú que entorpece la superación de problemas tan graves como el abuso sexual a menores. No sé si alguien puede poner en duda que este tipo de abusos son o no son un tabú, pero sí podemos imaginar situaciones que puedan aportar algo de luz. Imagínate que un buen día se te ocurre contarle a tu compañero de trabajo que durante la infancia tu padre abusó sexualmente de ti. Lo más probable es que tu interlocutor se encuentre en una situación incómoda, sin saber qué decir y pensando que no tenías por qué hacerle partícipe de un suceso tan íntimo y personal. Esta reacción ¿qué tanto por ciento supondría? Es difícil saberlo, pero desgraciadamente no creo que sea una reacción excepcional. Esto nos demostraría que aún queda mucho trabajo social por hacer.

Los abusos sexuales siguen siendo historias familiares que deben esconderse a cualquier precio. Es el gran secreto de familia que nos destruye sin ser siquiera conscientes de ello. Al atenernos a este falseamiento de la realidad, fomentamos la idea de pertenecer a una sociedad donde este problema es infrecuente, cuando de hecho sucede justo lo contrario. El silencio no disminuye el número de casos, antes al contrario; los oculta creando un caldo de cultivo que facilita la propagación de los abusos sin que por ello se puedan exigir responsabilidades. Eso ocurría antes muy a menudo, y aún hoy sigue ocurriendo con demasiada frecuencia.

Hay que acabar de una vez por todas con la idea de familia feliz de puertas afuera. Hay que desenmascarar aquellas familias que se esconden tras una imagen de falsedad; aquéllas que proclaman lo mucho que nos queremos todos y que viven en permanente hipocresía, a veces sin darse ni cuenta, ocultando, fingiendo y disfrazando sentimientos que no existen, sentimientos que se pisotearon hace mucho tiempo y que abocaron a quienes nunca lo merecieron a una vida desgraciada, vacía y sin expectativas.

Hay que terminar con el poder encubridor y amenazante de instituciones como la iglesia católica, en cuyas filas se han amparado con la más absoluta impunidad y desvergüenza abusadores sin escrúpulos que han dado rienda suelta a su voracidad sexual sin preocuparse lo más mínimo del dolor y el daño que estaban infligiendo a quienes se supone que debían cuidar, educar y proteger. Hay que romper el silencio. Hay que gritar.

El desarrollo personal está ligado al dolor, a la constancia y al esfuerzo, no a los milagros. El premio no está al final del camino; está en el propio camino, en cada paso que vamos dando. El paraíso no está más allá de la vida; es la vida misma. El cielo y el infierno dependen de nosotros, porque nosotros elegimos y luchamos por el lugar en el que queremos estar.

Los abusos sexuales han influido negativamente en nuestra vida, pero podemos cambiarlo. Aunque ahora nos parezca utópico, podemos convertir nuestra existencia en algo muy distinto a lo que es en estos momentos. Todos tenemos capacidad para modificar nuestra existencia.

He pasado años leyendo mucho, y mis verdaderos problemas nunca encontraron solución en los libros. Por todo ello siempre me he mostrado escéptico ante la posibilidad de contemplar un libro como la panacea que nos permita alcanzar una nueva vida. No puedo decir que no entendiera lo que estaba leyendo. Incluso podía estar de acuerdo. Sin embargo, cuando pensaba en mis circunstancias, todo lo leído no me parecía aplicable a mí realidad o bien me sentía incapacitado para aplicarlo. Creo que pensaba algo así como: «Eso es muy fácil decirlo, pero llevarlo a la práctica es algo muy diferente». Quizá sólo fue que nunca llegué a leer algo que tocara mi fibra sensible. Espero, con este volumen, tener la fortuna de lograr que muchos abran los ojos a una nueva realidad. Hoy sé que la clave se halla en nuestro interior y no puedo decir que sea fácil ni difícil. Es una tarea laboriosa, constante e individual. Nadie puede hacerlo por nosotros. Se puede intervenir, en todo caso, como fuente de inspiración. Ése sería el cometido de este libro.

A veces no encontramos las razones que expliquen cómo y por qué se produce un gran cambio. Sucede naturalmente, como si nuestra realidad estuviera ya madura para llevarlo a término. Es lógico pensar que uno de los principios básicos sea nuestra voluntad. Llegar a este punto ya es llegar lejos, pues la impresión de sentirte perdido, a veces, es demasiado agobiante como para continuar buscando respuestas. Los principios siempre son titubeantes, porque se carece de algo tan básico como un asidero moral o existencial. No encuentras ese primer punto de apoyo que ha de servir para dar el siguiente paso. Tienes la impresión de estar en la cuerda floja, y cuando miras abajo sólo ves un vacío aterrador. Ignoras cuál es el verdadero problema. No quieres verlo. Después de tantos años no crees posible alterar tu vida de un modo significativo.

Quisiera estar en disposición de dar una clave, de repartir sueños y esperanzas por doquier, de poder asegurar que haciendo esto o aquello se podrán obtener resultados concretos y cuantificables. Pero no es así. Nadie está en disposición de arrogarse semejante privilegio. Lo que a unos les hace reaccionar, a otros los hunde por completo; y por si fuera poco, la distancia entre ambos es terriblemente corta.

A veces, la reacción viene dada por una persona que está a tu lado; una persona que no entiende esa forma de actuar y que investiga con el fin de saber lo que está ocurriendo. Como la persona interrogada (estoy hablando de mí) tampoco tiene claro lo que ocurre, suele responder con agresividad, situándose en un plano defensivo o adoptando el papel de víctima acorralada. La reacción sólo se produce cuando tienes la enorme fortuna de caer en las manos de una persona con mucho amor y no menos aguante. Otras veces es un suceso fuera de lo común el que te lleva a actuar y a modificar varios aspectos de tu vida, o incluso tu vida entera. Y es que no importa cómo haya ocurrido, lo verdaderamente importante es que se emprenda ese nuevo camino procurando que se trate de un camino sin retorno.

Nadie debería esperar sentado a ver si le toca la lotería, porque en el improbable caso de que tocara, difícilmente mejorará una existencia repleta de conflictos sin resolver. Es absurdo pensar que un pobre con problemas pueda convertirse en un rico sin problemas; es más probable que suceda lo contrario. La riqueza, para quien no sabe manejarla, se transformará en una agravante. Tampoco es bueno esperar que sean los demás quienes adivinen tus deseos y tus necesidades. Y menos aún tus sentimientos. No es su obligación. No debemos actuar como si lo fuera.

Cuando leía un libro donde el autor hablaba de los cambios espectaculares que había experimentado su vida haciendo tal o cual cosa, mis conclusiones eran siempre las mismas: o bien era falso o bien se trataba de algún caso excepcional. Era impensable que aquellas personas pudieran tener nada en común con alguien tan vulgar y corriente como yo, ni con nada de lo que a mí me sucedía. Afortunadamente estaba equivocado. Mi error era tan grande como la venda que cubría mis ojos. Yo soy tan importante como cualquier otro. Es más: no hay nadie tan importante como yo. A fin de cuentas ¿qué sería mi vida sin mí?

Una persona que toma la decisión de cambiar su vida es especial. De eso no hay duda. Pero no se convierte en especial porque sí. Tampoco lo es de antemano. Es especial cuando toma la decisión de cambiar su vida. No antes. Ésa es la razón por la cual está al alcance de todos. No existen seres capacitados para llevarlo a cabo e inútiles condenados a la perpetua mediocridad de una existencia gris.

Tu vida está en tus manos. Siempre lo ha estado y siempre lo estará. No querer aceptar las consecuencias de tus actos es la excusa más utilizada para no tomar las riendas de la propia vida.

Dale prioridad a tus necesidades, analiza lo que es correcto y lo que no lo es, y actúa. Opiniones podrás encontrar cuantas quieras, y ésta no deja de ser una más. Pero, a diferencia de otras opiniones, ésta no te obliga a hacer tal o cual cosa ni te garantiza resultados espectaculares, porque eso siempre será falso, pero no porque no dé resultados, sino porque estos no te pertenecerán. Esta opinión sólo sugiere que hagas lo que en el fondo sabes que deberías hacer y que asumas las consecuencias. No es tan importante que hagas tal o cual cosa sino que hagas aquello que has decidido hacer.

Pasé largos años ufanándome, en mi soledad mal encontrada, de logros culturales e ideológicos. Leía mucho y pensaba más, pero mi vida era una mierda. Sabía mucho, pero no entendía nada. Mi mejor logro era construir castillos en el aire y aferrarme a ellos. Como cuando era niño. Seguía siendo imprescindible distorsionar la realidad para que ésta fuera tolerable.

Nada puede hacerse para modificar el pasado. Algunos de los momentos cruciales de nuestra vida tal vez obedezcan a la casualidad. Todos tenemos en la memoria aquel suceso que nos hizo actuar de tal o cual manera, que fuéramos a la izquierda o a la derecha o que subiéramos al avión y no al barco. Sea lo que sea, de no haber hecho lo que hicimos, jamás nos hubiera ocurrido lo que nos ocurrió. ¿Y eso que importancia tiene? Quizá ninguna o quizá toda. No debería importarnos tanto lo que nos sucede como la capacidad que tenemos para enfrentarnos a lo que nos sucede. Ese es el factor determinante y que dará la medida de lo que somos. Lo importante no es la mano que nos dio el destino, sino la manera en que vamos a jugarla.

El carácter, las expectativas y la manera de ver e interpretar el mundo es lo que conforma nuestra realidad y, en buena parte, lo que predetermina un futuro y no otro. En pocas palabras, si tu voluntad está encaminada hacia el éxito, las probabilidades de alcanzarlo son mucho más elevadas que arrastrando el estigma del perdedor.

Si de veras sentimos un creciente desacuerdo con nuestra realidad, el primer paso será dejar los sueños a un lado e iniciar una lucha orientada a la construcción de otra distinta. Puede intervenir el azar y puede intervenir la casualidad, pero quien debe intervenir, por encima de todo, somos nosotros mismos, ya que sin la participación del protagonista de la película, es difícil que ésta llegue a tener ningún sentido.

En más de una ocasión la casualidad ha llamado a mi puerta. La actitud más frecuente ha sido dejarla escapar. Pero a veces aparecen esas casualidades que, lejos de conformarse con sólo llamar a la puerta, se introducen dentro y no parecen dispuestas a irse sin más. Insisten en quedarse para saber qué ocurre. Mirándolo retrospectivamente, no ofrecí excesivas facilidades. La "casualidad" que entró en mi vida y arrasó todo mi repertorio de excusas, mentiras y muros infranqueables, se llama Marta. Después llegué a pensar: "Ojalá hubiera llegado antes". Pero también podría haber ocurrido que no hubiese llegado jamás. A veces tiene que venir alguien que nos zarandee y nos despierte de nuestra pesadilla.

Al establecer una relación de pareja, estamos poniendo a prueba tanto nuestras cualidades como nuestros defectos. Eso es algo que le sucede a cualquier persona normal y corriente. Pero en nuestro caso suele evidenciar, por encima de todo, unas limitaciones que se van agudizando a medida que avanza dicha relación. A la larga, y no tan a la larga, la situación se vuelve insostenible.

Cuando Marta me pregunta sobre lo que me sucedió con Eva, con Nuria, con Montse y con otras relaciones fallidas, algunas reconvertidas en buenas amistades, no sé por dónde empezar. Ya sé que no es tan complicado, pero el supuesto fallo no obedece a ningún detalle concreto que pueda resaltarse ni aducirse como elemento fundamental de ruptura. Si tuviera que explicarlo con pocas palabras, diría que con todas falló lo mismo, o sea yo, aunque tampoco sabría decir muy bien porque. El caso es que no sólo les fallé a ellas; también lo hice con cualquiera que se interesara por mí. Pero lo peor de todo, sin duda, fue fallarme a mí mismo.

Cuando alguien pregunta: "¿Qué sucedió?", espera una respuesta concisa y concreta; algo que aún hoy me resulta bastante difícil. Era una persona con carencias fuera de lo común por razones que nunca me atreví a reconocer, y la relación duraba lo que mis parejas tardaran en darse cuenta de ello. Pero ¿cómo podía yo explicar algo así? ¿Cómo podía darme cuenta? Tratar de explicar por qué no prosperaron mis relaciones, a pesar de haberme rodeado siempre de mujeres de considerable talla intelectual y moral, es tanto como explicar por qué no prosperó mi vida. Primero debía aceptarlo, y después comprender que en la vida difícilmente se prospera cuando no se adquieren y asumen las oportunas responsabilidades. Algo que me conduce inexorablemente al punto de partida: los abusos que padecí cuando era un niño.

Es difícil dotar de razones a los sentimientos, como también lo es explicar por qué no te rebelas ante los abusos. Hay muchas preguntas sin respuesta. Y no obstante hay que encontrarlas, pues tu propia salud mental lo reclama.

## No se lo digas a nadie

¿Por qué las gentes de un país de extrema pobreza resisten estoicamente el hambre, el frío o las enfermedades hasta la muerte? La respuesta siempre es la misma, y no puede ser más simple: porque no tienen otro remedio.

Cuando sufrimos aquella humillación innombrable no creíamos tener opciones entre las que elegir. Apenas empezábamos a desarrollar la capacidad que nos faculta para discernir lo bueno de lo malo. Ni siquiera poseíamos, en algunos casos, el suficiente dominio del lenguaje como para hacernos una idea mental que pudiera transformar en palabras aquello que nos estaba ocurriendo. Un niño no es consciente de estar sufriendo abusos sexuales. Una idea, no obstante, sí teníamos clara. Desde un apartado rincón de nuestra mente surgió una frase que martilleaba sin cesar nuestro cerebro, gritando con el silencio estridente de las palabras prohibidas, como una condena eterna de la que, sin duda, éramos acreedores, y todo por algún crimen terrible del que nada sabíamos. Una frase que se repetía una y otra vez, sin que fuera necesario que nos la hubieran recordado explícitamente; una frase que decía: «No se lo digas a nadie».

Intento recordar. Intento que vuelvan a mi mente detalles capaces de componer una escena en la que pueda observarse un principio y un final. Pero la ansiada coherencia argumental se desvanece enseguida. Se asemeja a un sueño del que sólo alcanzo a recordar momentos muy concretos y que, aparentemente, no parecen ser los más significativos.

Si algo teníamos claro cuando éramos niños, es que no podíamos hacer nada. Ahora se nos ocurren muchas alternativas, incluso cuestionarnos si en realidad no podíamos hacer nada. Poco importa que pudiéramos o no. La única verdad que aquel niño concebía era que la realidad que estaba viviendo era inalterable. Nadie le dijo que tenía derecho a decir no.

Otro planteamiento comprometido es el que nos lleva a cuestionar si en algún momento nos dimos cuenta de que aquello no era bueno. El hecho de ocultarlo y mantenerlo en secreto ya indica que no está bien y que ocurre algo fuera de lo normal. Eso se percibe incluso a temprana edad, aunque no sepas describirlo. Que eso sea así y no de otra forma tiene mucho que ver con el agresor. Y poco importa que no nos obligara explícitamente a mantener un pacto de silencio; seguíamos considerándonos cautivos de un secreto que a la postre se introduciría en nuestra mente como un veneno cuyos efectos tal vez estemos pagando el resto de nuestra vida.

Cuando el abusador no pertenece a la familia, es más fácil denunciarlo. En estos casos, es lógico pensar que la familia va a defenderte. Pero si ocurre dentro de la propia familia, y se produce por alguien que en teoría ha de defenderte, entonces el silencio parece ser la única alternativa. ¿A quién vas a contárselo para que te defienda? Ésa es nuestra gran tragedia. El silencio. Tan profunda es la interiorización que incluso ahora, en el ecuador de mi existencia, aún me asalta la duda, y me pregunto si no hubiera sido mejor haber permanecido callado. Por fortuna impera la razón, y sólo son momentos fugaces que pronto desaparecen.

## El bien y el mal

El ser humano siempre ha querido encontrar la definición del bien y del mal. La mayoría nos posicionamos dando por sentado que pertenecemos a esa difusa categoría del bien, aunque no es menos cierto que la mayoría de esa mayoría no tiene más idea del bien que no sea la de hacer aquello que dicta cada época, con sus convenciones sociales, éticas y religiosas. Son actitudes útiles para pasar desapercibidos o acomodarse a lo preestablecido, pero poco más.

La idea del bien es tan amplia y cambiante como el número de individuos que anden enfrascados en su búsqueda. Y el resultado tan variable como la distancia que puede haber entre las verdades absolutas y las verdades individuales.

Si partimos de un posicionamiento particular y lo contrastamos con un hecho absoluto, obtendremos un resultado cuya veracidad se circunscribe a esa percepción en concreto. La percepción particular es variable, mientras que el absoluto, el bien que se pretende definir, es constante. Nunca podrá obtenerse un resultado idéntico, debido a las variables que somos cada uno de nosotros, motivo por el cual, la búsqueda de una definición universal del bien, en el mejor de los casos, es un mero entretenimiento. Sin embargo, se han cimentado civilizaciones bajo los preceptos del bien y del mal. La respuesta creo que está más cerca del poder aglutinante que supone tener a todo el mundo controlado al amparo de unas mismas creencias que deben obedecerse, que no a la propia verdad de las mismas.

Al final uno se da cuenta de que no importa que sea verdad lo que creemos; lo primordial es que lo creamos todos. Sólo así nos convertimos en una masa lista para ser gobernada. Ésa es la razón por la que al poder no le interesan demasiado las ideas innovadoras ni el individualismo. Eso eliminaría la necesidad de sentirse integrado a un sistema que aporta muy poco a la individualidad, nuestra única posesión.

Ya hemos visto que no tiene mucho sentido hallar una definición universal con la que identificarse. El bien es un punto fijo que se cruza con infinidad de variables de las que surgen las correspondientes interpretaciones particulares. Tal vez eso sea lo máximo que pueda afirmarse. Y sin embargo es mucho.

La religión es un ejemplo de cómo no preocuparse del significado último del bien y el mal, desviando nuestras inquietudes hacia campos como la comprensión de unas ideologías predeterminadas, poco flexibles y de escasa o nula tendencia al cambio. Si se prescinde de las consideraciones que hicieron en su tiempo pensadores y teólogos, nos quedaremos con el concepto desnudo del bien; un concepto intangible que sólo es de una u otra forma porque nosotros decidimos que lo sea, y aunque nuestras percepciones sean las que sean, la única certeza descansa en su inmutabilidad, una característica que desconocemos y que no podemos aprehender, razón por la cual recae en nuestra variabilidad la tarea de dotarle de su característica definición.

Teniendo en cuenta que el bien sólo adquiere sentido a través de la interpretación que de él hagamos, nuestra máxima aspiración debe basarse en la coherencia entre nuestros pensamientos y nuestros actos; algo que adquiere una mayor complejidad cuando hablamos de personas que sufrieron serios traumas en su infancia.

Si aceptamos que el bien, aplicado a las individualidades, no tiene sentido como definición absoluta, el siguiente paso sólo puede encaminarnos a encontrar la fórmula que nos permita alcanzar una noción del bien que nos haga sentir completos y con la sensación de estar actuando de la forma más correcta posible.

Mucha gente ha encontrado su fuente de inspiración, o lo que podríamos llamar el fin de la incertidumbre, en las conductas morales propuestas por las diversas religiones del mundo. Así nos evitamos la laboriosa tarea de pensar o de plantearnos engorrosas interpretaciones sobre las que siempre planeará la sombra de la duda. El bien y todo lo que debe hacerse para no desviarse del camino ya viene perfectamente detallado. Quien sea creyente dispone de un manual específico donde las preguntas vienen contestadas; por lo tanto no hay necesidad de cuestionarse nada de todo esto. Si nos hemos propuesto buscar el conocimiento del bien sin tener que recurrir a las religiones o a doctrinas de cualquier otro tipo, no nos queda más remedio que investigar profundamente lo que habita en nuestro interior.

A través de la educación nos inculcaron una serie de modelos que en su día fueron más o menos útiles a nuestros padres; según qué padres hayamos tenido, el modelo heredado habrá sido mejor o peor. En todo caso, suele tratarse de un modelo transmitido y no cuestionado. Adoptar ideas nos facilitará la tarea; sin embargo, no facilita el desarrollo de nuestra individualidad.

Hacernos responsables de las acciones procedentes de la búsqueda del bien es la base más sólida a la que podemos aspirar con el propósito de adoptar una moral con la que regir nuestra conducta. También implica un constante compromiso con las ideas en las que fundamentamos nuestro modo de vida, lo que a su vez revertirá positivamente en nuestra autoestima. La noción del bien llega al conocimiento a través del pensamiento. Pero de nada nos servirá el bien ni ninguna otra idea si no va ligada a la acción.

No existen normas concretas por las que deben conducirse todos los seres humanos, salvo las que nosotros mismos establezcamos. No hay más que estudiar las distintas civilizaciones que pueblan nuestro planeta para observar las enormes diferencias existentes entre unos y otros. La moralidad de nuestra conducta viene determinada por una percepción y una comprensión concreta de los acontecimientos que conforman nuestra existencia. Asimismo, dicha percepción viene determinada, en alguna medida, por la educación que hemos recibido y por las experiencias que hemos vivido, algunas de las cuales pueden haber provocado un giro inesperado en la manera de percibir el mundo. En todo caso, sea cual sea el punto en el que nos hallemos, la responsabilidad siempre será nuestra.

Una buena parte de la humanidad vive felizmente ignorante de lo que es el bien, el mal o cualquier otro concepto aparentemente abstracto de comprometida definición. ¿Para qué? Las cosas son mucho más sencillas. Ésta es, sin duda, una línea de pensamiento que cuenta con muchos adeptos. La objeción es que si algo caracteriza al ser humano es su constante y frenética evolución; una evolución que tanto va dirigida hacia el bien como hacia el mal.

Uno no es plenamente consciente de sus creencias hasta que las lagunas inherentes al pensamiento dejan al descubierto nuestra inferioridad. Algo así me ocurrió con la filosofía; un concepto que asusta a más de uno. En realidad, cuando comprendemos que nuestros actos y pensamientos no son otra cosa que el reflejo y la base de nuestra filosofía interna, el temor tiende a desvanecerse.

La concatenación de hechos que me llevó a darme cuenta de mis necesidades y carencias filosóficas no fue un camino llano, ni siquiera fue el principio; fue un largo y tortuoso camino de pronunciadas subidas y vertiginosas bajadas. Es probable que este camino sea el que recorremos muchos de los que hemos padecido abusos sexuales.

Hasta que no se ha revelado el abuso, la mayoría permanecemos inmersos en un mundo caótico que nosotros mismos hemos creado. En ese mundo extraño es habitual que se desarrollen adicciones como el alcohol, la comida o el juego, entre otras muchas. Estas conductas compulsivas, además de atenuar el profundo dolor surgido de alguna parte anestesiada de nuestra mente, nos mantienen ocupados en la infructuosa tarea de arreglar un problema que en realidad, más que tener una entidad propia, sólo existe como consecuencia de un primer problema que nos obstinamos en mantener oculto.

Tiempo atrás, cuando lograba vencer momentáneamente mi adicción, lo único que se me aparecía era el más aterrador de los vacíos. No había bien. No había mal. No había nada. La adicción, cuanto menos, lograba que desapareciera ese vacío insoportable. Eso es lo menos que se le puede pedir a una adicción. Comprender la verdad, una vez revelados los abusos, hace que ese vacío no sea tan intolerable, pero no logra hacerlo desaparecer por entero. Necesitamos algo más, y ahí es donde tiene cabida la filosofía o, lo que es lo mismo, nuestro particular conjunto de normas que nos comprometemos a seguir para lograr la coherencia, el equilibrio, la serenidad y la paz con nosotros mismos.

La ética que hemos construido y en la que basaremos futuros comportamientos adquirirá un papel determinante. Sin embargo, llegado el momento, es probable que nos demos cuenta de las grandes lagunas que pueblan nuestro maltrecho código ético. No estamos seguros de qué está bien y de qué está mal. No sabemos, para ser más precisos, dónde fijar los límites del bien y del mal, sin transgredirlos nosotros y sin permitir que lo hagan los demás. Tampoco tenemos claras nuestras posturas morales cuando éstas fluctúan según prestemos oídos a una opinión o a otra.

Reconocer lo correcto y lo que no lo es significará uno de nuestros mayores logros, y no sólo eso: también nos mantendrá constantemente ocupados en la búsqueda de una moral que siempre nos ha parecido esquiva y confusa.

Deberemos considerar que no existen dos situaciones ni dos personas idénticas, por lo que nos veremos abocados una y otra vez a echar mano de nuestro particular código ético a fin de valorar cada situación concreta y elegir la opción que mejor se acomode a nuestras necesidades sin perjudicar a las de los demás. De todos modos, no siempre vamos a dar con la decisión perfecta; de hecho pocas veces ocurre.

Las decisiones acabarán convirtiéndose en los factores más importantes de nuestra vida. Son las que nos van a mantener en contacto con el pulso del mundo, las que promueven el cambio y las que nos permiten evolucionar. Lo esencial de cualquier decisión, una vez adquirida y puesta en práctica, es la capacidad, la firmeza y la responsabilidad que deberemos asumir cuando vayan surgiendo las consecuencias de la acción, teniendo siempre en cuenta que dichas consecuencias pueden ser buenas o no serlo tanto. Pero aunque los resultados no sean los esperados, siempre nos quedará la certeza de que inhibirnos en la toma de una decisión es la peor de las decisiones. Una vez tomada, y eso es lo más importante, nuestra obligación es sacarle el máximo partido. Rompernos la cabeza preguntándonos si aquello que decidimos fue lo mejor o no lo fue tanto no nos servirá de nada; ninguna decisión es absolutamente correcta ni absolutamente desacertada. Lo que debe perseguirse es la mayor equidad posible, que la respuesta elegida sea la más idónea para nuestras necesidades y no interferir negativamente en la existencia de nuestros semejantes más de lo que la existencia de estos interfiera en la nuestra. Como nunca vamos a estar absolutamente seguros de haber tomado la decisión perfecta, es imprescindible que, una vez tomada, nos mantengamos firmes en su defensa, aunque abiertos a futuras correcciones. Es cierto que el aprendizaje tiene que ver con lo que escuchemos de los demás; no obstante, la valía de nuestro yo interior ha de sustentarse en el propio carácter y en nuestra capacidad para discernir lo valioso de lo insustancial.

Haber pasado parte de nuestra vida sin tomar otras decisiones que las necesarias o imprescindibles para la mera supervivencia física, social y emocional, no nos augura un futuro esplendoroso que digamos. Y con todo, enfrentarnos a la realidad y a un pasado tan sombrío como el nuestro, nos otorga un voto de confianza que no debemos desaprovechar. Nuestro compromiso debe llevarnos a hacer las paces con el pasado, a perdonarnos y a reiniciar un aprendizaje que quedó en suspenso hace mucho tiempo. Para ello quizá sea necesario un posicionamiento en cuanto a actitudes, capacidades, perspectivas de futuro, habilidades sociales, resolución de problemas, escala de valores y otros aspectos que habrán de definir quiénes somos, a dónde queremos llegar y cómo vamos a hacerlo.

# Mi cielo

¿Has mirado alguna vez el cielo, sintiendo que formabas parte de un todo, sabiendo que nada de esas pequeñas cosas que ocurrían en tu mundo tenían verdadera importancia? Yo lo pensé una vez. Tengo una imagen tan vívida en mi mente que a veces aún me parece estar allí. Regresan los olores, el calor del sol sobre mi piel. Y el viento. Esa envolvente y mágica música del bosque, ofreciendo incansable su bello concierto a un público invisible. Todavía lo escucho, y sigue pareciéndome el más hermoso de los sonidos.

Yo miraba el cielo con los ojos de otra vida. Miraba la eternidad pensando si aquello que me estaba sucediendo era cierto. Ya ni recuerdo qué edad tenía. Son tantas las cosas que no recuerdo... Las imágenes de mi niñez se entremezclan con el tiempo, y no puedo situar los acontecimientos en sus correspondientes fechas.

Estaba tumbado en el suelo, sobre la hierba, observando el cielo como si acabara de ver abiertos de par en par los libros secretos del universo. Y todo se asemejaba, todo formaba parte de una unidad perfecta. Me sentía feliz y no sabía por qué. Mi mente, mi cuerpo y mi espíritu eran uno, serena armonía, fluyendo en un mundo del que no hubiera querido marchar. No sabía que aquel sería mi último contacto con la eternidad. Hace ya tanto tiempo...

Una nube solitaria cruzaba rauda ante mis ojos, empujada por el viento. Yo la veía, pero no la miré; mi vista se hallaba fija en algún punto del vacío. Ese instante mágico existía porque yo lo deseaba. Lo quise con todas mis fuerzas. Y sucedió. No era de este mundo, como tantas cosas bellas que escapan a nuestras percepciones. Toqué el infinito con la punta de mis sueños. Conocí otra vida y otros mundos, y a ellos me aferré. La vida de ese niño que era violado por su propio padre quizá ya no fuera tan importante. Quería creer que no. Yo sabía que al alzar la vista encontraría mi cielo. Mi cielo siempre estaría allí arriba. Pero… ¿y si algún día lo olvidaba?

## Los opuestos inseparables

La felicidad y la infelicidad, opuestos inseparables, son dos caras de una misma moneda. Por más tiempo que pasemos en la parte oscura de la vida, la luz siempre nos espera al otro lado. El destino siempre aguarda, con paciencia infinita y oportunidades ilimitadas, a que abramos los ojos y nos dejemos deslumbrar por la maravilla de nuestra existencia.

Los abusos sexuales no suelen estar exentos de problemas añadidos. Ésta es una combinación que merma nuestras capacidades hasta el punto de sentir una extraña perplejidad ante una pregunta tan aparentemente simple como ésta: ¿qué significa ser feliz? Ser feliz o infeliz es, ante todo, un estado de ánimo. Son dos conceptos relativos que no pueden entenderse por separado y que, en todo caso, pertenecen a la interpretación que haga cada cual. Quizá parezca demasiado simplista, pero quien es feliz lo es, básicamente, porque quiere serlo. Uno va entretejiendo su vida con los sentimientos que experimenta día a día hasta forjar el entramado que definirá su talla espiritual y moral. Esta actitud determinará el grado de felicidad que nos estamos permitiendo alcanzar; es, en definitiva, una cuestión que va íntimamente ligada al precio que hemos estado dispuestos a pagar por conseguirlo.

El fruto del esfuerzo por encauzarnos hacia la coherencia, la valentía y la verdad, unido a la lucha por la aceptación de nuestras limitaciones y de nuestra grandeza, nos llevará hacia la felicidad suprema de ser quienes somos, lo que describiría como la mayor felicidad posible.

No hay nada peor ni más dañino para la moral que darse por vencido antes de emprender una batalla. Si nuestros prejuicios se interponen entre nosotros y la felicidad, deberemos hacer una elección. Parece muy sencilla, y sin embargo no lo es en absoluto. La infelicidad no es algo que nos haya tocado en alguna desafortunada lotería, que esté en nuestros genes o que forme parte de algún destino inmutable ante el que nada podamos hacer.

No nos inocularon la infelicidad para que nos la lleváramos hasta la tumba. Nada tiene tanto poder como para condenarnos indefinidamente. Por lo tanto, podemos y debemos romper ese maleficio cuanto antes. Unos tienen la capacidad para vencerla, y otros, debido a sus circunstancias pasadas y presentes, creen no poseer esa capacidad, aunque no sea cierto. La cuestión es que muchos abandonan y deciden no emprender la lucha. ¿Para qué? Yo les daría una razón muy simple. Para vivir. Si estamos vivos, tenemos la obligación de vivir y de dignificar nuestra existencia.

## La supervivencia

Una tras otra, como pieles de cebolla, se han desprendido capas y capas de olvido sobre el pasado. El olvido era la única manera de empezar de nuevo. Ése era el precio de la supervivencia, pero también era una ilusión que no tardaba en desvanecerse. El pasado volvía una y otra vez. Al final ya no sería posible cuantificar el precio; éste quedaría en manos del futuro, un lugar siempre lejano donde un día u otro deberían saldarse las cuentas pendientes. Y así fue como el futuro terminó por aplastarnos sin piedad. Ahora, si hacemos el esfuerzo supremo de ponernos en la piel de ese niño que un día fuimos y observamos desde el pasado lo que ahora somos, los ojos de aquel niño apenas reconocen ni comprenden en lo que nos hemos convertido. Ese niño tenía fe. La tuvo a pesar de los pesares; creyó que el tiempo cerraría el paso a los infames recuerdos. Necesitaba creerlo y pensar que algún día se cumplirían aquellos sueños que anidaban en su mente. Pero no fue así. Uno tras otro, los sueños fueron devorados por el olvido. El presente se asoció a la huida. Había algo extraño; algo que había que superar lo antes posible. Pero siempre estaba ahí. De nuevo volvía. Era una huida imposible. La supervivencia se convirtió en un punto fijo del cual no se podía apartar la vista. Un día, el niño creyó no poseer nada más que su propia tristeza y no merecer otra cosa que su infinita soledad. El futuro se convirtió en un tiempo tan difuso que dejó de tener sentido.

La necesidad imperiosa de trascender, de ir más allá del impacto emocional que supusieron los abusos, nos abocó a un mundo cerrado donde no permitimos entrar a nadie. Aquel fue un territorio hostil donde el aprendizaje y las facultades cognitivas no prosperaron como hubiera sido deseable. A pesar de no ser conscientes de nuestra conducta, ésta se fue afianzando con independencia de las necesidades del mundo real al que pertenecíamos y del que, con el tiempo, nos fuimos autoexcluyendo.

Quien debería haberme corregido e intentado solucionar el problema no podía hacerlo, pues él era el problema en sí mismo, como en tantos otros casos de abusos. No había lugar al que acudir. No había escapatoria.

Nuestro comportamiento, siempre atento a no exteriorizar sentimientos y necesidades que pudieran delatar lo acontecido en el pasado, se fue desvirtuando hasta convertir la realidad interior en un escenario donde sólo tenía cabida una supervivencia emocional basada en no sentir. O sentir lo menos posible. El peligro de estos comportamientos está en la gran dificultad que entraña desprenderse de ellos cuando se intuye que su función ya no es útil. Nadie es tan preclaro como para darse cuenta de estar desarrollando una conducta autodestructiva anclada en una supervivencia que se originó en el pasado. Por si esto no fuera suficiente, la negación y el engaño se encargan de desbaratar cualquier posibilidad de cambio.

Cuando en la edad adulta se superan algunas barreras del pasado que nos impedían una visión más precisa de nuestra realidad, lo que suele ocurrir al tocar fondo o ante una situación límite, puede darse el feliz acontecimiento de hallarnos ante un resquicio por donde penetrar y empezar a poner en orden nuestra vida. Sólo entonces vemos el largo y arduo camino que nos queda por recorrer. El enfrentamiento es inevitable. Podemos seguir encerrados a perpetuidad en nuestra aséptica urna de supervivencia, pero más pronto que tarde la interrelación con el mundo provocará situaciones donde la confrontación exigirá argumentos. Entonces surge la impotencia para dar forma y sentido a lo que, en el fondo, sabemos que no lo tiene. Y eso es todo lo que sabemos.

Quienes entran en contacto con nosotros no tardan en intuir ciertas rarezas. Si el contacto es superficial, es posible que no reparen en ellas y logremos pasar desapercibidos (una de nuestras especialidades), pero si se trata, por ejemplo, de una relación de pareja, pronto se producirán colisiones emocionales que exigirán una actitud acorde con lo que se espera de la pareja. Es ahí donde nuestra ineficacia, casi siempre en forma de autodefensa, se pone de manifiesto. ¿Cómo explicarle a nuestra pareja que no entendemos lo que nos ocurre? ¿Cómo explicarle nada si ni siquiera sabemos qué es lo que no llegamos a entender?

Sacrificamos muchos aspectos del aprendizaje porque ya no nos fiábamos de nuestros sentimientos. No debíamos sentir. Dejamos de aprender, convirtiéndonos en muchos casos en seres miméticos. Nuestras acciones ya no nos proporcionaban los estímulos emocionales que nos permitieran catalogar las sensaciones que percibíamos en nuestro entorno. Lo bueno o malo, lo necesario o superfluo, lo útil o inútil. Todo ello empezó a ser asimilado por deducción o por comparación, pero ya no por sensación. Poco a poco fuimos desvinculándonos de los sentimientos reales. Nos protegimos hasta donde pudimos de todo lo malo que nos rodeaba, pero también lo bueno habría de verse afectado. Y lo necesario. Y lo útil. Hacíamos esto o aquello porque debía hacerse, porque lo hacían los demás, para no tener que pensar en lo correcto. Evitábamos pensar qué ocurría a nuestro alrededor; lo que ocurría con nosotros. Y los sentimientos, de esta forma, no se veían implicados. Entramos en una espiral de insensibilización de la que ya no es fácil escapar por completo.

¿Cómo puede definirse lo bueno o correcto? La respuesta sólo puede ser una; mediante los mensajes que transmiten los sentimientos. Pero ¿qué ocurre cuando aprendes que no debes fiarte de esos sentimientos? ¿Qué ocurre cuando la única herramienta que se presume válida resulta no serlo?

## El problema de la masculinidad

A nadie le resulta agradable reconocer que fue víctima de abusos sexuales en su infancia. Esta dificultad todavía es superior si la revelación tiene que hacerla un hombre. Prueba de ello es la escasez de hombres que deciden dar este paso. Ésa es una de las razones por las que se piensa que a los niños no les ocurren esas cosas. Es cierto que a la hora de revelarlo las mujeres nos superan por un amplio margen, afortunadamente para ellas, aunque no por eso deberíamos llevarnos a engaño. La realidad no es buena para unos ni para otros. De cada cien hombres, sólo uno lo dice, y de cada cien mujeres, lo dicen diez. No es ninguna estadística, sino un ejemplo meramente aproximado de la diferencia existente entre hombres y mujeres, pero sobre todo, y más allá de las diferencias entre sexos, lo que en verdad me importa resaltar es el enorme número de personas, tanto hombres como mujeres, que sobreviven bajo la pesada losa del silencio y la culpabilidad, y lo que es peor, sin saber muchas veces por qué su vida está tan vacía y tan carente de sentido.

La información es básica para romper tan nefastas estadísticas. También lo es para desmentir las falsas y absurdas ideas que concebimos para encubrir y disfrazar las realidades a las que nos negamos hacer frente. Esa dificultad se magnifica cuando es un hombre quien debe considerar si poner o no al descubierto el secreto inconfesable.

Del hombre se espera que sepa hacer frente a cualquier conflicto, que controle sus sentimientos, que no muestre signos de debilidad; se espera, en definitiva, que asuma el rol que le corresponde. Y aunque eso, hoy en día, se cuestione e incluso se rechace, la realidad no ha cambiado tanto como nos gustaría creer. Todavía predominan una serie de mitos que no favorecen en absoluto la revelación de los abusos.

Aunque se trate de un niño, no es tan insólito que alguien pregunte: "¿Por qué te dejaste?". A estas circunstancias adversas habría que sumarle absurdas creencias del tipo: "El agresor tiene tendencias homosexuales", o bien "La víctima puede acabar siendo homosexual". Ninguna de las dos tiene que ver con la realidad. De hecho la mayoría de abusadores son individuos heterosexuales y que aparentemente no llaman la atención.

Por desgracia estas falsas creencias causan su efecto. A los problemas intrínsecos del propio abuso hay que añadirle las dudas sobre la identidad sexual. Aunque nosotros terminemos teniendo claro cuál es nuestra orientación sexual, sospechamos que, al revelarlo a los cuatro vientos, ésta puede ser puesta en tela de juicio.

El hombre, en definitiva, se enfrenta a una supuesta debilidad de carácter por permitir que se produjeran los abusos y a las dudas respecto a su orientación sexual.

## En cuanto a los hijos

No ha sido hasta hace poco que he empezado a cuestionarme las razones por las que, habiendo llegado a esa respetable edad cuyo primer dígito es el cuatro, seguía sin tomarme en serio la posibilidad de tener hijos. En realidad no es que me lo tomara en serio ni en broma; simplemente no pensaba en esa cuestión.

Las excusas siempre han sido fáciles, casi evidentes. Pero ¿no habrá un trasfondo más allá de las evidencias? A día de hoy tiendo a pensar que las excusas, bien fuera consciente o inconscientemente, me las iba creando yo según me conviniera. Cuando algo no se quiere afrontar y además se tienen sobre las espaldas multitud de problemas, la salida natural se encamina a desarrollar los mecanismos necesarios para encubrir las situaciones no deseadas; en mi caso, la falta de descendencia.

Entre mi amplio catálogo de excusas estaba no haber conseguido mantener una relación estable durante el tiempo suficiente, o bien no haber dejado definitivamente el hogar paterno hasta los 36 años, algo bastante inverosímil desde mi perspectiva actual, aunque al parecer no lo es tanto en los tiempos que corren. De todos modos, yo diría que parece más una consecuencia que una causa. Otro factor a considerar era una economía que nunca fue nada del otro mundo; agravada, además, por la adicción al juego. En fin, para qué continuar. Tenía las excusas más variopintas, aunque sólo fueran eso; pretextos dirigidos a no afrontar una verdad demasiado dolorosa.

Y puedo asegurar que cuando eso es lo que se busca, cumplen perfectamente con su cometido.

Transcurridos tres años desde aquel feliz día en que saqué a la luz mi condición de superviviente de abusos sexuales en la infancia, puedo decir que mi concepto sobre la paternidad es mucho más razonable. Hace poco descubrí que ya tenía un hijo. Es un hijo enfermo que debo cuidar. Se trata del niño que vive dentro de mí; el mismo al que se privó hace mucho tiempo de la inocencia, la libertad, la confianza y la esperanza; el mismo que ahora reclama mis cuidados. Un niño que no desea, de momento, competencia.

## Sueños

Recuerdo un sueño en el que sujetaba una pesada bandeja llena de piezas de plomo. Podría parecer extraño, tal y como sucede con muchos sueños, pero en este caso no es necesario buscar significados simbólicos, al menos de momento. Reflejaba, o mejor dicho, se inspiraba claramente en mi ocupación laboral.

Durante mucho tiempo he trabajado como tipógrafo en una imprenta familiar. No hay más que imaginarse, para quien desconozca el oficio, que esta misma página contendría, sobre una bandeja, tantas piezas de plomo como letras contenga. A ello habría que sumarle los espacios entre las palabras y los espacios entre las líneas.

Lo que llevaba entre manos en el sueño era una ingente cantidad de piezas utilizadas en las antiguas imprentas y que ocupan, cada una de ellas, su lugar correspondiente en cajas adecuadas a tal fin. Evidentemente estoy hablando de un procedimiento arcaico, en el mundo de las artes gráficas, que como tantos oficios, está próximo a desaparecer.

Lo que hice en el sueño jamás se me ocurriría hacerlo en la realidad. Solté la bandeja con la seguridad de que todo lo que estaba ocurriendo sucedía dentro de mi sueño. Tuve la sensación de haber permanecido mucho tiempo sosteniendo aquella pesada bandeja. Entonces, en un momento dado, como si comprendiera de repente que no tenía porque sostenerla más, la dejaba caer mientras e invadía un alivio inconmensurable.

En la vida real, reordenar tamaño estropicio me hubiera llevado horas y horas de trabajo, eso por no hablar de un ataque de nervios al que se le uniría una más que probable bronca.

Mi subconsciente me estaba advirtiendo de una situación que todavía no era capaz de comprender ni de aceptar. De mi interior surgía una acuciante necesidad de soltar ese enorme peso que nunca me había pertenecido.

¿Por qué no iba a tener derecho a ser feliz y a desprenderme de tanta basura acumulada? ¿En nombre de qué tenía que responsabilizarme de la bajeza de los demás? ¿En nombre del amor? ¿En nombre de la familia? ¿Por quedar bien, por no ofender, por no molestar? ¿En nombre del miedo, la impotencia, la incapacidad o la inseguridad? ¿Cuántos nombres más se le pueden poner a nuestra ceguera? Somos libres. Podemos hacerlo. Todos podemos dejar caer esa pesada bandeja que lastra nuestra vida hasta la anulación.

Los abusos sexuales seguían ocultos en algún lugar de mi mente, manifestándose simbólicamente a través de los sueños. Y así siguieron hasta que solté la verdadera bandeja. Ahora mismo no puedo decir que fue algo madurado durante mucho tiempo. Ni mucho ni poco. Ocurrió de repente. Incluso cuando ya había salido a la luz, me seguían asaltando algunas dudas. Y es que, por más evidencias que aporte el sentido común, siempre quedan reminiscencias del pasado que distorsionan la coherencia del pensamiento ¿No estaré exagerando? ¿Realmente fue tan grave? ¿No estaré tratando de justificarme? Éstas y otras preguntas hacen fluctuar nuestra determinación. Pero las respuestas son categóricas.

La negación siempre acarrea conclusiones equivocadas y dañinas para uno mismo. No puede ser de otra forma. Yo mismo, cuando en una película o en un libro se abordaba el asunto de los abusos sexuales, no llegaba a sentirme identificado en ningún momento. Ni siquiera me daba cuenta; en todo caso se hablaba de los "demás". Eran diferentes. Es como si lo que me hubiera pasado a mí no tuviera que ver con aquello.

Una mañana cualquiera de hace algunos años, inmediatamente después de sonar el despertador, me levanté, fui al lavabo, me vestí, y, como cada día, me dispuse a prepararme el desayuno. Hasta aquí todo parece normal y parecido a lo que puede hacer cualquier otra persona, excepto por un pequeño detalle: seguía durmiendo. Alguien me despertó de un grito, imagino que sería mi madre. Entonces sí que me moví a toda prisa. Sin embargo, poco antes, mi subconsciente me hizo creer que estaba haciendo lo habitual a esa hora del día.

Ahora intento analizar aquel sueño y me parece entrever la manifestación de un profundo descontento hacia mi propia realidad. Prefería seguir dormido antes que afrontar un nuevo día. Cuántas veces no habremos hecho lo mismo con nuestra vida, creyendo que estamos haciendo muchas cosas, cuando lo que hacemos en realidad es tan sólo soñarlas.

## La ley del silencio

Si en nuestra búsqueda de sentido sólo hallamos el vacío como respuesta, podemos terminar aferrándonos a cualquier posibilidad que le dé sentido a nuestro limitado repertorio existencial. Cuando la falta de personalidad es patente, es muy normal que incorporemos pedazos de la vida de los demás. Esa adquisición de falsos recursos procede de la niñez y es fruto de la limitación en la que crecimos, lo que nos abocó a una supervivencia emocional donde no había lugar para desarrollar los recursos que más adelante íbamos a necesitar.

La suplantación de nuestro yo hace que nos sintamos más importantes y también nos permite creer que estamos dando una imagen más normal y acorde con lo que se espera de nosotros. Aunque estemos traicionando nuestra propia esencia, que por lo general solemos desconocer, percibimos que somos partícipes de algo, aunque no tengamos demasiado claro de qué.

Yo me identificaba plenamente con esta conocida cita: «Cada cual es dueño de sus silencios y esclavo de sus palabras». ¡Qué bien sonaba siempre esa frase a mis oídos! Era el justificante idóneo en el que escudarme a la hora de explicar mi alarmante falta de comunicación. También era útil como excusa para no manifestar mis auténticos sentimientos; unos sentimientos silenciados durante tanto tiempo que hasta yo mismo dudaba de su autenticidad, incluso de su existencia. No entraré a juzgar la veracidad de la cita anteriormente mencionada. Ni tampoco voy a poner en duda que su autor tuviera excelentes razones para hacerlo. Por más certera que nos parezca una afirmación no deberíamos obviar que cada una de esas máximas tiene como contrapartida otra cita de signo contrario, pronunciada por otro personaje tan ilustre como el anterior y con una experiencia vital equiparable. De ello se deduce que el verdadero criterio y, en consecuencia, el más importante, es aquel que poseemos cada uno de nosotros, y su importancia radica precisamente en que es nuestro.

Existen pocas verdades absolutas. Mucho me temo que casi todas son relativas, al igual que nosotros. La "certeza absoluta" sobre la que da vueltas nuestro mundo actual puede pasar a ser una trivialidad olvidada de nuestro mundo del mañana.

Ser el dueño de tus palabras y asumir plenamente las consecuencias que deriven de ellas, relegando los silencios a lo estrictamente imprescindible, debería ser norma habitual en la naturaleza humana. Y es que se nos definirá antes por nuestras palabras y acciones que por su ausencia. Creo que así lo han interpretado todos los grandes personajes de la historia de la humanidad. No conozco a nadie que haya alcanzado notoriedad gracias a su silencio. Escoger la opción del silencio puede conducir a que te interpreten erróneamente, o peor aún, es posible que ni se molesten en interpretarte.

Yo crecí en una familia donde imperaba la ley del silencio. Tras ese silencio se escondían los abusos sexuales y otras disfunciones propias de este tipo de familias. Sin embargo, yo no era consciente de ello. Nadie lo era. Nadie lo quería ser. Con semejante caldo de cultivo no es extraño que surja un ser humano carente de recursos, de autoestima y de algunos sentimientos elementales. Ésa era mi autobiografía a los 39 años. Con un presente gris y un futuro sin trazas de ser mucho mejor, sólo me quedaba soñar con quinielas, loterías o pociones mágicas que pudieran rescatarme de un oscuro pozo del que era incapaz de escapar por mis propios medios. Si no hubiera modificado radicalmente mi percepción sobre mí y no creyera que la mayoría de estas carencias sean recuperables, acabaría dejándome arrastrar por una depresión infinita. Afortunadamente, la misma conciencia que te permite ver de un modo claro lo que ha sido tu vida hasta ahora, también te va dotando de las herramientas necesarias para superar esta situación. Lo habitual es que el empeño requiera su tiempo pero ¡qué importa! ¿Acaso tenemos algo mejor que hacer?

## La importancia de ser tú mismo

Cualquiera que posea unos mínimos conocimientos sobre esta materia sabe de la relación entre los abusos y la baja autoestima, así como que no se deben minimizar los efectos de este trauma. Cuesta imaginar a alguien saliendo incólume de semejante agravio. El abanico de posibilidades es considerable, y aunque exista una amplia gama de características que podrían catalogarse como habituales entre los que hemos sido víctimas de los abusos sexuales, tampoco podemos ignorar la manifestación de otros síntomas menos frecuentes, pero también relacionados, quizá de un modo menos directo, con el mismo problema.

El restablecimiento de unas cotas aceptables de autoestima será uno de los factores primordiales en nuestro trabajo diario. La asunción de la propia valía como un hecho inherente a nuestra personalidad es lo que nos elevará por encima de los mediocres estereotipos que nos hemos empeñado en juzgar como modelos a seguir. Pero también puede ocurrir lo contrario. Quizá nos consideremos demasiado "importantes" y diferentes como para dejarnos atrapar por panaceas a medida. Nos reímos de la ingenuidad de la mayoría y, en nuestra arrogante ignorancia, nos negamos a ver el vacío que se abre a nuestros pies. Al final, los que por una u otra causa emprendemos el camino de la curación acabamos encontrándonos en un mismo punto. Descubrimos que nuestras diferencias son mínimas, y nuestra autoestima, nuestro sentimiento de culpa, nuestra soledad y tantas otras cosas, están a unos niveles muy parecidos.

No es extraña la confusión que puede llegar a crearnos los conceptos cuando nuestro incipiente discernimiento del mundo fue censurado y adulterado durante la niñez. Quizá éste sea uno de los motivos por los que el abusador; apareciendo ante nuestros ojos como un ser dotado de un poder omnímodo, inspire una cierta sensación de éxito personal. Desde nuestra vulnerabilidad, sólo podemos verlo como alguien muy superior a nosotros, algo que se acrecienta cuando hay lazos afectivos o familiares que nos unen a él. En algunos casos la víctima, y en mayor medida si pertenece al sexo masculino, puede terminar interpretando el papel de su abusador.

Es curioso, pero todas estas disquisiciones empezaron a rondar por mi mente cuando por la radio escuché las siempre terribles noticias a que dan lugar los continuos enfrentamientos entre palestinos e israelíes. Esto lo estoy escribiendo en el año 2001. Si algún día se publica este libro creo que, desgraciadamente, las cosas seguirán igual, o incluso peor. Un breve análisis de la actualidad, junto a algunas nociones de historia reciente (aunque podríamos retrotraernos hasta tiempos bíblicos), nos permite contemplar el día de hoy con una cierta perplejidad. Y es desde la atalaya del ciudadano perplejo que observamos a un asesino dirigiendo una nación como Israel, con la connivencia de un primer mundo, al que la destrucción y sometimiento del pueblo palestino le trae sin cuidado, porque no tiene demasiadas repercusiones para sus intereses económicos ni estratégicos. Y después, si acaso quedara algún problema ético por resolver, se justificaría con la existencia del terrorismo palestino y por la necesidad de eliminarlo a cualquier precio. Cualquier excusa es mejor que afrontar una solución con pies y cabeza. Y es que, en realidad ¿a quién le interesa?

Esto viene a cuento porque me ha permitido hacer un par de asociaciones muy interesantes. Quizá la más impactante ha sido la comprensión de ciertas motivaciones. Dicen las estadísticas que un niño abusado sexualmente tiene mayores probabilidades de convertirse en abusador cuando alcance la madurez o incluso antes. Las últimas estadísticas hablan de un 12%. Lo que desconozco es el porcentaje de abusadores que en su niñez no sufrieron abusos. Igual no es tan distinta. La cuestión, y volviendo a lo que nos ocupa, es que éste no ha sido mi caso. Pero al trasladar esta situación a Israel y Palestina acude a mi mente un terrible paralelismo. El pueblo judío fue atrozmente "abusado" durante la segunda guerra mundial. Ahora se ha convertido en un país "adulto" que comete con los palestinos parecidas atrocidades y con la misma impunidad que los nazis cometieron con ellos.

La otra asociación es bastante más sencilla, aunque no menos trascendente. Es una idea básica sobre la importancia de ser uno mismo, título de este capítulo. Algo tan sencillo como comprender que la inmensa mayoría de las personas que padecimos abusos en nuestra infancia somos mucho mejores que el psicópata anteriormente mencionado.

Algunos personajes, envueltos por esa engañosa aureola de poder, bien sea militar, económica y de otro tipo, pueden llevarnos a la falsa idea de que han alcanzado cumbres inaccesibles para nosotros, cuando lo cierto es que, en muchos casos, no son más que unos seres patéticos que esconden su miseria humana detrás de un masivo abuso de poder; la única atalaya desde la cual tienen la impresión de ser alguien.

La clave del éxito no puede medirse por el poder ejercido sobre los demás, sino por el poder y la convicción que eres capaz de ejercer sobre ti mismo. Para muchos, la valentía no es más que un hábil cálculo que se hace sobre la cobardía de los demás. Nos hemos considerado durante mucho tiempo como un cero a la izquierda, pero somos mejores que otras personas que tal vez merezcan la aprobación social, e incluso destaquen en aspectos que los elevan hasta ilusorios tronos, alrededor de los cuales pululan parásitos y demás fauna irrelevante. Cuando se carece de la conciencia del valor de uno mismo, es fácil caer en esa estúpida y estéril idolatría parasitaria.

El poder proporciona un halo que puede llegar a deslumbrarnos de tal modo que dejemos de ver lo que se oculta tras ese resplandor. Hitler era importante, según sea el significado que le concedamos a este término. De hecho, todo el mundo lo conoce y no hay libro de Historia que no lo mencione; sin embargo, como representante de la humanidad era una auténtica escoria.

# Ideas falsas sobre los abusos sexuales

Muchos asocian el abuso sexual con la violencia física, cuando en realidad pocas veces aparecen juntos. En cambio, lo que no puede discutirse en modo alguno es la asociación entre el abuso sexual y el abuso de poder. Es mucho más frecuente que se recurra al engaño, al chantaje emocional o a cualquier clase de argucia para someter al niño antes que utilizar la violencia física.

Aunque no es fácil establecer el perfil de un abusador, sí podemos aventurar, que la cobardía es un rasgo mucho más frecuente que la violencia, por eso necesitan reafirmar su escasa valía abusando de aquellos que están en inferioridad, en este caso, los niños. No es raro, entonces, que estos abusos también se produzcan sobre personas discapacitadas.

En la infancia no se poseen los mismos recursos que una persona adulta, o en cualquier caso dichos recursos aún no están plenamente desarrollados. Esta realidad no escapa al agresor, motivo por el que un niño pasa a ser una presa fácil de intimidar y engañar, sobre todo si el agresor es una persona cercana a su entorno familiar.

Podríamos concluir que aquellos que abusan sexualmente de los menores no suelen ser personas violentas en el sentido que solemos concederle a este término. Aunque una vez hemos llegado a esta conclusión, también cabría decir que existen muchos tipos de violencia.

Otra de las ideas que forman parte del imaginario popular es la que hace referencia a que los abusos sexuales sólo se producen en familias desestructuradas, marginales y con escasos recursos. Es posible que éste sea un factor de riesgo considerable, pero su influencia no parece tan remarcable si la comparamos con otros casos, digamos, más tradicionales. El abusador puede pertenecer a cualquier familia, sea pobre, de clase media o de clase alta.

Se puede pensar que el agresor responde a una tipología muy concreta. Nada más alejado de la realidad. De hecho puede ser cualquier persona. Es más; probablemente sea esa persona de la que jamás hubiéramos sospechado. Puede ser un individuo muy considerado y digno de respeto por parte de la comunidad. Puede ser un padre aparentemente ejemplar, un maestro, un sacerdote... En general suele ser un personaje que no levanta sospechas.

Igualmente equivocado es pensar en las niñas como únicas víctimas de los abusos sexuales. Si bien es cierto que el porcentaje de niñas es algo superior (un 23% frente a un 15%), el porcentaje de niños es lo suficientemente elevado como para no ser desestimado bajo ningún concepto.

A veces se argumenta que los niños suelen inventarse este tipo de cosas. Otra falsedad, y además muy dañina para el presente y el futuro del niño. No me imagino que ventaja puede reportarle a un niño contar algo así. Esto, si sucede alguna vez, es debido a la coacción de la que son objeto por parte de terceros; la separación de sus padres es un ejemplo paradigmático de esta anómala situación. Pero dejando a un lado las escasas excepciones, debemos tener presente que si un niño asegura haber padecido abusos, hay grandes probabilidades de que esté diciendo la verdad.

Algunos piensan que es prácticamente imposible que los familiares del niño no se den cuenta de los abusos que haya padecido éste, tanto si proceden del exterior como si proceden de la propia familia. La realidad, por desgracia, nos muestra todo lo contrario. En muchos casos los familiares más directos nunca llegan a saber que el niño ha sufrido abusos. También ocurre que, aun sabiéndolo o sospechándolo, prefieren callarlo o actuar como si esa sospecha no existiera. Hay otros intereses en juego, algunos difícilmente justificables, como el miedo, y otros que no admiten ninguna justificación posible.

## La cultura de las limitaciones

Desde pequeños nuestra existencia se vio condicionada por las limitaciones. Aprendimos a vivir con ellas... y a pesar de ellas. Hasta tal punto nos acostumbramos a esa situación que, de ahí en adelante, fuimos reacios a vivir de otra manera. Creímos que era normal. Sólo cuando eres capaz de comparar lo que les sucede a los demás y lo que te sucede a ti, comprendes que esa pretendida normalidad no es tal.

Los A.S.I. acaban convirtiéndose en un acontecimiento que nos encierra en un oscuro mundo del que ya no somos capaces de escapar. Nuestra falta de recursos, junto a una lógica dependencia familiar, no nos permite demasiadas alternativas. Nos vemos atrapados por una realidad que, de tener la oportunidad de hacerlo, en ningún caso hubiésemos elegido, por más que el agresor nos haya querido inculcar esa idea. En muchos aspectos se detiene el reloj evolutivo; ese reloj personal que va marcando los cambios. De esta forma llegamos a pensar que ésa es la vida que nos ha tocado vivir, una vida exenta de cualquier posibilidad de cambio. Así nace la gran mentira de nuestra vida, una mentira que se grabó en nuestro inconsciente y que a muchos nos ha impedido hacer nada relevante.

Si bien es cierto que durante la infancia no pudimos rebelarnos, no lo es menos que ahora sí podemos hacerlo. El único impedimento real son las excusas que inventamos para no hacerlo, por más que nos queramos convencer de que las pretendidas excusas, en realidad, son argumentos de peso.

Estas limitaciones que tanta influencia ejercen en nuestro comportamiento, pueden tener su origen en los abusos sexuales o formar parte de una herencia educacional deficiente. Tampoco es extraño que ambos factores nos afecten simultáneamente. Debemos romper las ataduras. El chantaje emocional puede encadenarnos a un inmovilismo que nos destruye lentamente. Ningún comportamiento puede justificarse hasta el punto de condenarnos a la autodestrucción.

No somos un problema de nadie, sino nuestro propio problema. No nos ha tocado nada ni pesa condena alguna sobre nosotros. La libertad para escoger nuestro destino está intacta, siempre lo ha estado y lo estará hasta el fin de nuestros días. No le debemos nada a nadie y tampoco nadie nos debe nada. Si hay alguna deuda pendiente es la que tenemos con nosotros mismos. De nada sirve engañarse. De nada sirve pensar que, al hacer tal o cual cosa, vamos a merecernos cuanto de malo nos ocurra. Ésa es la actitud que nos llevará de cabeza a una interminable depresión a la que terminamos por acostumbrarnos y a considerarla como nuestra manera de ver el mundo. Podemos estar engañándonos tanto tiempo como queramos, pero lo único cierto es que los límites que aceptamos sin rechistar sólo hablan de los defectos de aprendizaje con los que entramos a la edad adulta y que no pudimos, supimos o quisimos modificar. De lo que no hablan en modo alguno es de nuestras posibilidades reales. Ése es un terreno inexplorado que, algún día, cuando seamos capaces de adentrarnos en él, nos dará más de una sorpresa agradable.

Las palabras siempre resultan más fáciles de pronunciar que las acciones de llevar a cabo. Nuestra tendencia es esperar a que alguien se encargue de resolver nuestros problemas o, sencillamente, a que llegue el día adecuado para hacer las cosas. Un día que siempre es mañana. Y así transcurren los días, viviendo en la ciudad del "nunca pasa nada" y aguardando las oportunidades que nunca llegan, o mejor dicho, que sí llegan, pero que no queremos ver.

Tal como dijo Camilo José Cela: «nadie nace cinco minutos antes ni muere cinco minutos después». Nunca se llega demasiado pronto ni demasiado tarde; la cuestión es si se llega o no, si se actúa o se deja pasar de largo una oportunidad tras otra. El momento siempre es el mismo: ahora. Las oportunidades están ahí, una detrás de otra, con su fecha de caducidad que dice: ya. Ahora es el momento, y si éste pasa, llega otro. Y así sucede siempre. No vale decir que nuestra oportunidad ya ha pasado. La oportunidad siempre está a nuestro alcance.

En el pasado veíamos la vida como una gran sala de espera en la que permanecíamos, a veces indolentes, esperando a que nos llamen. Ni la esperanza de otra vida mejor ha de servirnos de consuelo. Lo que hagamos en este breve espacio de tiempo tiene toda la relevancia que seamos capaces de aprehender, pues quizá sea lo único que vayamos a poder llevarnos.

Es absurdo desaprovechar esta vida. No esperemos inactivos la llegada de esa gran oportunidad que ha de cambiar nuestro destino; cambiémoslo ya. Las oportunidades no van ni vienen; están ahí, y se aprovechan o se dejan pasar.

¿Cómo íbamos a conocer el futuro? ¿Para qué? ¿Cómo íbamos a saber que nuestro destino era escalar una alta cumbre si desconocíamos todavía su existencia?

Nuestro destino es incierto, pero eso no es bueno ni malo; simplemente es así. Cuando transitamos por el principio no podemos prever el final. Por fortuna. Tal vez nos encaminemos con alguna idea predeterminada; sin embargo, una vez alcancemos la meta quizá descubramos que es totalmente distinta a la que en su día imaginamos. La verdadera trascendencia no está en el principio ni en el final, sino en el camino recorrido, sin que importe demasiado de dónde venimos ni a dónde vamos. A fin de cuentas, eso forma parte de nuestro desconocimiento, lo cual es muy probable que sea una cualidad inmutable. Lo único que debería importarnos es quiénes somos y en qué condiciones llegamos.

Aquellos que fuimos condenados a vivir la cultura del límite conocemos muy bien sus devastadores efectos. Quizá lo peor sea que lo averigüemos ahora y no a partir del momento en que nos tocó vivir aquella existencia tan limitada. Al final eso no importará. ¡Pero cuesta tanto vislumbrar el final! Los límites condicionan nuestra mente y nuestro espíritu.

¿Cuántas veces nos hemos atrevido a romper las barreras que nos impedían hacer lo que realmente queríamos? El gran miedo estaba en no saber lo que queríamos. En no saber quiénes éramos. El gran miedo nos impelía a obrar de la manera que los demás juzgaban como correcta. Eso nos evitaba problemas. ¿Fue realmente así? Bueno, al menos eso es lo que pensábamos.

Nuestros criterios y valores eran demasiado débiles para imponerse en cualquier asunto de cierta importancia. Nuestras limitaciones nos impidieron llamar la atención, y preferimos las opciones que nos permitían pasar desapercibidos, aunque también es cierto que coexistía con una parte incontrolable, una parte que sí llamaba la atención, aunque no fuera eso lo que pretendiéramos. Era nuestra parte autodestructiva, una parte descontrolada, en forma de adicción o conducta compulsiva, que sigue rebelándose por el daño no reparado.

Puede ser más grave o puede serlo menos. Pueden aparecer todos estos síntomas y alguno más, manifestándose con mayor o menor virulencia. Sea como fuere, no hay solución que no pase por revelar lo que sucedió en nuestra infancia. Si no lo hacemos así, el silencio se convertirá en nuestra perpetua condena.

Y a pesar de todo ¿cuánto me estaré dejando en el tintero debido a mi propia torpeza o por mi propia incapacidad para verlo? Escribo y escribo, pero ¿estaré diciendo todo lo que tengo que decir?

La gente de mi entorno se sorprende cuando mis reacciones, ante unos hechos cotidianos, son demasiado exageradas. Pero esa cotidianeidad es nueva para mí. Romper las limitaciones nos devuelve, en cierta manera, a ese lugar de la infancia donde algo importante quedó interrumpido, en suspenso, como si estuviera esperando la llegada de algún vengador justiciero. Volvemos a conectar con esa parte incompleta del aprendizaje y volvemos a sorprendernos de los "descubrimientos" que ya deberíamos tener superados. Éste es, a mi entender, uno de los síntomas que me hacen pensar y creer que es posible traspasar cualquier límite y evolucionar hasta donde nos lleve nuestro deseo.

## Nuestro destino

El mundo es como una escalera en la que descubrirás, poco a poco y peldaño a peldaño, la vida a través de ti. Dejarás de ser espectador de tu existencia para convertirte en protagonista, en alguien que acepta y lucha por su presente. Sólo de esta manera puede uno forjarse su propia historia.

¿Hemos pensado alguna vez que significa para nosotros el destino? La respuesta es vida. La realidad, la nuestra, es aquello que elegimos como destino; es un camino por el que transitar hasta una meta que no siempre es la que habíamos pensado. Podemos aceptarlo con resignación o podemos modificarlo siguiendo nuestros deseos. Podemos convertirnos en un triste madero que flota a la deriva, arrastrado y sin rumbo por la corriente, o bien ser un salmón, nadando contracorriente en pos de su objetivo. El éxito, por más empeño que tenga la sociedad en hacernos creer lo contrario, tiene su base en la tenaz actitud hacia la consecución de los objetivos marcados, y no tanto en el resultado final. Lo que obtengamos o dejemos de obtener es, hasta cierto punto, aleatorio. Depende de infinidad de factores. Sin embargo, el empeño y la actitud que pongamos en lograrlo sólo obedecen a nuestra propia capacidad y deseo.

Definir el éxito de cara a la galería es fácil, pero si de lo que se trata es de una definición intimista, las palabras no acuden con tanta prontitud. De hecho, ni siquiera acuden. La mayor parte de los que padecimos A.S.I. somos unos perfectos ignorantes respecto al significado de este concepto. Sin ir más lejos, para mí el éxito sería terminar este libro. Puede que incluso llegue a publicarse. ¿Por qué no? Y puestos a soñar, tal vez se convierta en un bestseller. Aunque eso sería mucho soñar, desde luego. Ahora bien ¿qué significaría todo eso? Que se publique, en parte, dependerá de lo bueno que sea el libro, pero también influirán otros factores sobre los que no podré ejercer ningún control. Y que se convierta en un éxito de ventas, todavía estará más lejos de mis posibles influencias. En pocas palabras, el éxito es aquello que logra una persona con su esfuerzo, sin que intervenga nada más que su tesón y convencimiento de que la causa por la que está luchando es factible y provechosa. Lo que ocurra después ya puede uno mirarlo desde la distancia, puesto que no le añadirá más ni menos gloria a una tarea que ya está concluida. Pero eso, insisto, no quita que el reconocimiento de los demás nos haga sentir mejor y hasta más importantes de lo que realmente somos. En fin, después de todo somos humanos.

## Nuevas vías de comunicación

Últimamente empezaba a preocuparme de que nuestra actividad sexual como pareja hubiera descendido de manera considerable. Al principio lo achaqué a la vorágine de acontecimientos que irrumpían en nuestra vida cotidiana. Por una parte estaba la baja laboral, asociada con mi decisión de dejar lo antes posible el trabajo. A ello había que sumar el progresivo deterioro de mis relaciones familiares. Y de fondo, como es obvio, la revelación de los abusos y sus impredecibles consecuencias, que, en bastantes ocasiones, me abrumaban y confundían más de lo que era capaz de asimilar.

Marta, además de aguantarme a mí, tenía el problema añadido de la inestabilidad laboral que genera una multinacional que considera que no obtiene suficientes beneficios y, con ese pretexto, no duda en amenazar con bajas salariales o directamente con la deslocalización de la empresa.

No sería extraño que tantos imponderables hubieran ejercido una nefasta influencia en nuestras relaciones sexuales. Sin embargo, ahora empiezo a considerar que más allá de los problemas, que sin duda eran y seguirán siendo reales e influirán en nuestro comportamiento, pudiera existir otra posibilidad muy distinta; una posibilidad que tendría que ver con el hallazgo de una nueva y más sana forma de llenar los vacíos. En realidad se trata de complementar una comunicación enriquecedora con todos los ingredientes a nuestro alcance, en vez de limitarse a hacer uso siempre del mismo. Está claro que el único obstáculo que entorpecía la buena evolución de la pareja era yo mismo. Sin duda es un gran cambio, pero quizá no deba interpretarse como un paso de malo a bueno, sino de irreal a real. No sabría decir con exactitud cuál era mi nivel de conciencia respecto a la preocupante falta de comunicación en la pareja. Lo poco que podía intuir lo suplía con una mayor frecuencia sexual, algo que en ningún caso sustituía las carencias que pertenecían a otros ámbitos de la relación.

## Llorando por Argentina

Esta mañana, como cada día, estaba escuchando la radio en mi puesto de trabajo. Hoy el programa estaba dedicado a Argentina. Tras la introducción y el debate llegaron las llamadas de oyentes argentinos residentes en España. En sus testimonios se adivinaba claramente una profunda desesperanza.

La situación, tanto política como económica, en vísperas de la Navidad de 2001, parece estar cerca de una debacle de imprevisibles consecuencias. Casi todos los comentarios coincidían en una visión desoladora del estado actual de las cosas, y nadie daba a entender que se pudieran vislumbrar mejores augurios para un futuro más o menos cercano.

Quizá no nos debería causar extrañeza, sobre todo teniendo en cuenta que hablamos de un pueblo que no ha tenido muchas oportunidades de convivir con la democracia. El expolio de su riqueza ha sido una cuestión recurrente en las últimas décadas. Argentina no ha tenido suerte con sus dirigentes, y ahora, un país de grandes recursos y posibilidades, se encuentra cercano a la bancarrota.

Una de las oyentes hacía referencia, entre sollozos entrecortados, al sentimiento de culpa que le producían sus propios remordimientos, pues si bien ella estaba integrada en nuestro país y no tenía mayores contratiempos, el resto de su familia vivía en Argentina atravesando situaciones extremas. Hablaba, entre otros, de su hermano, quien, tras poseer un negocio propio y lucrativo, ahora vendía pañuelos de papel en los semáforos para mantener una familia con cuatro hijos.

Eso estaba oyendo hoy por la radio, y no pude dejar de pensar en una extraña asociación. Me sentí como si fuera Argentina, autodestruyéndose a pesar de su gran potencial, y como si esa señora fuera también otra parte de mí, cargando con ese irreprimible sentimiento de culpa y pensando que no merecía ser feliz.

Eso escuchaba hoy por la radio, y me embargaba una sensación de pena. La verdad es que no hace falta mucho para que un sentimiento se desborde. Quizá no debiera preocuparme por ello. Es natural. Los sentimientos han estado reprimidos durante mucho tiempo y es bueno que ahora pueda manifestarlos libremente. Sin embargo, a las puertas de esta Navidad sigue habiendo una pregunta que revolotea con insistencia por mi cabeza. ¿Cuándo lloraré por mí?

# Explicando lo inexplicable

Algunos fines de semana, Marta y yo íbamos a un chalet que tienen mis padres cerca de la costa. Estoy hablando de un tiempo en el que todavía nadie sabía nada de los abusos ni de lo que iba a suceder poco después. Marta solía comentar, al acercarnos a las inmediaciones del lugar, que le invadía una desagradable sensación; era como si penetrara en una especie de nube negra. Me hablaba de malos presagios, preguntándome si allí, en el terreno o en las cercanías, había existido un cementerio.

Estaba claro que por más empeño que le pusiéramos en disfrutar de aquel paraje idílico, tranquilo y gratuito, no lo conseguíamos. Había algo que desbarataba la magia que pudiera darse. Había algo... Después comprendí que era yo mismo y el pasado que nunca dejó de acompañarme. ¿Por qué allí se acentuaba más esa sensación? Quizá la respuesta esté también en ese pasado que tanto cuesta recordar.

¿Quién era yo? Yo era alguien que había padecido abusos sexuales en la infancia por parte de su padre y que después, de adulto, quedó atrapado por una adicción tan autodestructiva como es la ludopatía, entre otros problemas. Ésa fue la realidad que emergió de un lejano pasado y que sacudiría la vida de todos los miembros de esa aparente "familia feliz".

Ahora yo también veo esa nube negra. Igual que Marta. La veo planeando, amenazante, sobre nuestras cabezas. Siempre estaba allí, en cualquier lugar al que fuéramos, porque la llevaba conmigo, aunque por alguna razón, cuando más se manifestaba era estando con mis padres.

Escogí este título porque antes siempre tenía la sensación de no poder explicar lo que estaba sucediendo. Había vivido con esa negatividad sin conciencia ni capacidad para ponerle remedio. Estaba atrapado. Era inexplicable haber estado viviendo en casa de mis padres tantos años y al mismo tiempo detestar estar allí. Cada vez que íbamos al chalet era como volver a enfrentarse a lo inexplicable, y con el agravante de tener alguien al lado a quien no saber explicarle nada.

## Parece que fue ayer

Hoy, un día de tantos, hace un año de aquella vez en que revelé los abusos de los que fui objeto por parte de mi padre. Las diferencias entre aquella persona del febrero de 2001 y el del febrero de 2002 son evidentes. Al menos así es como lo percibo. Y no dudo que en el futuro seguiré evolucionando hasta convertirme en alguien muy diferente a quien soy ahora. Sobre todo seré distinto por aquellas cosas que haya llevado a cabo. Eso es lo que espero, porque las acciones son las que determinarán las verdaderas diferencias de aquí en adelante.

Si de verdad se han interiorizado estos nuevos conceptos, la impasibilidad y la inacción, por muy insuperables que parezcan las murallas que se alzan ante nosotros, no podrán impedirnos que salgamos victoriosos de la prueba, e incluso que nos sorprendamos de nuestras nuevas capacidades.

Hoy creo encontrarme a medio camino entre la asunción de mi nueva realidad y el intento de convertir esas incipientes ideas en acciones. Ahora puedo ver todo lo que perdí y siento, cada vez más, la imperiosa necesidad de recuperarlo. Aún percibo esa extraña sensación que bloquea mis impulsos. También experimento el temor de haber perdido en la infancia muchas partes de mi ser. Pero no dudo de la existencia de otros caminos ni de que a través de alguno de ellos se cumplan los sueños que creía inalcanzables. La recuperación del tiempo perdido es un proceso con importantes altibajos. Según transcurren los días, descubro más altos que bajos. Sin embargo, trato de ser consciente de la importancia de no dejarse deslumbrar por algunas cosas que no son más que un paso en el camino.

Hoy por hoy, la posibilidad de regresar al pasado y volver a ser aquel patético personaje que un día fui me aterroriza. A mí, particularmente, no me supone esfuerzo alguno renegar de mi pasado, de algunos que formaron parte del mismo y de muchas de mis actuaciones.

Si tenemos estos conceptos claros, el siguiente paso es no perder de vista nuestra realidad global. La recuperación está íntimamente ligada a la comprensión de lo que significaron los abusos en nuestra vida. También existen otras facetas que no deberíamos relegar al olvido. Hay personas que han influido decisivamente para que pueda ser quien soy. He contraído una deuda que nunca podré saldar del todo.

Cada uno de nosotros contraerá deudas parecidas con personas cuya fidelidad y dedicación no tienen precio. No lo olvidemos. Es difícil delimitar ciertas fronteras, como nos sucede ahora con el egoísmo y la autoestima, pero también es importante saber romper nuestra abstracción monotemática cuando esta persona demanda atención hacia sus propias necesidades.

## Perfiles erróneos

Ayer estuve leyendo un libro sobre abusos sexuales en la infancia. Se intentaban analizar los perfiles de la víctima y del agresor desde una perspectiva clínica. Si bien los propios autores reconocían la dificultad que supone encasillar individuos a través de sus actos y motivaciones, no por ello el resultado deja de ser una simplificación de la realidad, sobre todo en lo que respecta al agresor.

Se suele pensar que la gravedad de los abusos está estrechamente relacionada con la frecuencia y la duración de estos. Si bien es un factor que debe tenerse en cuenta, en algunos casos puede tener escasa relevancia.

En el grupo de autoayuda he conocido todo tipo de abusos, y siempre asociados a unas características personales muy similares. He visto pasar personas con abusos ocasionales (incluso una sola vez) que han caído en el desequilibrio, pasando de un psicólogo a otro y sin llegar a la resolución del problema. Otros casos, cuya duración y frecuencia podíamos considerar de elevada (diez o más años y quizá una vez por semana) están resolviendo satisfactoriamente los conflictos que, al igual que los ocasionales, habían arruinado su vida.

En igualdad de condiciones, quien haya sufrido un solo abuso presentará efectos menos acusados, en general, que los que fueron abusados durante años. Mi intención va encaminada a dejar constancia de que esas diferencias son menores de lo que un observador profano en la materia pudiera imaginar.

También quisiera hacer hincapié en un aspecto que las propias víctimas tienen tendencia a creerse. Cuando han padecido un único abuso, o los abusos a los que les sometieron no parecen tan graves como los de otros compañeros, casi siempre le restan importancia a su problema, incluso cuestionándose si realmente deben considerarse supervivientes de A.S.I. Normalmente, cuando entran en materia y analizan algunos aspectos tanto de su pasado como de su presente, no tardan en darse cuenta de que no están en absoluto alejados de los demás en lo que a conflictos de todo tipo se refiere.

La gravedad del abuso viene determinada por la sensibilidad del individuo y por su manera de enfrentarse al hecho traumático. Una sola vez puede ser tan devastadora como una docena de veces. Cada uno tiene unos recursos determinados y vive unas circunstancias concretas que convergerán de una manera única para afrontar las contrariedades que se le presenten a lo largo de su vida.

Si tuviera que señalar dos factores que actúan como agravantes o atenuantes en los abusos, me decantaría, como atenuante, a la propia revelación del abuso, y como agravante, al hecho de que el abuso se haya producido en el entorno familiar. Eso no significa que no sea posible cualquier otra combinación, pero en términos generales, estaríamos hablando de un abuso de graves consecuencias siempre que se haya mantenido en secreto y, más aun, si ha sido intrafamiliar. La gravedad se acentuará por la proximidad de parentesco entre la víctima y el agresor. También tendrá mucha incidencia el apoyo del entorno o su ausencia.

Cuando el abuso es infligido por un miembro ajeno a la familia, y revelado después espontáneamente por parte del niño, que además cuenta con el apoyo y la defensa incondicional de su familia, podemos decir que nos encontramos con lo que sería el caso menos grave. Pero no por eso debe prestársele una menor atención.

# Añoranzas

Añoro la infancia que no tuve, aquélla que nunca podré recuperar. Añoro sensaciones que no comprendí. Confidencias que me hubieran convertido en una persona especial, en esa personita única que todo niño anhela y cree ser, en el protagonista de un cuento que nunca tuvo lugar. Pero no es eso lo que habita en mi memoria, sino el vacío de largos tiempos de silencio. Añoro un abrazo, los sueños robados, las palabras nunca dichas, las que se ahogaron en el miedo y la vergüenza. Y también las otras palabras; aquéllas que me hicieran pensar que yo, en verdad, formaba parte de algo. Pero ese algo jamás existió para mí. Añoro aquellos días en que fui feliz, tan lejanos que ya no sé si los añoro o tan sólo los imagino. Añoro una caricia, un gesto sincero, una mirada a los ojos. Añoro los colores; los añoro desde aquel día en que mi vida se tornó gris. Y la lluvia... y la noche... teñidas de una falsa e imaginaria libertad. Añoro los amigos que no llegué a conocer, los consejos que nunca escuché. Añoro aquel día tan lejano en que dejé de sorprenderme, el día en que los sueños se escaparon y mi ángel me abandonó. Añoro la ingenuidad, justo antes de aprender el significado de la palabra imposible. Añoro los brazos de la noche, acogiéndome en su seno para rescatarme de la realidad. ¿Cuántas veces me hubiera quedado para siempre en su regazo? Pero la noche siempre me devolvía a la realidad y por un momento, sólo por un momento, pensaba que tal vez despertara en otro hogar para corregirse el terrible error de haber nacido en un lugar equivocado. Pero ese breve relámpago se desvanecía en la bruma de mis sueños absurdos. Añoro lo que nunca tuve en ese mundo que no existió.

Mi pasado resuena como gritos de añoranza lanzados al abismo, gritos de desesperación por no saber quién soy, gritos de silencio que se estrellan en el muro de los que nada oyen.

Me miráis sorprendidos, con desdén, con fastidio. Miráis a otro lado. ¿Por qué no se perderá de una vez? Quienes piensan eso viven con la paradoja de haber estado siempre perdidos. Las tinieblas ciegan sus ojos y su arrogancia o su estupidez son demasiado grandes como para advertirlo. En su propia negación esconderán ese pequeño pedazo de dignidad que aún creen tener, hasta que el destino les escupa a la cara.

Por último, quien debería preguntarse tantas cosas aún se reirá en su soledad, planeando qué hacer para que nada altere su mezquina existencia. ¿Quién entiende que la eternidad sólo puede ser pintada con los sentimientos que nos llevemos de esta vida? Por eso añoro los colores. Porque cuando deje esta vida quisiera haber pintado un mundo mejor. ¿Qué hará quién se va de vacío? ¿Qué hará en la blanca eternidad con su sombría miseria? No quiero partir con odio, rencor o tristeza. Quiero que brillen mis colores, quiero escuchar el sonido de las palabras, quiero alcanzar los sueños a cada pensamiento. Quiero...

## El niño interior

Quiero encontrar aquel niño que fui y no puedo. Está lejos, escondido. No se parece a mí. No lo reconozco. Le hablo en silencio y no me escucha. Ya no quiere oír. Su mundo se perdió entre recuerdos de otra vida, de otro mundo que apenas llegó a existir. Está solo. Abandonado entre el miedo y la culpa, entre el silencio y la soledad; abandonado en un tiempo del que no puede escapar.

Quisiera decirle que es mentira, que él no fue el culpable, que tiene derecho a llorar, que su silencio no es una deuda contraída, que la libertad es su derecho y la verdad el camino para llegar a ella. Quiero encontrar ese niño infinitamente traicionado para decirle que, a pesar de todo, aprenda a confiar de nuevo. Que abra su corazón y vomite su rabia. Que sepa que aún existen almas generosas y abiertas que, como él, también saben de humillaciones y silencios, almas violentadas que quieren vibrar de nuevo al unísono con los ritmos de un sentimiento ancestral.

Quiero encontrar a ese niño, quiero abrazarlo y protegerlo. Quisiera advertirle de los peligros de la inocencia y decirle que huya de la mezquindad y el egoísmo, de la soledad y la codicia, pues esos son los caminos de las vidas vacías, y nada es tan desolador como dejar esta vida con el alma vacía.

## La distancia

La distancia a la que me refiero no se mide en metros ni en kilómetros. Estoy pensando en esa distancia que nos separa a unos de otros aunque estemos juntos; la que nos hace pensar que nunca podremos ser como aquél o como el otro, la misma que, una vez convencidos de nuestra incapacidad para acceder a una realidad mejor, nos deja anclados a una vida mediocre y sin expectativas. Me refiero a la distancia que se convierte en una barrera invisible capaz de arruinar nuestra vida.

Poco sabía yo de los entresijos de esa distancia tan esquiva y desconocida. En los últimos tiempos empecé a experimentar con sus múltiples posibilidades, y descubrí que se perciben de un modo bien distinto según sea el punto en el que se encuentre el observador. En este sentido, tanto mis relaciones de pareja como las que mantengo con los miembros del grupo de ayuda mutua, me han servido para valorar esa distancia desde dos perspectivas claramente diferenciadas.

El grupo, tras un año de intensa terapia, empezó a dar síntomas de necesitar algún cambio. Debíamos regenerar nuestras necesidades y ubicarlas en otro contexto. Eso significó que hoy en día estemos llevando actividades diversas que van desde una progresiva desvinculación hasta el compromiso más absoluto. Ambas tendencias pueden significar un éxito.

Esa pequeña introducción viene a cuento por los comentarios que hicieron algunos miembros del grupo y que, posteriormente, uno de ellos me contó. Me dijo que me veían como alguien seguro de sí mismo, y pensaban que si yo había logrado en un espacio de tiempo relativamente breve alcanzar ese grado de seguridad, autoestima, convicción y otras cualidades de las que no estaba tan seguro ser poseedor, ellos también podrían hacerlo. Mi presencia era una motivación permanente. Todo eso, además de halagarme, me hizo reflexionar sobre las distancias recorridas, las que se pueden recorrer y las distintas sensibilidades y percepciones respecto a una misma realidad. Ellos tenían esa percepción de mí, aunque no creo que fuera muy precisa.

Al hablar con mi pareja no tardo en darme cuenta de que estoy en el extremo contrario del que, al parecer, ocupo cuando me hallo en el GAM. Para ella todavía sigo estando bastante lejos de la normalidad; aún me queda un largo camino hasta cubrir la distancia que nos separa. Es evidente que los diferentes observadores de una misma realidad pueden dar definiciones muy dispares.

Al transitar por la vida recorremos una distancia que se mide con pensamientos y que se demuestra con acciones. No soy tan diferente ni he llegado tan lejos como imaginan los miembros del grupo; es algo de lo que se darán cuentan cuando lleguen, espero. Sólo llevo más tiempo que ellos investigando y tratando de comprender lo que sucedió, así como las consecuencias que tuvo aquel nefasto acontecimiento a lo largo de mi vida. A partir de ahí voy transfiriendo poco a poco las pequeñas verdades que se van instalando en mis pensamientos, hasta que al cabo de un tiempo, acaben convirtiéndose en acciones.

La distancia que me separa de mi pareja quizá tampoco sea tan grande como ella supone, al menos eso es lo que me gusta creer. Aunque por otra parte es lógico que piense así, pues su vara de medir se rige por los resultados obtenidos, y estos sólo se aprecian por las acciones que se llevan a cabo, tal y como haría cualquier persona normal. Pero la evolución de nuestros pensamientos y su posterior conversión en acciones tangibles forman parte de un proceso a veces muy lento. Para ella no es normal que los pensamientos y las acciones puedan estar separados unos de otros, y mucho menos que esa distancia sea considerable. Mi contacto con la gente del GAM, por un lado, me sirve para constatar los avances que se van produciendo, y mi pareja, por el otro, es el contraste que me abre los ojos a un largo camino que todavía queda por recorrer.

## Justicia social

Escuchaba el otro día por la radio que se conocería el veredicto sobre la posible lapidación de una mujer en Nigeria (horas más tarde dirían que se posponía cuatro días más y algunos días más tarde, gracias a la recogida de firmas por todo el mundo, se iba a revocar la injusta sentencia). El terrible crimen fue concebir un hijo fuera del matrimonio.

La noticia, sin otros comentarios, ya suscita ira y estupor suficiente como para preguntarnos en qué mundo vivimos. Sin embargo, la indignación no encuentra límites cuando la informante añade que la pobre mujer fue violada por su primo. Lo peor de estas noticias, aunque afortunadamente no ha sido éste el caso, es que dejen de serlo de un día para otro, provocando que nuestra conciencia, poco a poco, vaya anestesiándose y terminemos viviendo en nuestro mundo feliz e indiferente.

La gran perversidad, si es que la aplicación de la pena de muerte por un delito inexistente no fuera suficientemente perversa, se supera a sí misma cuando la justicia dictamina que sea el pueblo llano el ejecutor de la pena. De esta forma no sólo se fomentan sus peores instintos, sino que además se los convierte en cómplices de este crimen abominable.

¿Y todo eso a qué viene? Pues que caí en la cuenta de una dolorosa analogía entre esta lamentable noticia y los abusos que padecimos durante la infancia.

El abusador fue la justicia a la que estábamos subyugados y que poseía la capacidad omnímoda de hacer lo que le viniera en gana. Siguiendo con el paralelismo, nosotros seríamos el pueblo llano, obligados a participar sin que nuestra opinión fuera tenida en cuenta. Con este malévolo ardid, la "justicia" nos induce a pensar que de haber alguna culpa en lo sucedido, ésta también debe recaer sobre nosotros, ya que estábamos activamente implicados. El castigo al culpable, con ese razonamiento, equivale a nuestra propia autodestrucción.

Cuando semejantes atrocidades hieren mis oídos, no sólo me pregunto si esta gente habita el mismo planeta que yo; también acabo cuestionándome si lo que me sucedió en la infancia fue tan grave. Las comparaciones son odiosas. Siempre pensé que lo que me ocurrió fue… ¿terrible? Todavía no sé qué palabras ponerle. Todavía cuesta arrancar las palabras de mi corazón, de mi alma… del olvido. Sé que estaba mal, pero poco más. Ahora lo veo mucho más catastrófico, justo ahora que he empezado a ver cuáles han sido las consecuencias. Aun así, ante casos tan graves como el descrito, los abusos que sufrí no parecen tan importantes. Pero lo son.

A modo de ejercicio mental, intento hacer el esfuerzo de situar a mi abusador en una sociedad como la que describía unas líneas arriba. Y, ¡sorpresa!, el esfuerzo resulta ser mínimo, y así, como quien no quiere, me lo encuentro escondido entre el anonimato de una vociferante multitud, lanzando piedras a una persona inocente… eso sí, desde las últimas filas. Y también puedo imaginármelo paseándose por las calles, como un ciudadano respetable más, como si nada hubiera ocurrido. Igual que lo hacen tantos agresores en nuestra sociedad tan evolucionada y tan satisfecha de sí misma. Este tipo de sociedad enferma, generadora de individuos capaces de prestarse a la lapidación, es el lugar donde se sentirían más integrados muchos de los abusadores cobardes, que se permitirían todo tipo de desmanes, liberados del temor a la justicia que aquí los retiene, y viéndose reconocidos, además, como miembros de pleno derecho en una comunidad que propicia una ley que no merece tal nombre.

No importa lo que digan las leyes; el alma humana es juez y parte de la vida, y nunca podrá admitir como atenuantes leyes fanatizadas, promulgadas desde la ignorancia, la intolerancia y el odio. Estos personajes repugnantes forman parte de todas las sociedades, y si aquí muchos de ellos no asesinan, probablemente sea porque no hay ley que les amparen. Aquí no matan, pero abusan de niños y niñas porque casi nunca pasa nada. Aquí y en todas partes, por desgracia. Y no sólo eso; tampoco dejan de ser respetables. Quizá un poco menos, eso sí, pero no mucho.

# Yo manipulo, tú manipulas

Hemos visto que el abuso sexual infantil es una manera de ejercer el abuso de poder. También sabemos que hay algunos casos donde las motivaciones del agresor nos sitúan frente a un sádico que disfruta infligiendo daño y dolor al ser más débil. En el primer caso no hay empatía, no hay capacidad para ponerse en el lugar del otro, por lo tanto no está en el repertorio del abusador la posibilidad de que esté causando sufrimiento a la víctima. Muchos de estos agresores argumentan que ellos también fueron abusados y que no les pasó nada, que al menor le gusta, o incluso que es el menor quien les provoca.

En el segundo caso no sucede nada de esto. Evidentemente también es un abuso de poder, siempre lo es, pero en este caso el agresor es consciente del daño que está causando, no busca excusas ni justificaciones; de hecho lo hace deliberadamente y con un propósito muy concreto; disfruta con el dolor ajeno, sometiendo, castigando, humillando.

El primer caso es el más frecuente, y también es el que basa buena parte de su estrategia en la manipulación. Siendo el abuso sexual un acto ilícito e inaceptable desde cualquier punto de vista, el agresor debe mantener ocultas sus actividades, pero al mismo tiempo tiene que convencer a la víctima de la "normalidad" de la situación a la que está siendo sometido.

El agresor consiguió llevar a efecto sus objetivos mediante la manipulación de nuestros sentimientos y aprovechándose de nuestra dependencia e inferioridad. Los objetivos siempre fueron suyos, jamás nuestros, aunque con la manipulación nos haya querido dar a entender de que era "algo entre nosotros".

Cada uno de nosotros es el resultado de todo lo vivido. Ya hemos ido constatando que muchas de nuestras secuelas se corresponden con la situación de abuso que padecimos en la niñez. Y la manipulación, como método para obtener algo, también puede incluirse entre nuestras secuelas. Hay aspectos de nuestro comportamiento que no es fácil reconocer, y éste es uno de ellos. Pero si queremos modificar algo, habrá que empezar por el reconocimiento del problema.

A veces, nuestra autoproclamada condición de víctima, parece conferirnos una posición especial, como si tuviéramos derecho a ciertas prerrogativas por todo lo que hemos pasado. Actuamos como si la deuda de nuestro dolor tuviera que ser resarcida por cualquiera que pase por nuestra vida.

Siempre que interpretamos el papel de víctima, buscando una respuesta que no tuvo y que se perdió en un tiempo lejano, nos estamos transformando en alguien que manipula su entorno. Mostrar a los demás nuestra faceta más victimista es tanto como exigirles ese plus de atención y reconocimiento que creemos necesitar o merecer, aun a costa de las propias necesidades de esas otras personas. Y además lo hacemos sin aportar una prueba que justifique esa pretendida necesidad.

Estamos manipulando a los demás para alcanzar unos objetivos que, después de todo, ni podemos alcanzarlos ni nos benefician en absoluto. La lástima, la compasión o la pena, ya que eso es lo que inspiramos, no son argumentos para atraer ni mantener a nadie a nuestro lado, al menos de una manera sana, y menos aún si pretendemos lograr algo parecido a la igualdad de condiciones. Así pues, nuestra estrategia siempre termina mal. Pero acabando mal también reforzamos nuestra postura victimista, convirtiéndolo en un proceso que se retroalimenta y que nos deja encadenados a un mundo cada vez más alejado de la realidad. Y cuanto más nos alejamos de la realidad, más se alejan los demás de nosotros. Y más víctimas nos sentimos de todo y de todos.

Adquirir conciencia de este proceso tiene una gran significación y abarca muchos aspectos de nuestro comportamiento. Uno de los elementos que primero debemos reparar es la capacidad de establecer límites; y debemos hacerlo tanto en lo que respecta a los nuestros, que no queremos que los demás traspasen, así como el respeto por los de los demás; o lo que es lo mismo, reconocer que todos tienen sus propios límites y que nuestras exigencias, tantas veces irracionales, no pueden transgredirlos en nombre de nuestras supuestas necesidades.

Ahora deberemos empezar a familiarizarnos con los límites que conforman nuestra individualidad y, sobre todo, nuestra dignidad. Y por supuesto, también deberemos estar muy pendientes de cuáles son los límites de todas las personas de nuestro entorno y tratar de respetarlos en todo momento.

# IV. Preguntas con respuesta

# Introducción

Convertirse en superviviente de abuso sexual infantil significa haberse enfrentado a unas circunstancias muy adversas, y si bien no siempre es posible afirmar que hemos alcanzado una vida plena y satisfactoria, sí podemos decir que hemos sobrevivido; que hemos ganado la batalla a la locura, a la desesperación, a la incomprensión, a la soledad, al miedo... Hemos ganado porque seguimos vivos, porque continuamos luchando y porque estamos aquí.

Ya hemos comprobado en muchas ocasiones que no es fácil ponerle palabras a lo que sentimos, a lo que nos preocupa, agobia o molesta. En las reuniones con los grupos de ayuda mutua siempre han aparecido de un modo recurrente preguntas para las que nunca habíamos tenido respuesta. Para ser honestos, sería más exacto afirmar que muchos tan siquiera llegamos a plantearnos estas preguntas.

Lo que viene a continuación es un trabajo de investigación interior que ha contado con la inestimable aportación de muchos miembros de los GAM, tanto de los reales como de los "virtuales". Sólo así ha sido posible completar una amplia gama de sentimientos, sensaciones, dudas y carencias que prácticamente nadie experimenta al completo, pero que cada cual hallará su particular parcela con la que sentirse identificado.

El objetivo era tratar de reunir un material que contemplara todas aquellas cuestiones que se haya podido plantear una persona que haya padecido abusos sexuales en la infancia. Aunque mi propósito inicial, en cuanto a su utilidad, estaba enfocado al uso por parte de los futuros grupos de ayuda mutua, (de hecho la idea y parte de su contenido surgió de allí) también creo que es una buena forma de que alguien pueda descubrir muchos aspectos desconocidos de sí mismo.

También habría que apuntar que las respuestas a estas preguntas pueden contener alguna reiteración respecto al resto del libro, lo cual no he querido evitar intencionadamente, pues como ya he dicho, este manual pretende ser una entidad propia. Es como un libro dentro de otro libro.

# 1. ¿Por qué nos sentimos víctimas?

Esta pregunta no requiere ahondar en nuestra psique ni investigar entre los recovecos de un lejano pasado. Nos sentimos víctimas porque en eso nos convirtieron durante la niñez. Nos impusieron un papel que en muchos casos seguimos interpretando hasta el día de hoy. Lo utilizamos como un escudo para protegernos, aunque en el momento actual no sepamos muy bien de qué. La incidencia que tuvo el abuso se refleja en nuestros actuales comportamientos sociales y emocionales.

A pesar de los años transcurridos, siguen existiendo pautas de comportamiento que dominan la mayoría de los actos que llevamos a cabo. Aunque vaya contra nuestra voluntad consciente, seguimos actuando como las víctimas que un día fuimos. Nuestra elección siempre tenderá a decantarse por el silencio y la aceptación, evitando ofrecer cualquier tipo de resistencia a los acontecimientos que nos plantee la vida. Si algo sale mal utilizamos hábilmente el papel de víctima para justificar nuestros fracasos y nuestra inmovilidad. Es más fácil hacer uso de este recurso que responsabilizarnos de los sentimientos y las necesidades propias o ajenas.

Sabemos que con semejante comportamiento vamos a tener serios problemas. Pero aun siendo conscientes de ello somos incapaces de modificarlo. Delegamos funciones que nos pertenecen y esperamos que sean los demás quienes se den cuenta de lo que nos ocurre, pero los demás no son adivinos ni tal vez les importe lo que nos pasa.

Se supone que somos adultos y debemos afrontar y resolver las dificultades que se nos planteen, pero lo único que sabemos hacer es quedarnos a solas con nuestros problemas irresolubles, lamiéndonos las heridas y preguntándonos porque somos tan desgraciados.

El mundo se ensaña con nosotros. Ésa es la realidad que percibimos. Creemos intuir la presencia de un poder invisible que nos subyuga hasta la anulación. No sabemos hacer otra cosa que agachar la cabeza. Nos creemos que el destino, la gente y todo lo que hay a nuestro alrededor se confabula contra nuestra pobre persona, y nos esforzamos para que los demás también lo crean. ¡Es que no tenemos suerte! Todos se aprovechan de nuestra buena fe. Nadie nos comprende. Nos convertimos en las víctimas propicias para cualquier sacrificio que los demás dispongan.

Distorsionamos de tal manera la realidad, que al final acabamos viendo aquello que queremos ver. Pero hay otra realidad muy distinta. La que no vemos, claro.

Cuando los demás depositan la confianza en nosotros, poniéndonos a prueba, tal y como sucede tantas veces en la vida, es fácil que no demos la talla. Entonces nos aferramos a nuestro conocido papel de víctimas incomprendidas, incapaces de asumir las responsabilidades que emanan de nuestras acciones, y más comúnmente, de nuestras inacciones. Esto nos lleva a romper relaciones tanto amistosas como sentimentales, viéndose de este modo reforzado el papel de víctimas que tanto nos gusta interpretar, y todo aderezado con una caída en picado de la autoestima.

Existe una clara falta de control sobre lo que nos rodea. Nos hemos transformado en víctimas de las circunstancias y de la voluntad de los demás. Somos víctimas reales, es cierto, pero lo somos de nuestra propia actitud ante la vida.

Ese niño que algunos de nosotros apenas recordamos, fue una de tantas víctimas de otros tantos agresores sin escrúpulos. Hoy nos corresponde hacer lo que aquel niño no pudo. A mi entender ésa es la venganza que más ha de resarcirnos de tantos años de ignominia y de silencio: ser mucho mejores y vivir mucho mejor que el pobre miserable que nos agredió.

Una premisa básica para restablecer la correcta actitud ante el mundo, consiste en responsabilizarse de nuestros actos. No tiene tanta trascendencia que las cosas salgan bien o mal. Eso es algo que les sucede a todos; unos son más brillantes y otros lo son menos. Nuestra meta no ha de consistir en ser ni unos ni otros, sino en ser nosotros. Ésa es la obligación primordial; el gran trabajo indefinidamente pospuesto que debemos emprender a partir de ahora. El concepto "ahora" es la palabra que define el momento exacto para hacer cualquier cosa. La clave no está en saber cuál es el momento en que se presentará la oportunidad, sino en saber que estamos listos para ir a buscar nuestras oportunidades.

Otro aspecto no menos importante es olvidarnos de lo que digan los demás. Tú no eres mejor porque alguien te alabe, ni peor porque alguien te critique. Tú eres tú. Y lo que haces tiene tanto o tan poco valor como tú quieras darle.

La aceptación de nuestros actos, junto a sus consecuencias, es lo que nos va a permitir crecer como personas. Los resultados no son determinantes; en realidad sólo son oportunidades que nos conducirán siempre hacia algo mejor. Todo depende de la perspectiva que queramos aplicarle. Es nuestra actitud la que nos va a permitir seguir avanzando, y ello es posible independientemente de lo positivo o negativo que sea el resultado.

Seguir con esa vieja táctica de aparecer como víctimas del destino es como tener echado el freno de mano y quejarse continuamente de que el coche apenas anda. Conduzcamos sin temor por el camino de la vida. Sólo así tendremos motivos reales para alegrarnos o entristecernos.

## 2. ¿Por qué somos diferentes?

Cualquier persona debería comprender lo terrible que resulta el abuso sexual para un niño. Pero a veces, tal vez por lo perturbador del hecho, se adopta la postura de mirar hacia otro lado. Es como si de esta manera quisiéramos creer que el problema no existe. O como mucho, que sólo existe en ambientes muy concretos y marginales. Eso es absolutamente falso.

Para el niño es un problema muy real, y por más que lo intente, de nada le sirve mirar a otro lado. Los abusos se inmiscuirán en su vida, formando parte de ella hasta convertirse en un estigma de muy difícil erradicación.

"No estoy a la altura, nadie puede comprenderme porque no vivió lo que yo pasé, me cuesta abrirme y expresarme, no sé que hacer con mi vida, soy peor que los demás y estos se han encargado de hacerme saber o notar que, efectivamente, soy diferente, y por lo tanto, peor".

Éstas y otras sensaciones, para nosotros certezas irrefutables, nos convencen de las diferencias que nos separan del resto de las personas.

Cuando miras hacia atrás no puedes dejar de preguntarte que habría sido tu vida si los abusos no hubiesen formado parte de ella. Nada puede hacerse para cambiar el pasado. Pero tampoco creemos estar en condiciones para construir ningún futuro que tenga sentido. Es entonces cuando el presente se desmorona sobre nosotros y nos hunde en ese mundo vencido que hemos ido tejiendo desde la soledad. El mundo que creamos, como si fuera el capullo de una oruga, para protegernos de esa indefensión absoluta que tanto nos abruma. Un mundo donde la insoportable realidad nos muestra como seres indignos, sucios y culpables. Personas condenadas a vivir en un silencio que nos destruye día a día.

Se dan pensamientos enfermizos. Llegas a pensar que los demás se van a dar cuenta de lo que has hecho, como si tú fueras el culpable, y no el agresor. La vergüenza y la culpa se convierten en largas condenas de las que, muchas veces, no logramos liberarnos del todo. No hay escapatoria. No se percibe otra realidad que la surgida de las primeras etapas de supervivencia. Somos diferentes. Llegamos a creer que no valemos nada, que sólo servimos para eso y que no nos merecemos otra cosa.

¿Cómo vas a relacionarte con una persona normal? Tan pronto como averigüen el tipo de persona que eres, te abandonarán.

A veces es tan grande el vacío que lo mismo te da ir de una manera que de otra. Observas a los demás y ves que tú no eres así. Obviamente eres peor. Sueles estar ausente cuando los demás hablan. A veces intentas prestar atención, pero tu mirada se pierde en el vacío junto con las palabras de tu interlocutor, y tu imaginación se traslada a lugares que no tienen que ver con el momento que estás viviendo. Te acostumbraste a huir, y ahora la huida es un modo de vida.

Tienes la sensación de que nadie te entiende. Crees que todo el mundo está en deuda contigo por algo que ni tú entiendes; quizá por lo que pasó hace mucho tiempo. Si tú estabas mal, los demás deberían saberlo. Deberían sentir lo que tú sientes. Deberían haberte rescatado... y no lo hicieron.

Ser diferente se asocia a ser inferior. Así es como lo sentimos, y este sentimiento nos impide acceder a nuevos y mejores trabajos, a mejores amigos, mejores parejas y, en general, a una mejor vida. Una premisa indispensable para acceder a esa vida que anhelamos, y que sólo nos atrevemos a soñar, es transformarnos en alguien mejor.

El primer paso será volver al lugar donde se originó esa sensación que nos hace sentir diferentes. Eso significa regresar a la infancia, regresar a los abusos. Siempre ha habido un antes y un después. Los abusos cambiaron nuestro mundo radicalmente.

Las relaciones son un buen método para medir nuestro grado de aceptación e integración a ese nuevo mundo del que formamos parte con los mismos derechos y deberes que cualquier otra persona. Contactar con aquellos que han pasado por lo mismo que tú facilitará considerablemente la comunicación, pudiendo, además, hablar de este asunto con gente que lo entenderá perfectamente, sin que se sorprenda ni escandalice por nada de lo que digas. Esta complicidad es un auténtico bálsamo para nuestra atormentada existencia.

Otro aspecto positivo lo encontrarás en la posibilidad de mejorar el discurso y la coherencia a la hora de convertir los pensamientos en palabras, sobre todo aquellos pensamientos que nunca creíste que podrían aspirar a ser algo más que eso. Con el tiempo te importará mucho menos tomar la palabra y expresar con convicción y seguridad todo aquello que piensas. Desaparecerá esa sensación de que a nadie le importa lo que dices. Dejarás, por fin, de ser diferente.

Ser mejor no es algo que debas demostrar; es algo que debes creer. Una vez ocurra eso, los obstáculos serán más fáciles de superar.

## 3. ¿Por qué nos odiamos?

Uno de los efectos más dañinos del abuso sexual es el autoengaño. Ésa es la base sobre la que edificamos nuestro futuro. La supervivencia emocional no es concebible si antes no se eliminan o atenúan ciertos sentimientos. Esa actitud, por otro lado indispensable, es la que mañana nos pasará factura.

El autoengaño hace que tergiversemos, o incluso pasemos por alto, algunas evidencias que llamarían la atención de cualquier persona que observara nuestro comportamiento. Tenemos una cierta querencia a falsear sistemáticamente las percepciones que llegan a nuestros sentidos para adaptarlos a nuestro falso entorno, lo cual nos lleva a generar respuestas inadecuadas. Y no sólo nos afectan a nosotros, sino a la gente que nos rodea. Modificamos nuestra realidad para convertirla en algo tolerable. Pero ese proceder tiene un precio. El engaño, aunque no sea premeditado, acaba creando enormes dificultades a la hora de integrar satisfactoriamente nuestro mundo imaginario en el mundo real en el que viven los demás. Y es que lo que a nosotros nos parece normal, al resto le parece extraño y sospechoso. Tal vez consigamos ocultar nuestro secreto, pero a cambio, y en el mejor de los casos, nos convertiremos a ojos del resto en bichos raros.

No soy capaz de hacer nada bien. No sólo es una idea sobre mí mismo, en muchos casos me han hecho creer que realmente es así. Interiorizar esos sentimientos negativos sólo podía conducirme a sentir desprecio hacia mis actitudes y hacia mi persona en general.

No haber desenmascarado al agresor en su momento provoca un resentimiento que va acrecentándose con el paso del tiempo. Esta realidad se acentúa cuando se trata de un familiar. Es una cuestión de tiempo que toda esta rabia contenida termine por volverse contra nosotros. La manifestación más habitual es la conducta autodestructiva. Estos comportamientos escapan a nuestro control, alcanzando su máxima expresión en adicciones como las drogas, la comida, el juego y otras.

El gran problema de las adicciones es el desconocimiento de las causas que las originan. Y algo muy parecido ocurre con las autolesiones. Es como si no nos odiáramos lo suficiente para quitarnos la vida, pero si para castigarnos y destruirnos poco a poco. Y lo peor es que no sabemos porque, con lo cual tampoco podemos ponerle remedio.

Las raíces del odio hay que buscarlo en el pasado. Siempre hemos pensado que no hicimos lo suficiente. Y no sólo eso; podemos llegar a creer que no hicimos nada o que incluso colaboramos en los abusos. La sensación de culpa puede ser devastadora, y de ahí al odio hacia lo que hicimos o dejamos de hacer, no hay más que un paso.

Para sobrevivir se puede terminar creando una realidad paralela donde lo abominable deja de serlo. Los problemas aparecen cuando esta realidad entra en colisión con la realidad que viven los demás. Este contacto nos puede conducir a la soledad y a encerrarnos en nosotros mismos.

Cuando trato de aplicar a mi persona todo lo que estoy escribiendo veo con claridad que en el mundo de los demás yo sólo podía odiarme. La supervivencia significaba "ponerse a salvo". A cualquier precio. Aunque ya hiciera tiempo que había perdido de vista el objeto del cual debía ponerme a salvo. Nada tenía sentido en las huidas a ninguna parte. ¿Cómo iba yo a pensar entonces en el futuro?

Revelar cómo, cuándo y dónde se produjeron los abusos, y por encima de todo, quién fue, es la clave para eliminar el odio, el rencor y otros aspectos perniciosos de nuestra vida. Deberemos señalarlo sin piedad, quizá sin ensañamiento, pero tampoco sin el menor atisbo de culpabilidad. Nos merecemos la libertad; merecemos librarnos del pago de una culpa que nunca fue nuestra.

No hay que ceder al chantaje emocional proveniente del entorno familiar ni de cualquier persona cercana a nosotros que, a veces, creerá saber más de lo que realmente sabe. Ser firme en estas acciones hará que nos valoremos y se afianzará nuestra seguridad a la hora de tomar decisiones. Nadie se va a morir cuando se conozca la verdad. En cambio habrá alguien que volverá a la vida, alguien que no mereció pasar por aquellas terribles y traumáticas experiencias. Y eso es lo que debe importarnos por encima de todo.

Hasta hoy hemos languidecido en nuestra gris existencia sin llamar apenas la atención. El recuerdo siempre ha estado ahí, pero nunca hemos querido pensar en ello. Nos odiamos porque entonces no pudimos hacer nada, pero sobre todo, nos odiamos porque ahora tampoco estamos haciendo lo que deberíamos hacer. Ni siquiera queremos pensar en ello. Pero hasta que no modifiquemos esta situación y hagamos acopio del valor necesario para enfrentarnos a la verdad que tanto tiempo hemos querido ocultar, no conseguiremos implementar en nuestra existencia ningún cambio que valga realmente la pena.

## 4. ¿Por qué no sabemos lo que queremos?

La niñez es una época de la vida donde quedarán determinados muchos valores de nuestro futuro. Con los abusos, partes importantes del aprendizaje quedaron en suspenso. Nuestros intereses y objetivos inmediatos quedaron supeditados a la supervivencia emocional, restándole prioridad a otros aspectos de nuestro desarrollo psíquico que más adelante echaríamos a faltar.

Es obvio que si el abuso se produce en el entorno familiar, tenemos muchas posibilidades de pertenecer a una familia disfuncional. También puede darse el mismo caso sin necesidad de que los abusos los lleve a cabo ningún miembro de la familia. Sea como sea, la implicación positiva de los familiares suele ser, en muchas ocasiones, menor de la esperada.

No es extraño que la familia acabe convirtiéndose en uno más de nuestros problemas. Y nosotros en el de ellos, claro. De todos modos sería injusto transmitir la idea de que la familia siempre va a reportarnos un plus de negatividad. A veces puede llegar a constituirse en nuestra única tabla de salvación. Sin embargo debo decir que ya he conocido bastantes casos, y aunque existan notables variaciones, en pocos aparece esta familia idílica que todos esperábamos.

Al examinar mi pasado veo que tanto mis valores como mis objetivos eran bastante contradictorios. La educación no siempre iba acompañada del ejemplo, y cuando lo hacía, no era precisamente ejemplar. La disciplina solía descansar en futilidades cuando no en graves incongruencias, lo cual me hace pensar más en el abuso de poder que en otras consideraciones.

En el ambiente donde crecí, los valores no parecían ir más allá de una discreción que lindaba con la cobardía, ensalzados por la crítica constante y por el descrédito hacia los valores de los demás.

De adulto te enfrentas a un miedo irracional que te paraliza constantemente, convives con una inseguridad que malogra cualquier proyecto que pretendas llevar a cabo. El complejo de culpa limita la capacidad para llevar a cabo acciones que podrían convertir tu vida en algo mucho mejor de lo que es.

En nuestra realidad no tienen cabida las grandes cosas de la vida, y si aspiramos a ellas sólo lo hacemos en nuestras ingenuas ensoñaciones. A nuestro alcance sólo están las metas pequeñas, cuando las hay. No solemos decidir casi nada, ésa es una función que delegamos a quien se encuentre a nuestro lado. Vivimos en un continuo "dejarnos llevar".

El vacío existencial, y en general todos los vacíos, han de llenarse con nuestras propias verdades. No podemos tomar verdades prestadas e incorporarlas a nuestro repertorio filosófico. Deberemos buscar la inspiración en nuestro interior y en todo lo que nos rodea. Es un trabajo personal de introspección y autoconocimiento que no podemos delegar.

Esa dolorosa pero necesaria investigación nos llevará a un pasado donde obtendremos la comprensión de unos hechos que siempre hemos querido eludir.

Al sentirnos, después de tanto tiempo, dignos y merecedores de un futuro mejor, volveremos a recuperar los valores y a planificar objetivos sensatos, en vez de soñar con empresas imposibles que no hacen sino que aumentar nuestra frustración.

## 5. ¿Por qué temes triunfar?

El abuso sexual tiene un sinnúmero de efectos negativos. Entre ellos destacar uno que nos afecta a la mayoría: la escasa valía que nos concedemos al compararnos con los demás. Tanto es así que solemos pensar que el éxito es algo que no está a nuestro alcance. Y ciertamente, con nuestra actitud, no lo está en absoluto.

Los abusos nos sitúan en una posición de desventaja, impidiéndonos una correcta evolución personal, social y emocional. Crecemos convencidos de no merecer las cosas buenas que nos puedan pasar. Adoptamos actitudes que ponen continuamente en tela de juicio nuestra posible valía. Incluso llegamos a boicotear nuestros propios proyectos, acciones o ideas. Esta forma de actuar no es más que una inconsciente estrategia autodestructiva donde damos los pasos necesarios (o dejamos de darlos) para no lograr nada de lo que nos proponemos.

Hemos sobrevivido en nuestro limitado mundo de carencias emocionales. La costumbre y el miedo han hecho de nosotros personas incapaces de soportar alteración alguna. Cualquier cambio nos hace imaginar peligros inexistentes, cuando lo único peligroso es la vida que estamos llevando. Pero eso no lo queremos ver. Los mecanismos que nos sirvieron para sobrevivir, con la autonegación a la cabeza, ahora se vuelven contra nosotros.

Vivimos atrapados por nuestro pasado. Cualquier esfuerzo para cambiar esta situación ha desembocado en el fracaso. No podemos dejar de ver el presente como el resultado de la suma de todos los momentos pasados. Y la suma de tantas y tantas cosas negativas no nos induce al optimismo, precisamente. Pero del mismo modo que el presente es la suma de los momentos pasados, podemos hacer que el futuro sea la suma de los momentos presentes, por eso el cambio es posible, y por eso debemos reinterpretarlo, como si se tratara de una lanzadera que nos ha de llevar a un futuro mucho mejor.

No somos capaces de vencer el miedo paralizador, compañero inseparable, y enfrentarnos a nuevas y enriquecedoras situaciones que nos permitan acceder a un mejor conocimiento de nosotros mismos. Y es que lo que a unos les podría parecer enriquecedor a nosotros nos parece inquietante e incluso doloroso. ¿Cuál es el mayor dolor si no el de conocernos a nosotros mismos con la inseparable realidad de unos abusos que no podemos olvidar? Y tan siquiera la falta de recuerdo nos sirve, ya que las secuelas nos seguirán como una sombra siniestra.

Nos perdimos en un tiempo de escasos recuerdos, tal vez con el único recuerdo de ese dolor insoportable. Y no es tanto el dolor del cuerpo, sino el que sufre el alma. Nos perdimos en un mundo de silencio que nos atacó a traición, tal vez disfrazado con la máscara del cariño. Nos robó los sueños, la alegría y el futuro. Y hoy vivimos un tiempo vacío, sin grandes penas ni alegrías, lleno de mediocridad, asomados a la ventana de la vida, pero sin vivirla, sin más ambición que ver llegar otro día tan vacío como el anterior. Paradójicamente, hemos aprendido a llevar esta vida con la sonrisa puesta, como si en realidad no nos estuviera sucediendo nada. Y mientras tanto, en nuestro interior, aquel niño desvalido sigue llorando en la infinita soledad de un tiempo lejano en el que quedó atrapado. Sigue perdido en ese mundo donde nadie estuvo a su lado para decirle que no se preocupara, que todo iba bien y que él no tenía la culpa. Pero en ese mundo no había nadie.

¿Cómo vamos a triunfar si ya desde el primer momento nos arrebataron las herramientas para hacerlo?

Lo primero es recuperar la fe en nosotros mismos. Después vendrá la confianza, la seguridad, la autocrítica constructiva, la capacidad de seguir evolucionando y otros valores esenciales que hasta ahora sólo han sido quimeras inalcanzables. Una loable aspiración convertida en tabú. Llegó el tiempo de romper los viejos esquemas y alcanzar la cima de nuestras posibilidades.

Tratemos de examinar nuestra vida objetivamente, intentando cambiar poco a poco todo aquello que nos disguste. Busquemos el diálogo, intentemos expresar de la mejor manera que sepamos nuestros pensamientos a las personas que en verdad nos pueden comprender. Modifiquemos, detalle a detalle, aquellas actuaciones cuya inocuidad para nuestra actividad diaria hayamos podido contrastar.

El miedo patológico siempre genera una grave distorsión de la realidad y nos conduce hacia un camino donde el conformismo frena nuestros pasos, convirtiendo el resultado de nuestros temores, incapacidades e irresponsabilidades en un amargo fruto que después sólo vamos a poder dulcificar con el autoengaño.

El miedo siempre está presente, tanto para los valientes como para los cobardes. Es el termómetro que mide nuestro grado de valentía a la hora de enfrentarnos a los desafíos de la vida. Hasta el momento nuestro termómetro ha estado bajo cero, pero a partir de ahora, lo que veíamos como un obstáculo insalvable, deberemos verlo como una oportunidad de subir un peldaño más en la escalera del éxito personal. Ya no podemos conformarnos con ver llegar ese último día en que miremos atrás y no veamos nada.

# 6. ¿Por qué no haces lo que te propones?

La conexión entre los abusos y la baja autoestima es innegable. El tránsito que va de la infancia a la adultez lo hacemos lastrados por la apatía, el conformismo o expectativas que casi nunca se cumplen. Estas características nos van transformando en personas de pocos recursos y escasa iniciativa, y lo que fue una tendencia nacida de la humillación, pasa a convertirse en una costumbre.

Intentamos evitar cualquier actividad que nos exija ser responsables. Es preferible no hacer nada antes que llamar la atención y arriesgarse a ser juzgados. La acción está asociada al antiguo temor irracional a ser descubiertos por nuestros semejantes y, por lo tanto, a que se descubra nuestro secreto. El estigma que arrastramos de la niñez nos parece tan evidente, que a poco que hagamos o digamos, bastará para que cualquiera se dé cuenta de nuestra realidad, y en consecuencia, nos repudie y se aleje de nosotros. Ésa es la esencia del miedo. La misma que nos mantiene inmóviles y con una nula capacidad de reacción.

Siempre digo que nuestras capacidades quedaron seriamente dañadas, pero cuando se trata de desatender algún compromiso o eludir alguna responsabilidad, entonces nuestros recursos parecen ilimitados.

Una de las particularidades que más nos distinguen es el abandono. Empezamos cualquier cosa y al cabo de poco tiempo lo dejamos. ¿Por qué? Pues por cualquier razón. Basta que alguien menosprecie nuestras aptitudes para llevar a cabo alguna empresa para que renunciemos irremisiblemente a seguir luchando. Muchas veces somos nosotros quienes terminamos convenciéndonos de nuestra ineptitud.

Nuestras limitaciones, lejos de disminuir, nos atrapan en ese mundo irreal y solitario en el que nos acomodamos. Desde ahí se debilita el escaso interés que podríamos tener para recuperar un pasado que se aleja día a día. No podemos hacer nada. No podemos porque así hemos decidido que sea.

Nos conformamos con soñar una vida que no creemos estar capacitados para vivir. Nos proponemos metas que sabemos que jamás vamos a alcanzar. Y así, al no lograr un objetivo, nos reafirmamos en nuestra inutilidad. Cada vez estamos más convencidos de que nada de lo que podamos concebir llegará a funcionar. Nuestros anhelos sólo encuentran respuesta en las ensoñaciones que siempre nos acompañan y que nunca aspiramos a que se conviertan en realidad.

Si no fui capaz de evitar que abusaran de mí, si no hice algo tan sencillo como decir que no... ¿Qué voy a conseguir ahora? ¿A qué me voy a negar?

El punto de partida es la aceptación. Si no eres capaz de aceptarte como eres, difícilmente vas a llevar a cabo nada por lo que valga la pena luchar. Somos lo que somos. Es algo tan sencillo y tan complejo como averiguar que significa eso.

Llegados a este punto nos enfrentamos a la ardua tarea de recolocar sentimientos, personas, objetivos y todo lo que haga de nuestra existencia algo que merezca la pena ser vivido. Ésta es la única actitud posible y la que nos ha de devolver a la realidad. Sólo desde este nuevo enfoque estaremos en disposición de dinamitar nuestras férreas limitaciones y lograr que sean asumidos y llevados a cabo con éxito nuestros objetivos.

Debemos evitar que el fracaso nos paralice y nos inhabilite para futuros proyectos. Si nuestro esfuerzo ha sido máximo, tan siquiera deberíamos considerar tal concepto. Quizá sea la lección más difícil de aprender, pero el fracaso no tiene otra razón que la de espolearnos a hacerlo mejor una próxima vez. Nuestra misión no es cambiar el mundo que habitamos, sino cambiar al habitante que somos.

Debemos visualizar la idea de lo que nos impidió alcanzar nuestros objetivos, e incluso concebirlos, y descubrir que ya no tiene ningún poder sobre nosotros. Hoy podemos alcanzar aquello que nos propongamos sin que nadie nos coarte. Somos libres. No es el triunfo ni el fracaso la verdadera meta, sino recorrer libremente los múltiples caminos que hay entre los dos.

## 7. ¿Por qué no te proteges de las situaciones peligrosas?

Si no te protegiste en el momento más crucial de tu vida, ¿qué razones hay para que lo hagas ahora? No aprendiste a protegerte ni tampoco te enseñaron a hacerlo. No supiste pedir ayuda. No supiste decir no. Nadie acudió en tu ayuda. Nadie vio nada. Nadie dijo nada.

Un día transigimos; un día de infausto recuerdo que nos acompañará para siempre. Probablemente éramos sólo unos niños, en algunos casos, niños muy pequeños. No sabíamos ni entendíamos lo que pasaba. No sabíamos que hacer. No teníamos opciones. Las fronteras emocionales y muchos de los mecanismos naturales de autodefensa que apenas empezaban a afianzarse, fueron aniquilados sin más. Nos convertimos en una tortuga sin caparazón, vulnerables, siempre prestos a escondernos y a no enfrentar una realidad incomprensible.

Nuestra debilidad, en muchos aspectos, se hace tan patente que nos cuesta poco caer en las redes de alguien que de uno u otro modo abuse de nosotros. Esta actitud perpetúa nuestro convencimiento de ser individuos cobardes e incapaces de llevar nada a buen puerto.

Nuestra tendencia, incluso diría que estrategia, consiste en mostrarnos siempre dispuestos a hacer lo que nos indiquen los demás, aunque ello implique ir en contra nuestros principios, entrañe algún peligro para nuestra integridad o nos parezca injusto. Si durante el fatídico tiempo de los abusos asumimos que la razón no estaba de nuestra parte, ahora no encontramos ningún motivo que nos legitime para defender cualquier otra razón.

Para transformar este escenario debemos empezar por vernos como individuos valiosos e importantes. ¡Y vaya si lo somos! No poseemos otra cosa que no sea nuestra propia existencia. Ésa es la primera razón de peso para que nos esforcemos en cuidarnos y protegernos. Si fracasamos en esa tarea, todas las demás carecen de sentido.

Es indudable que la violación de las normas más elementales de conducta y la desaparición de unos principios que se suponían inquebrantables, han causado estragos en nuestra forma de percibir las relaciones. Lo mismo sucede con nuestras actitudes habituales ante las situaciones cotidianas de la vida. Y si además, tal y como ocurre en muchos casos, dicha violación vino de quien debería habernos protegido, todavía se acentúa más esta absurda realidad a la que nos vemos abocados.

El peligro inminente nos paraliza. Nos deja perplejos y sin capacidad de reacción. Así fue como lo experimentamos en la niñez. Hemos alcanzado la edad adulta sin que hayamos podido superar este trauma.

Debemos volver a conectar con esa parte del aprendizaje que quedó interrumpida. Debemos regresar al pasado para resolver los asuntos que quedaron pendientes. Hay que romper el silencio y restablecer la comunicación con aquel niño abandonado y desprotegido.

Ahora ya sabemos lo que aconteció y muchas de las secuelas que se originaron a partir de aquel suceso. Ya no podemos fundamentar nuestra inactividad en la ignorancia. No podemos desatender por más tiempo ese niño que siempre nos ha demandado la reparación de aquel daño innombrable.

Ya es hora de empezar a considerarnos personas dignas de respeto. Personas que poseen unos límites bien definidos que nadie debe traspasar, a no ser que cuenten con nuestro expreso consentimiento.

La culpa no es patrimonio de nadie. Tanto lo que nos ocurre como la manera de negociarlo está en nuestras manos. Defendernos y procurarnos una existencia acorde con nuestra valía es algo que nos compete. Nos son los demás quienes dictaminan nuestro destino; es nuestra exclusiva responsabilidad. No podemos seguir viendo el destino como un ente justiciero que nos hará pagar eternamente por algo que no fue culpa nuestra. El destino tan sólo es un molde que se halla en nuestras manos; un molde maleable que se convertirá en aquello que nosotros queramos que sea.

## 8. ¿Por qué te cuesta aceptarte a ti mismo?

Cuando nos miramos en el espejo vemos una imagen que dista mucho de la que nos gustaría tener. Por lo tanto, desde nuestra perspectiva, es lógico que no aceptemos lo que somos.

Es imperativo emprender un doloroso viaje al pasado y rescatar los sentimientos de aquel niño que estaba siendo abusado. Hay que volver a conectar con aquellos terribles y contradictorios mensajes que aturdieron nuestra mente, visualizar la imagen de aquel niño, comprender su extrema vulnerabilidad y darle la mano.

No sorprende que desarrollemos la creencia de servir sólo para eso. Nuestro rol familiar, situado en el eslabón más débil de la cadena, nos hizo creer que estábamos a disposición de nuestro abusador para cuando a éste le viniera en gana. De repente descubrimos que nuestros sentimientos no contaban. Sumidos en el desconcierto y en la impotencia caemos en la cuenta de que nuestro mundo interior se desmorona. Nuestros gritos se ahogan en el silencio. A nuestro alrededor el vacío. Nadie entiende lo que ocurre, tal vez porque lo que ocurre carece de importancia. Así llegamos a creerlo, y esa pérdida de valor nos llevará a considerarnos como personas que no importan nada. ¿Quién aceptará a alguien así? Nadie. Ni siquiera nosotros.

El paso de los años incrementa nuestra actitud de desidia e incluso de desprecio hacia nuestras necesidades reales. Desarrollamos conductas autodestructivas que anulan cualquier posibilidad de reconciliarnos con nuestra realidad.

Tal vez no recordamos lo que sucedió, o los recuerdos son tan vagos que nos parecen intrascendentes, pero en algún rincón de nuestro cerebro, la huella de aquel pasado sigue activa, afectando nuestra vida cotidiana e incitándonos a encontrar la respuesta a una pregunta que ni siquiera nos atrevemos a formular.

El abismo que nos impide comunicarnos con aquel niño extraviado, hacer las paces, perdonar y comprender la verdad de lo que aconteció, sigue abierto. La aterradora brecha que separa el presente del pasado no llegó a cerrarse, y mientras el recuerdo siga ausente, bien porque no recordamos o bien porque no queremos recordar, no podrá repararse el daño de un modo definitivo.

En el pasado aún habita ese niño que no supo imponer su voluntad, un niño convertido en muñeco roto, un niño siempre incómodo e inoportuno al que nunca hemos sabido resarcir del abandono y la soledad a la que fue cruelmente condenado.

Actuaba de tal modo que a veces, sin ser demasiado consciente, provocaba el alejamiento de las personas de mi entorno, lo que a su vez incrementaba la sensación de rechazo hacia tu persona. Te alejas de los demás y piensas que a nadie le interesa lo que estás pensando y sintiendo, pero es tu propio comportamiento el que promueve esta situación.

Para aceptarse uno mismo es imprescindible tener una mínima base filosófica y ética donde apoyar los descubrimientos que se vayan efectuando sobre uno mismo. Lo primero que deberíamos desentrañar es la esencia inviolable que nunca hemos perdido, esos aspectos innatos que debemos potenciar y no perder jamás de vista. El siguiente paso sería averiguar aquellos aspectos que pueden y deben modificarse. La auténtica sabiduría consiste en saber que es innato y que es modificable, que es beneficioso y que es dañino, que tiene su origen en los abusos y que obedece a otras causas. Nadie es totalmente perfecto ni totalmente imperfecto. Todos poseemos cualidades que pueden proporcionarnos importantes satisfacciones.

A mí siempre me ha gustado escribir, y aunque mi vida ha transcurrido por diferentes etapas, ninguna de ellas ha sido demasiado brillante. Nunca he encontrado la aceptación. Por más empeño que le haya puesto, nunca lograba estar satisfecho con ningún resultado. Ponía mis expectativas a tal altura que resultaba del todo imposible alcanzarlas. Era la manera de caer una y otra vez en el fracaso y de alimentar la convicción de que no servía para nada.

Los cambios de actitud, tras la revelación de los abusos, propiciaron que mis intereses literarios se abocaran en exclusiva a esta cuestión. En aquellos momentos ya había transcurrido bastante tiempo desde la última vez que escribiera algo que tardara más de dos días en tirar al cubo de la basura. Por primera vez creí sinceramente que lo que estaba escribiendo tenía sentido y utilidad. También era la primera vez que aceptaba algo real; un producto de mi esfuerzo que además podía compartir con los demás.

Todos poseemos algunas facetas que vale la pena rescatar y potenciar; cualidades que, unidas a nuestro esfuerzo, fomentarán nuestra autoestima e incidirán positivamente en la aceptación, tanto propia como externa.

## 9. ¿Por qué te sientes paralizado con frecuencia?

Aunque siempre estemos aludiendo a la gravedad de los abusos, no hay que pasar por alto la influencia que puedan haber tenido otros factores. Tanto por acción como por omisión de aquellos que constituían nuestro entorno habitual, nuestra infancia pudo verse alterada por otras circunstancias que quizá rivalizaran en conflictividad con los propios abusos. O lo que es más que probable, se sumaran a estos para aumentar sus perniciosos efectos.

Sería bueno modificar costumbres y no hacer uso de algunos antiguos recursos de supervivencia que ahora ya no nos sirven. Me estoy refiriendo a nuestra tendencia a situarnos como víctimas de cuanto sucede a nuestro alrededor. En el pasado necesitábamos una respuesta, una solución, alguien que nos rescatara. Hoy no nos salvará nadie; nadie nos solucionará la vida. Si antes buscábamos, casi a cualquier precio, ser reconocidos como las víctimas que realmente éramos, hoy debemos buscar el reconocimiento y la aceptación propia; pues sólo nosotros vamos a poder llenar el vacío que se ha producido a lo largo de tanto tiempo.

La impotencia y la inmovilidad empiezan a instalarse en nuestras vidas. Todo nos sobrepasa. Perdemos el control sobre nuestro entorno y dejamos de adquirir el aprendizaje adecuado. Nuestras limitaciones nos impiden resolver los problemas que encontraremos a lo largo de nuestra vida, lo cual significa estar condenado a medrar por un mundo conflictivo y lleno de incomprensión. El resultado final es un miedo existencial que nos paraliza y nos lleva a actuar en contra de nuestros propios intereses.

Hay que investigar de un modo objetivo que tiene que ver este comportamiento con los abusos sexuales. Si la respuesta nos lleva a la constatación de que existe una relación directa, entonces deberemos buscar la fórmula que nos permita contrarrestar dichos efectos. No lo vamos a solucionar de la noche a la mañana, por lo que deberíamos concentrarnos en pequeñas batallas, y sería bueno emprenderlas con personas que hayan pasado por el mismo trance.

El éxito es fruto de un trabajo continuado, del entusiasmo, de la convicción y de la disciplina. El éxito personal jamás es una lotería. La suerte puede influir en el resultado final, pero dichas influencias no deberían importarnos demasiado, ya que el verdadero éxito reside en la actitud adoptada para conseguir un objetivo.

Personalmente, y de eso no hace tanto tiempo, pensaba que había retos que no llegaría a superar jamás. Uno de ellos era hablar ante un grupo de gente. Yo era uno de aquellos personajes grises que suelen permanecer al margen de lo que ocurre a su alrededor; alguien que se escondía en la última fila y con la boca cerrada. Hoy, sin embargo, tomar la palabra ante los grupos de autoayuda y expresar mis opiniones sin darle más importancia de la que tiene, y que sean o no compartidas, ya no me supone ningún esfuerzo sobrehumano. Tampoco voy a decir que sea coser y cantar, pero al menos creo haber "normalizado" una de tantas irregularidades que arrastré de mi pasado. Este simple hecho ha supuesto un cambio espectacular que, además, no fue fruto de una decisión premeditada. Fue tomando forma en el quehacer cotidiano y en la certidumbre de estar acometiendo tareas que me apetecían y consideraba imprescindibles. En realidad, sin pretenderlo expresamente, estaba adquiriendo seguridad en mis actos y en mis opiniones, y a la larga esto acaba expandiéndose y ocupando toda tu realidad.

## 10. ¿POR QUÉ TE CUESTA DISTINGUIR TUS SENTIMIENTOS?

Los sentimientos son vías de comunicación que nos sirven para interpretar y dar respuesta a cuanto ocurre a nuestro alrededor. Lo que sentimos es la resultante de la interacción entre nosotros y nuestras circunstancias. Pero esta respuesta puede verse alterada por infinidad de factores. Puede, incluso, haberse visto alterada desde la infancia por un factor tan persistente en el tiempo como negativo.

Cuando todo se circunscribe en un ámbito de normalidad, los sentimientos encuentran en la familia su primer acomodo y lugar de expresión. El niño tiene una confianza incondicional en esa realidad inmutable, por eso, cuando es traicionada mediante el abuso sexual, la confusión de los sentimientos es tan inevitable como grave. Aun cuando el abuso no proceda de la familia no es extraño que el niño culpe a aquellos que deberían haberle salvado, por más que estos ignorasen lo sucedido.

No es de extrañar que la incorporación a la edad adulta se lleve a cabo a trompicones y con taras significativas; siendo una de ellas la dificultad para reconocer lo que sentimos. Sin ese reconocimiento tan esencial no somos capaces de tomar las decisiones adecuadas.

Durante la niñez aprendimos a no confiar en unos sentimientos que llevaban implícito un mensaje que no sabíamos como encajar en nuestra vida. Lo que nos pasaba era espantoso y además no podíamos compartirlo con nadie. ¿Era en verdad tan terrible? ¿Teníamos verdadera conciencia de la magnitud de lo que significaba el abuso? Lo cierto es que no teníamos a nadie con quien contrastar lo que nos estaba ocurriendo, y así fue, con todos aquellos problemas sin resolver, miedos, angustias y silencios asociados, que desembarcamos en un futuro en el que nos sentíamos perdidos y fuera de lugar.

Los sentimientos son como el cemento que une los ladrillos de los edificios de nuestra existencia. Cuando este cemento es defectuoso nuestras construcciones corren el peligro de desmoronarse.

Prestar atención a lo que sentimos, reconociéndolo y creer de nuevo lo que indican nuestros sentimientos, es lo que nos va a aportar el equilibrio que siempre hemos ansiado, lo que dotará de confianza y credibilidad a nuestras percepciones y nuestros actos.

Rescatar los sentimientos del vergonzoso olvido al que fueron relegados no va a ser fácil ni rápido, pero es un paso imprescindible para reencontrarnos con un nuevo mundo donde hay mucho más que nuestra soledad actual.

## 11. ¿Por qué no reaccionas adecuadamente a los mensajes que envía tu cuerpo?

Mientras duraron los abusos sexuales estuvimos recibiendo una información que no supimos procesar. El agresor tomó las medidas necesarias para que sucediera de este modo. No era posible incorporarlos como un elemento que añadir a la cotidianeidad de nuestra existencia.

Uno de los aspectos más difíciles de contextualizar en el abuso es el placer. Aunque por diversos motivos que ya hemos ido analizando, no nos rebeláramos, sabíamos que lo que nos estaba sucediendo era malo. Así pues, la asociación entre lo malo y el placer quedaba establecida con una marca indeleble, y que el tiempo, para desgracia nuestra, no iba a borrar fácilmente.

Está claro que nuestro cuerpo no hizo otra cosa que responder a ciertos estímulos. Las asociaciones, sin embargo, por distorsionadas y alejadas que se encuentren de la realidad, se establecen a pesar nuestro. Por eso no es extraño que en nuestra mente se forjara la perversa idea de una traición urdida por nuestro propio cuerpo.

Nuestro cuerpo dejó de pertenecernos, nos lo arrebataron a muy temprana edad. Nos usaron y nos acostumbramos a que tal cosa sucediera. Eso pudo provocar que en el futuro nos escondiéramos del mundo, aunque también pudo significar lo contrario; esto es, que ofreciéramos nuestro cuerpo para ser usado a fin de obtener unas gratificaciones que, en realidad, nunca llegaban. No llegaron en la infancia ni tampoco durante la edad adulta. Pero ése era el aprendizaje que habíamos hecho y no éramos capaces de vislumbrar ninguna otra alternativa.

También es posible que experimentáramos un intenso dolor, seguido de la tranquilidad y la calma que sigue a la marcha del abusador. Estas son sensaciones que a veces necesitaremos revivir. En los momentos de mayor angustia y ansiedad buscaremos la paz, la tranquilidad y el alivio de un modo incomprensible para muchos, pero que al fin y al cabo se retrotrae a nuestras primeras vivencias; con el dolor que nos provocamos artificialmente conectamos con los sentimientos del pasado, y cuando cesa el dolor alcanzamos la anhelada, aunque a veces efímera, sensación de bienestar.

La mente tiene recovecos difíciles de comprender y de interpretar. Es posible que quedara grabado en nuestro inconsciente que tras el dolor, el miedo y la angustia, llegaba la calma. Y ahora es como si creyéramos que debemos seguir pagando el precio del dolor para alcanzar ese bienestar que tanto anhelamos y que siempre parece estar fuera de nuestro alcance.

Alcanzamos la edad adulta cargados de reacciones inadecuadas. Somos incapaces de responder correctamente a los estímulos que nos producen nuestras relaciones con los demás. Y aun sabiendo que esto es así, no damos con la fórmula para remediarlo.

## 12. ¿POR QUÉ NO ACEPTAS TU CUERPO?

La respuesta no puede dejar impune al cuerpo, a quien vemos como el verdadero culpable de que los abusos se produjeran. Es como si nuestro cuerpo se hubiera transformado en un constante recordatorio de lo que ocurrió en la infancia.

En nuestro inconsciente quedaron grabadas ideas contradictorias. No podíamos vivir sin nuestro cuerpo, pero a la vez vivíamos con un enemigo. Era parte de nosotros; era esa parte de nuestro ser que nos traicionó y nos hizo sufrir.

Ya en la edad adulta esta visión distorsionada de nuestro cuerpo puede degenerar de diversas maneras. La bulimia es una de las expresiones más frecuentes de esta falta de aceptación hacia nuestro físico. Inconscientemente lo disfrazamos como si de un mecanismo de defensa se tratara, o bien se queda a medio camino entre la defensa y el castigo. En todo caso parece claro que no conviene resultar demasiado atractivo.

Cuando seamos capaces de conectar de nuevo con los episodios de la infancia podrá iniciarse de forma gradual la aceptación del cuerpo como una parte más de nuestra realidad. Se irá materializando a medida que se acumulen logros en otras áreas, tales como la psicológica o la social, y siempre después de revelar lo que nos sucedió. Difícilmente antes. A partir de ese momento podremos colocar cada cosa en el lugar que le corresponde y empezaremos a comprender los motivos de nuestro extraño proceder.

## 13. ¿Por qué no confías en los demás?

Los abusos sexuales no suelen ir acompañados de violencia física. La propia indefensión de la víctima, que pocas veces opone resistencia, o en todo caso, no la suficiente, evitan que el agresor haga uso de la fuerza. Eso no quita que tenga conocimiento de más de un caso donde el agresor era un verdadero sádico. A veces, al abuso de poder que caracteriza el abuso sexual, se unen los malos tratos, tanto físicos como psicológicos. Ello viene a dar el perfil de un individuo que no sólo necesita demostrar que es superior, sino que además disfruta con el dolor ajeno.

El abusador tiende a utilizar las estrategias que le confiere su posición respecto a la del niño. Donde sus abyectos objetivos obtienen mejores resultados es haciendo uso del engaño, del chantaje, de las amenazas y del abuso de poder. El primer paso que da cualquier abusador es ganarse la confianza de la víctima. Eso puede suponerle muy poco esfuerzo, ya que en muchos casos se trata de un familiar o de una persona del entorno del niño.

Puede suceder que el agresor sea un miembro de la familia y que los demás componentes no hayan tenido conocimiento de lo sucedido. Ello no es óbice para que la desconfianza de la víctima, e incluso el odio, pueda propagarse en el futuro a la familia entera. Es imposible cerrar el paso a pensamientos como: "nadie me protegió" o "alguien debería haberse dado cuenta". Esta desconfianza se interioriza hasta convertirnos en individuos introvertidos, contradictorios, mezquinos y, por supuesto, desconfiados. Al no ser capaces de expresar ni comprender esos sentimientos imposibles – ¿amar a quien odiamos u odiar a quien amamos?– acabamos convertidos en personas que ven el mundo a través de la crítica destructiva y que no pueden modificar la negatividad que les invade.

Puede darse el caso de que los efectos del abuso, cuando éste es extrafamiliar, sean menos perjudiciales para la víctima, ya que no culpabilizará tanto a la familia y existirán más posibilidades de que recurra a ella, aunque desgraciadamente no siempre suceda así. Sea como fuere no deberíamos caer en el error de pensar que no dejarán huella alguna. En todo caso dependerá de la capacidad de la persona para afrontar y enfrentarse al trauma.

Los efectos acostumbran a ser dañinos. Su mayor o menor reflejo en la vida futura habrá que buscarlo en el carácter de cada uno, el tipo y la duración del abuso, la edad de la víctima, el comportamiento de la familia ante el descubrimiento del abuso y otras variables que pueden incidir en la gravedad de los problemas que se manifiesten con posterioridad.

Si una persona que haya tenido una infancia feliz, repentinamente, se ve enfrentada a un abuso sexual, el trauma puede destruir por completo su vida. En cambio, otra persona que haya vivido desde siempre una existencia difícil, con malos tratos, penalidades económicas, familiares, u otras contingencias negativas, ese mismo abuso sexual puede convertirse en un elemento desagradable más, o incluso grave, pero con menos incidencia que en el caso anterior.

Una de las secuelas del abuso es la desconfianza y la falta de fe en nuestras posibilidades. Del mismo modo que desarrollamos una naturaleza desconfiada, también podemos irnos al extremo contrario, depositando una confianza sin reservas en las personas menos indicadas. Esta actitud tiene poca relación con nuestro juicio sobre la idoneidad de las relaciones personales, y más con nuestra incapacidad para decidir que queremos y que nos conviene. Este escenario nos deja en una posición de desventaja, y cuando alguien perpetre cualquier tipo de abuso, difícilmente vamos a generar recursos para oponernos; exactamente igual como ocurrió en nuestra niñez.

Para encontrar una solución, en primer lugar deberíamos liberarnos de esa pesada mochila de culpabilidad. Cuando la culpa no nos pertenece y actuamos como si la tuviéramos, nos estamos introduciendo en un callejón sin salida. Nada tiene sentido; el destino parece un lugar sombrío al que nos dirigimos irremisiblemente para que, ocurra lo que ocurra, no sea lo que nosotros determinemos.

Nos hemos pasado la vida arrostrando sus perniciosas consecuencias, perdiendo de vista el origen de muchas cosas; entre ellas, la que generó esa culpa y la subsiguiente desconfianza a todo y a todos. La contradicción es tan terrible como irresoluble. Y es que la culpa, como en realidad no es nuestra, es imposible eliminarla de nuestra mente. Mientras no reconozcamos quien es el culpable no avanzaremos ni un paso.

Una vez identificado al verdadero culpable y hayamos reconocido que nuestra confianza fue traicionada por un individuo que sólo merece desprecio e indiferencia, debemos pasar a un segundo paso; aceptar que somos personas válidas, quizá con algunas carencias de difícil recuperación, pero capaces de amar y ser amadas.

Lo que más redundará en la consolidación de la confianza será el convencimiento de que los demás no nos van a rechazar cuando descubran nuestro terrible secreto.

## 14. ¿Por qué te cuesta imaginar una relación emocional sana?

El concepto de relación emocional sana nos sugiere algo poco compatible con los abusos sexuales que marcaron nuestra infancia. Alcanzar un objetivo de esta envergadura requerirá un esfuerzo y un cambio de actitudes que, como siempre, se inician en el momento en que nos enfrentamos a los abusos y lo hacemos público.

Una relación sentimental en la que uno de sus miembros haya sido víctima de abusos cuenta, casi con toda seguridad, con una dosis extra de dificultades para llevar adelante dicha relación.

El secreto que hemos mantenido tantos años es una bomba de relojería que puede estallar cuando menos se espera. De hecho, cuanto antes estalle mejor que mejor. De este modo las heridas serán más fáciles de cicatrizar, aunque sólo sea por una mera cuestión temporal.

Actuamos por mimetismo porque cualquier otra alternativa siempre nos pareció peor. Nos comportábamos como una grabadora que dejaba de grabar cuando intuía que algo malo estaba sucediendo. Pero el miedo siempre ha sido un mal consejero, así que la grabadora se ponía en marcha y se paraba por impulsos, por sensaciones erróneas; hasta que finalmente dejó de grabar tanto lo bueno como lo malo. Ahora podemos desandar el camino; podemos discernir lo que nos interesa y conviene. Ahora debemos recuperar esa grabadora y ponerla de nuevo en funcionamiento. Nunca es demasiado tarde; sólo es tarde cuando no se hace nada.

Andamos buscando una pareja ideal que se adapte a nuestras especiales características. Muchas veces pensamos que nunca la vamos a encontrar, pues no estamos tan ciegos como para no ver muchas de nuestras carencias, aunque no sepamos o no queramos saber su verdadero alcance ni menos aún su origen. Nuestra distorsión de la realidad nos lleva a buscar un tipo de persona problemática e insatisfecha con la que entablar una batalla de reproches mutuos y de arreglos que con el tiempo pueden hacer de la convivencia una situación cada vez más insostenible. También podemos dar con una persona normal. En ese caso, si no se produce un cambio radical en nuestro interior, más pronto o más tarde acabará alejándose de nosotros.

Nuestros sentimientos siempre han sido confusos, y ante ciertas situaciones aún resulta más evidente. Un conflicto bastante usual lo encontramos en las dificultades que a veces tenemos para distinguir dónde termina una amistad y dónde empieza otro tipo de relación.

Todas las relaciones que hemos mantenido suelen contar con la interferencia más o menos notable de una tercera persona; un personaje entrometido: nuestro yo oculto. Por más que nos esforcemos en evitarlo, siempre surgen esas insidiosas anomalías que no representan a la persona real que somos, sino a una imagen mimética de lo que creemos que se espera de nosotros.

No somos conscientes del tiempo transcurrido desde que nos pusimos aquella máscara para ocultar una realidad de otro modo intolerable. Siempre creímos que sin ella quedaría al descubierto ese ser miserable con el que nadie querría perder su tiempo.

Otra posibilidad es encontrarnos con una pareja cuyos problemas sean compatibles con los nuestros. Estas relaciones dependientes se sostienen con precarios equilibrios entre la resistencia y conveniencia de cada cual. Obviamente, el riesgo de ruptura será mayor que el de otra pareja más convencional.

Es imposible construir los fundamentos de una relación sana si las emociones no se corresponden con la realidad que se está viviendo. Una unión sentimental nunca resolverá problemas ni eliminará carencias. Al contrario; las pondrá en evidencia, acentuando las limitaciones que de otro modo podrían pasar desapercibidas.

Las emociones las curamos nosotros; no los demás. La llave se encuentra en algún rincón de nuestra mente, resistiéndose a salir por motivos que perdimos de vista hace tiempo y que debemos recuperar. No podemos hablar de lo que el autoengaño nos ha hecho creer que no existe. Nos protegemos con el silencio y el olvido sin comprender que en realidad estamos reafirmando nuestra autodestrucción.

La primera relación emocional sana debemos establecerla con ese "yo" que siempre hemos querido ignorar, lo cual ya supone una ingente tarea de desengaños, descubrimientos y negaciones. Debemos tratar de estar siempre pendientes de que no se active el autoengaño, buscando soluciones y salidas a cada uno de nuestros problemas.

## 15. ¿POR QUÉ TE CUESTA DAR CARIÑO?

Quizá el agresor nos dijera que los contactos sexuales entre niños y adultos eran normales. Quizá se nos vendiera como una muestra de cariño o una forma de hacernos sentir especiales. Pero aunque no nos atreviéramos a discrepar con la autoridad que nos imponía el adulto, algo en nuestro interior nos decía que aquello no estaba tan bien como se nos quería hacer creer.

Cuando se alcanza la madurez ya no hay vuelta de hoja; debes aceptar que se trató de un abuso sexual, con todas las palabras; y en ningún caso una muestra de afecto, tal y como algunos hemos preferido pensar. Al comprender y asumir esa verdad hay dos caminos: enfrentarnos a esa dolorosa realidad con todas sus consecuencias o relegarlo al olvido y actuar como si nada hubiera ocurrido. Esta segunda opción, para nuestra desgracia, es la que tomamos la mayoría.

Nuestras habilidades sociales, que tanta importancia tendrán en el futuro para podernos desenvolver en una sociedad cada vez más compleja, no tuvieron las mejores condiciones ni oportunidades para desarrollarse. De hecho, es muy probable que tengamos carencias importantes en este aspecto y que debamos trabajar a fondo para recuperar lo que perdimos, o lo que tan siquiera tuvimos ocasión de aprender y poner en práctica.

Si buscamos respuestas a nuestras incapacidades emocionales, convendría hacer especial énfasis en nuestras relaciones de pareja. Es bastante común que éstas contengan un elevado componente sexual, pues se trata del comportamiento que aprendimos. El hombre suele interiorizar más profundamente esta distorsión de la realidad. También sucede en el caso de la mujer, aunque quizá en menor medida. El contacto sexual acostumbra a interpretarse como el mejor canal para comunicarnos. Por sí mismo, no tendría porque ser negativo si fuera acompañado de otros elementos esenciales para la relación, pero cuando se convierte en el canal exclusivo de comunicación, en detrimento de todos los demás, entonces la relación tiene serias lagunas que difícilmente podrán subsanarse a través de esta única vía.

No sólo la promiscuidad es una característica de nuestro comportamiento; irnos al otro extremo y caer en el más absoluto celibato también ocurre con relativa frecuencia. El sexo se convierte en algo aborrecible porque se asocia, simple y llanamente, con los abusos que padecimos.

En general, las dificultades con nuestros sentimientos nos sitúan en una posición de rechazo ante el compromiso. El escaso respeto que tenemos por nosotros mismos nos induce a pensar que no merecemos el cariño de nadie.

La disfunción familiar no hace más que reafirmarnos en nuestras creencias. Si nuestra innata capacidad para mostrar los sentimientos se ha visto gravemente mermada por culpa de los abusos, y además no se ha visto fomentada desde el ámbito familiar, o incluso se ha reprimido, podemos dar por sentado que no será fácil recuperar el terreno perdido, por más que ahora sepamos las razones que nos abocaron a ser lo que somos. Saberlo no es la solución en sí misma, pero al menos nos brinda la oportunidad de hacer algo. Ignorarlo, por el contrario, es perpetuar la condena que nos impusimos hace ya tanto tiempo.

Buena parte de las religiones y filosofías del mundo recogen la importancia de amarnos los unos a los otros, pero también, y quizá en primer lugar, está la necesidad de amarnos nosotros mismos. Sin esta acción inicial hacia nuestra propia persona no se dará una plena y satisfactoria interacción con los demás.

En mi caso, la relación sexual, el cariño e incluso la comunicación, eran algo así como un tres en uno. El proceso de comprensión y aceptación de nuestra realidad nunca se hizo desde las bases adecuadas. El resultado no podía ir más allá de no considerarnos dignos de dar y recibir amor. La culpa y la incapacidad para reconocer lo que ocultaba nuestro subconsciente, o simplemente la tenaz obstinación en no recordar, malograron o entorpecieron cualquier futura relación.

Quedan muchas barreras por derribar. Hemos de observar y analizar que nos ocurrió; sólo así podremos poner todos los medios a nuestro alcance para modificar una situación que nos perjudicó y que sigue haciéndolo. De nada sirve permanecer en una estática contemplación inactiva.

De este proceso habrá de salir una persona nueva y capaz de dar cariño. Una persona con la dignidad recuperada y sin dudas respecto a su capacidad y derecho de amar y de ser amada.

## 16. ¿Cuál es la causa de tus adicciones?

A mi gato le aterrorizan los truenos. Si cierro todas las puertas, cuando hay tormenta, permanece agazapado en el comedor. Pero si lo hace es porque no se le deja otra alternativa. Cuando se abren las puertas sale disparado a esconderse en los lugares más inverosímiles, desde la mesita del recibidor, como si fuera una figura decorativa más, debajo de la cama o incluso dentro de un armario que él mismo abre.

De niños fuimos ese gato aterrorizado que, demasiadas veces, no tenía dónde esconderse. Al hacernos adultos y tener la posibilidad de liberarnos, aquella vieja necesidad de escapar se difuminó hasta convertirse en un recuerdo que preferimos alejar de nuestra mente. Nos perdimos en cualquier lugar donde fuera posible olvidar el pasado. Sólo deseábamos perdernos en nuestra imaginación y en nuestra soledad.

Hemos sido incapaces de regir un destino cuyas reglas desconocemos. Sabemos que algo va rematadamente mal, pero eso es todo lo que sabemos. La desesperanza invade muchos ámbitos de nuestra existencia.

En cualquier situación que requiera responsabilidad, disciplina o valor, surge el gato aterrorizado cuyo único pensamiento es huir, el gato que piensa que al darse la vuelta, lo que está sucediendo a sus espaldas en realidad no ocurre.

Muchas de estas huidas adquieren la forma de una adicción. Cuando esto ocurre nos sentimos completamente embriagados por esa sensación nueva y, hasta cierto punto, liberadora. De pronto nos olvidamos del presente, del pasado y todo lo que no tenga que ver con la adicción. Llegamos a sentirnos importantes. Allí, bebiendo, jugando o comiendo, llegamos a pensar que somos importantes; que poseemos algún tipo de control. No vamos a tardar mucho en odiarnos por la realidad perdedora y autodestructiva en la que nos hallamos inmersos, lo que nos abocará de nuevo a beber, jugar o comer para huir de esa realidad cada vez más triste e incomprensible.

Uno termina por olvidarse del problema que originó todos los males; si es que alguna vez se fue consciente de ello. Y ahora con la adicción, yendo la vida de mal en peor, concluimos que nuestro gran problema consiste en ser un bebedor, un jugador o un bulímico irrecuperable. Ya no sólo hemos olvidado el problema original, sino que hemos logrado reemplazarlo por otro que hace que los abusos sexuales queden relegados a un olvido mayor, si cabe, del que ya tenían.

No hay que subestimar el poder de una adicción. Quizá en ello nos vaya la vida. Una vez has caído en sus garras es muy difícil escapar. Todos lo hemos intentado en infinidad de ocasiones y hemos fracasado otras tantas. Esta sucesión de intentos fallidos va minando nuestra frágil moral y nos hace pensar que la rehabilitación es una utopía que sólo adquiere sentido en nuestros sueños o en nuestra desesperación.

Todo ocurre por algún motivo, y creo que las conductas adictivas no constituyen ninguna excepción. La complejidad del ser humano hace que nos tengamos que emplear a fondo para averiguar las circunstancias que se interrelacionan hasta formar ese comportamiento adictivo que nos mantiene atrapados. En algunos casos nos perderemos por callejones sin salida en los que será imposible desentrañar un porque con pies y cabeza. En otros casos, como puede ser el mío, la razón apareció muy evidente. La respuesta adictiva que había generado para ocultar un pasado no deseado fue la ludopatía. De esta manera tenía entre manos un problema real que sustituía al viejo problema que jamás quise afrontar.

Existe un temor irracional a enfrentarnos a la realidad. Si abandonamos la adicción y nos enfrentamos a lo que somos, o mejor dicho, a lo que creemos ser, nos encontramos con un abismo tan profundo y tan exento de causas y de sentido, que imposibilita cualquier paso en esa dirección.

Siempre vamos a encontrar obstáculos cuando nos enfrentemos con nuestra adicción. Siempre aparecerá ese lado oscuro de nuestra personalidad que no dudará en crear todo tipo de artimañas para eludir la dolorosa verdad que se esconde tras las adicciones, el miedo y la soledad.

Mi ejemplo es esclarecedor. El conocimiento de la verdad no me libró de ningún problema; sólo me permitió verlos. Para que eso sucediera debía desaparecer la adicción. Y lo curioso es que tan pronto como manifesté haber sido abusado de pequeño, me deshice de mi adicción. Ni lo comprendí ni lo sentí de este modo; eso es cierto. Ha sido con la perspectiva de las semanas, los meses, y ahora los años, todo ello unido a la comparación entre actitudes, pensamientos y actos, los que me hicieron llegar a esta conclusión. Era una dependencia que duraba cerca de veinte años y que había convertido mi vida en una mierda. En realidad ya lo era, pero la ludopatía disfrazaba la verdad. Sólo de este modo podía caber en mi mente la idea de que venciendo esa adicción lograría alcanzar la vida normal que en aquel momento no era más que una fantasía.

Desde que puse al descubierto mi gran secreto, el juego desapareció de mi mente. Fue así, aunque mi afirmación resulte incómoda, e incluso engañosa. Yo no pretendo insinuar que lo ocurrido conmigo debe generalizarse ni que sea aplicable a todo aquél que padezca un problema de ludopatía. Lo único que pretendo es reflejar mi realidad. Tampoco quisiera dar a entender que mi relación con el juego se ha normalizado. Simplemente no juego. No quiero hacerlo ni tampoco me apetece. Se anuló la compulsión, sin que ello signifique necesariamente que no pueda volverse a activar en situaciones de crisis.

## 17. ¿Por qué tienes miedo a la gente?

El hombre ha sentido siempre una mezcla de temor y fascinación hacia lo desconocido. La curiosidad y el instinto de supervivencia, según fueran las circunstancias de cada momento, hicieron que la balanza se decantara hacia uno u otro lado. Y aún hoy seguimos escogiendo entre la prudencia o el riesgo, aunque los parámetros en los que nos movemos sean muy diferentes a los que fueron en los primeros tiempos. También hay grandes diferencias entre la elección de un niño y la de un adulto. Una buena parte del aprendizaje consiste en saber discernir cuáles son las mejores elecciones y cuáles las que debemos evitar.

Los abusos trastocaron esta alternancia natural entre prudencia y riesgo. De repente, todo nos pareció arriesgado, todo entrañaba peligro. El característico rasgo de intrepidez y las ansias de aventura y descubrimiento de la etapa infantil fueron perdiendo terreno para dejar lugar a un temor constante a todo y a todos. Nos convertimos en individuos excesivamente temerosos. Nuestra seguridad sólo tenía cabida en lo conocido. Necesitábamos que todo fuera predecible y controlable. Sobrepasar estos límites significaba adentrarse en un terreno peligroso.

Tan pronto alcanzamos la adultez, o incluso antes, pueden invertirse por completo ambos factores. No es excepcional que desarrollemos ciertas conductas de riesgo, a veces provocadas y otras veces sin ser conscientes de ello.

No nos damos cuenta de lo pernicioso y limitado que resulta quedarse estancado. Las aguas estancadas no son, precisamente, las más saludables. Nos cuesta asumir cualquier variación. Nos negamos una y otra vez la oportunidad de evolucionar, alejándonos del valor regenerador de los cambios, negándonos el acceso al conocimiento de nuestras posibilidades y de nuestra propia personalidad.

Si la pregunta del encabezado requiriera por nuestra parte una respuesta escueta, es probable que no aceptáramos fácilmente que la gente nos da miedo. De hecho, no salimos corriendo cuando se acerca alguien. Aunque algunas veces desearíamos hacerlo. Por lo general se trata de cuestiones más sutiles.

Lo que deberíamos examinar es el tipo de relación que establecemos con los demás. Cuando dichas relaciones están notoriamente descompensadas, inclinándose el fiel de la balanza siempre hacia el mismo lado, es hora de pensar que existe un elemento perturbador que tiene su raíz en los abusos. No siempre es así, pero que lo sea o no, ya se encargará de determinarlo el resultado obtenido. Si tras reconocer que fuimos víctimas de abuso sexual, nuestro temor a la gente sigue siendo el mismo y no experimenta el menor cambio, habrá que pensar que tal vez ésa no sea la razón, o cuento menos no la única o más importante.

Cuando analizo mi proceder en los últimos años, veo que el miedo siempre ha estado presente de una u otra forma. Hay una falta seguridad en las acciones que se llevan a cabo a las que suele acompañar una escasa tolerancia a la crítica. La verdad es que la vida me daba miedo. Miedo a vivir. Miedo a enfrentarse a los retos que se presentan. Y en el fondo el miedo a la vida no deja de ser una abstracción que oculta otro miedo que no queremos reconocer; el miedo a las personas y a las relaciones que deberíamos establecer con ellas.

Crecí al amparo de una familia donde fueron traspasados impunemente los límites de la libertad sexual. Lo peor del abuso sexual se produce cuando el agresor dice que sus actos obedecen al cariño que siente por nosotros. Por eso ahora, y ante nuestro propio desconcierto, cuando alguien dice querernos de veras, nos cuesta mucho tener la reacción adecuada. No podemos evitar asociarlo al recuerdo de quien también aseguraba querernos y al sufrimiento que padecimos.

Si pretendemos minimizar el miedo y la ansiedad que surgieron aquel día de infausto recuerdo, deberemos hallar la forma de fomentar la seguridad en nosotros mismos y creer en nuestras posibilidades; exactamente lo contrario de lo que hemos hecho la mayoría de nosotros. Hasta que no logremos exorcizar los demonios invisibles que han destruido nuestra vida y arrojarlos a la cara de ese personaje miserable que se ha refugiado en la impunidad de sus actos, no podremos conquistar nuestra libertad.

Cuando alguien me preguntaba cómo era yo de pequeño, rescataba de mi memoria una anécdota que siempre di por cierta. Esta pregunta también me la había formulado mi pareja en más de una ocasión. Y sus razones iban más allá de la mera curiosidad intrascendente.

Yo solía explicar que durante mi infancia aconteció un hecho muy concreto que alteró mi plácida existencia. Hay momentos que se graban en tu mente y que no sabes muy bien porque; unos de ellos fue el cambio de escuela. Siempre tuve la sensación que la nueva escuela significó para mí entrar en un mundo desconocido y hostil.

Hoy tengo una perspectiva muy distinta. Los abusos fueron la causa de ese cambio radical, y es probable que coincidieran en el tiempo con ese cambio de una escuela a otra. O quizá no.

## 18. ¿Por qué te sientes solo y marginado?

El miedo y la vergüenza son sentimientos que acentúan nuestra tendencia a aislarnos del mundo. La automarginación en la que nos hallamos instalados dificulta el establecimiento de cualquier tipo de relación, y las pocas que logramos construir siempre están expuestas a malograrse.

Como he indicado en otras ocasiones, para relacionarnos con los demás solemos interpretar el papel que creemos que se espera de nosotros. Hay algo parecido a un resorte que se dispara automáticamente y nos hace decir aquello que menos sospechas levante, aquello que pensamos que es normal, aquello que nos hará quedar bien. La necesidad de combatir la soledad a la que nos impulsa el miedo y la inseparable sensación de sentirnos como extraños en un mundo incomprensible, nos lleva a actuar con complacencia o como si no tuviéramos criterio alguno, asintiendo siempre a lo que diga nuestro interlocutor de turno.

Muchos compartimos esa desagradable sensación de llevar marcado en nuestra frente que fuimos abusados, y que cualquier cosa que hagamos delatará nuestro terrible pecado. Pagamos el precio de una interminable vergüenza por un pecado que no cometimos.

Hay una sensación de indignidad e inferioridad que siempre nos acompaña en todos y cada uno de nuestros actos. Estamos convencidos que aquél que descubra nuestro secreto, se alejará de nosotros inmediatamente. La culpa es miedo, vergüenza e impotencia. La culpa es un sentimiento autodestructivo que no es posible compartir con nadie... hasta ese día que averiguamos, no sin sorpresa, que hay muchas personas como nosotros, que sienten igual y que les sucedió lo mismo que a nosotros.

En realidad nuestra vida entera quedó conmocionada y condicionada por los abusos, y es precisamente esa vida la que no podemos compartir. ¿Qué nos queda entonces sino una parodia? Un remedo de lo que debió ser y no fue. ¿Qué nos queda más allá de la soledad y la incomprensión?

Escogimos la soledad porque nos pareció la elección más segura en aquel mundo peligroso. Apartados de los demás nos sentíamos a salvo, pero estar a salvo ¿de qué? Escogimos el peor camino. Y fue el propio agresor quien se ocupó de que ésa fuera nuestra elección. Apartados de todos y considerados como los raros, dejábamos de representar un peligro. ¿Quién iba a creer nada de lo que dijéramos? Además, ya nos sentíamos suficientemente marginados como para empeorar la situación revelando un secreto que nadie creería. Y lo peor es que transcurridos los años nos preguntan: ¿por qué no lo contaste?

Quizá nos hayamos preguntado más de una vez si es posible modificar nuestra realidad o, por el contrario, estamos condenados a permanecer para siempre en nuestro mundo gris y solitario. Quizá no hayamos hecho otra cosa que darle vueltas y más vueltas a esta pregunta.

Al quitarnos la máscara advertimos que la libertad para elegir nuestro camino es ilimitada. Nadie puede obligarnos a nada. ¿Cómo vamos a deber lealtad a quien nos traicionó? ¿Por qué habremos de conceder la tranquilidad de un falso silencio a quienes les preocupa más lo que digan los demás que lo que sentimos nosotros? ¿Son ellos quienes nos quieren bien? Haber sacado a la luz los abusos de que fuimos objeto nos libera de la culpa, la autocompasión y el remordimiento. Estamos en nuestro derecho para exigir que la justicia, tanto legal, social como familiar, nos devuelva lo que perdimos hace tanto tiempo.

Llegó la hora de la libertad y la luz, de escapar de ese oscuro túnel sin fin, de ser aquella persona que siempre anhelamos ser. Llegó la hora de ser nosotros, pasando por encima de chantajes emocionales, de presiones y amenazas. Ahora tenemos las herramientas para construir un futuro nuevo y mejor. No existe razón alguna para que sigamos escondiéndonos y negándonos esa felicidad a la que tenemos derecho.

## 19. ¿Por qué estableces relaciones que no te convienen?

Tal y como sucede con otras preguntas, y ésta no es una excepción, no existe una respuesta que sea válida en todos los casos.

Durante la infancia te obligaron a mantener una relación que traspasaba los límites de tu entendimiento. Además es muy posible que el abuso se produjera en el lugar donde, precisamente, más a salvo deberías haberte sentido, el lugar donde adquirir el aprendizaje adecuado para relacionarte con los demás. Es fácil comprender la contradicción en la que quedamos atrapados, y también lo es llegar a la conclusión de que el entorno familiar no pudo ser esa base en la que uno pudiera apoyarse, ya no sólo en lo referente a las relaciones en particular, sino en todos los ámbitos que afectaran a nuestro futuro comportamiento.

Nuestra vida cotidiana no pudo continuar sin quedar seriamente perturbada, pero aun así debíamos seguir adelante, y lo hicimos, aunque situándonos en un plano de inferioridad que tendría sus efectos negativos en nuestras futuras relaciones. Nuestra tendencia, o más comúnmente la falta de ella, es lo que nos ha llevado a movernos de un extremo a otro.

De todos modos, si hay una tendencia que debería preocuparnos, es la que nos traslada a un mundo donde se recrean las mismas situaciones vividas en el pasado. Al fin y al cabo ése fue el aprendizaje que tuvimos, y por más que tratemos de buscar una salida, siempre terminamos dando vueltas en círculo, haciéndonos las mismas preguntas y lamentándonos por nuestra incapacidad.

Aunque nuestra maltrecha capacidad cognitiva nos indique que éste no es el camino, apenas sirve para indicarnos una mejor alternativa. La única salida viable la encontramos en esa personalidad mimética que nos permite acceder a unas relaciones aparentemente normales. Pero lo aparente es sólo eso. En un contexto de este tipo no es de extrañar que los lazos establecidos con los demás dejen mucho que desear.

Algunos también hemos buscado un tipo de relación problemática para resolver hoy lo que no pudimos solucionar en el pasado. Haber vivido una experiencia tan desgraciada hace que nos obcequemos en la búsqueda de una oportunidad que nos permita enmendar un episodio que nunca podrá modificarse. Es como si nuestra mente persiguiera la redención de unas culpas que nos atribuimos, y que tratamos de solucionar en el presente recreando situaciones que guarden alguna relación. Es en este contexto donde buscamos el contacto con personas problemáticas; tanto o más que nosotros. En ellas personificamos a ese niño al que nadie ayudó. Ahora nosotros nos convertiremos en los salvadores que el destino no puso en nuestro camino. Pero la realidad es que no nos damos cuenta, ni queremos, de nuestros propios problemas, ni tampoco estamos capacitados para ayudar a unas personas que, probablemente, no tengan el menor deseo de ser ayudadas. Es obvio que con esta estrategia no vamos a resolver el pasado, el presente ni nada de nada.

Si continuamos creyendo que nuestro destino está escrito o en manos del azar, nunca dejaremos de considerarnos como víctimas anuladas que no pueden escoger su propio rumbo, y por lo tanto seguiremos estando a merced del primer desaprensivo que se cruce en nuestro camino.

Un día lejano perdimos una batalla porque no estábamos preparados; al contrario, estábamos completamente desarmados. No supimos ni pudimos reaccionar. Todos hemos actuado de un modo parecido.

La guerra continúa. Y por más batallas que hayamos perdido, la guerra que es la vida no la podemos perder. No podemos dejarnos vencer por la apatía y la desidia. Somos demasiado importantes como para darnos por vencidos. El tiempo está de nuestra parte. El futuro está en nuestras manos y nunca nos faltará tiempo para ganar una nueva batalla. El cambio de víctimas a vencedores depende de nosotros.

Nada funcionará bien mientras sigamos obsesionados en cambiar el pasado desde el presente. Y menos aún si tratamos de hacerlo a través de terceros. El pasado es el manual de instrucciones para el presente, y tanto nos informa de lo que debe hacerse como de lo que no debemos hacer.

No podemos ayudar a nadie que no quiera ser ayudado. Y sin embargo, nosotros, que en nuestro interior estamos pidiendo ayuda a gritos, nos ignoramos por completo. Empecemos por solucionar nuestros problemas. Aprendamos a querernos en vez de castigarnos con relaciones dañinas.

## 20. ¿Por qué se aprovechan de ti?

Si hemos de buscar una causa inmediata e irrebatible para responder a esta pregunta, creo que sólo podremos hallarla en nuestra propia predisposición a que tal cosa suceda. Es una respuesta fácil, sí, pero cierta. La valentía de muchos no siempre obedece a méritos propios, sino que se sustenta gracias a la cobardía de otros tantos.

Si profundizamos en el origen de esta carencia de amor propio, no tendremos más remedio que trasladarnos una vez más al ingrato tiempo de nuestra infancia. Un tiempo en blanco y negro donde los recuerdos a veces sólo son imágenes fugaces.

Al rememorar nuestra niñez solemos hacerlo desde una prudencial distancia. Cuando intentamos evocar aquellos detalles que quedaron ocultos en algún lugar sin tiempo, sólo llegamos a percibir la inquietante idea de estar recordando otra vida y otra persona. Obviamente no es así; éramos nosotros, aunque a veces llegamos a dudarlo seriamente. Aquel niño violado, aquel niño del que se aprovecharon sin miramientos; es el mismo niño que habita en nuestra mente como un intruso al que nadie ha invitado. Lo más triste no es que nadie quiera saber de él, sino que nosotros mismos reneguemos de su memoria.

El precio del resarcimiento empieza a pagarse con dolor, y aunque siempre hayamos huido temerosos de cualquier dolor, al final la recompensa superará con creces esa dura transición.

Debemos revisar nuestros valores; qué pensamos, qué sentimos, qué queremos y qué rechazamos. Tal vez sería conveniente escribirlo, a modo de ejercicio, y tratar de acercarnos un poco más a la comprensión de nuestros sentimientos. Es importante saber que estamos cumpliendo y que pasamos por alto. Si no respetamos nuestras propias convicciones, difícilmente lo harán los demás. Debemos adquirir un conocimiento racional de nuestros límites y aceptarlos.

En el pasado ocurrió algo terrible, algo imposible de olvidar y que nos hizo pensar que éramos raros, diferentes... peores, en definitiva. Aún hoy seguimos creyendo que los demás son mejores que nosotros. Nuestro complejo de inferioridad nos induce a creer que todos están más preparados que nosotros a la hora de afrontar las contingencias de la vida, que saben más y que sus opiniones deben prevalecer sistemáticamente sobre las nuestras.

Si fuéramos capaces de analizarlo fríamente, veríamos que la mayoría de la gente no es tan valiente ni tan lista como imaginamos. Somos nosotros los que hemos creado una imagen donde aparecemos como un reclamo perfecto para que se aprovechen sin miramientos de nuestra vulnerabilidad.

Veámoslo de una manera muy simple. Si te encuentras con diez personas que te gritan y tú te callas, tendrás a tu alrededor a diez personas que te dominan. Pero si a estas diez personas que te gritan, tú les devuelves un grito mayor, lo más probable es que ocho o nueve ya no vuelvan a gritarte más. Así de simple es el juego.

Dicen que llevar la cabeza alta puede ser un signo de altivez, pero también de seguridad. Por la misma regla de tres, bajar la cabeza puede ser un signo de humildad, pero también puede indicar sumisión e incapacidad.

## 21. ¿Por qué sientes pánico si se te acercan demasiado?

Una respuesta podría ser que no queremos que nadie nos conozca, porque cuando lo hagan se darán cuenta de nuestra vulnerabilidad y se aprovecharán de ello. Sabemos que pueden hacernos daño y nos protegemos marcando las distancias. Nuestro espacio es vital. Necesitamos controlarlo y el acceso queda restringido a aquellas personas cuya confianza no ofrezca dudas. Si a pesar de nuestros esfuerzos, alguien burla nuestras resistencias, es cuando nos invade el pánico. No sabemos que puede andar buscando. Los recuerdos recurrentes de nuestra niñez, o más probablemente, sus consecuencias, vuelven a nuestra mente y con ellos la inseguridad y el miedo.

Mientras consigamos mantener un falso margen de seguridad respecto a los demás e impedir que violen los límites personales y emocionales que hemos establecido, no ocurrirá nada, pero cuando se sobrepasen, entonces se encenderán todas las luces de alarma y volveremos a experimentar aquellas desagradables sensaciones que regresan de otros tiempos y que tanto nos habíamos esforzado en olvidar. Debemos aprender a manejarlas, pues si anhelamos conseguir esa normalidad que vemos en los demás, el contacto físico y emocional deberá de estar incorporado a nuestro sistema conductual.

En casi todos los ámbitos de la vida, el pensamiento es la antesala de la acción. Por eso el primer paso consiste en comprender las razones ocultas del pánico que a veces nos atenaza e intentar visualizar lo irracional de este comportamiento.

En la medida de lo posible intentaremos recuperar los recuerdos y encajarlos en el complejo rompecabezas en que se ha convertido nuestra vida. Poco a poco iremos recuperando las herramientas para corregir comportamientos de los que tan siquiera éramos conscientes. De este modo se minimizará el pánico y recuperaremos los temores útiles y manejables que nunca debimos perder.

La forma más efectiva para desprendernos de esa sensación de pánico es poder relatar lo que nos sucedió a las personas que realmente nos importan y nos entienden. O mejor aún, a personas que hayan padecido, como nosotros, abusos sexuales.

Si seguimos esperando que todos adivinen lo que nos ocurre, tal y como siempre hemos hecho, sólo lograremos aumentar nuestro grado de frustración y resentimiento hacia quienes menos culpa tengan y más puedan ayudarnos.

Librarnos de la carga que durante tanto tiempo nos ha limitado, nos permitirá enfocar la vida con nuevas expectativas y atisbar horizontes reales y esperanzadores, lejos de la incomprensión y la soledad que hasta la fecha nos ha acompañado. Desaparecerán los sueños imposibles y las quimeras que sostenían nuestras esperanzas estériles para ser reemplazados por la realidad.

## 22. ¿Por qué eres dependiente de las personas que quieres?

Si tuviéramos que destacar una característica que comparten casi todas las víctimas de abuso sexual infantil, probablemente ésta sería la baja autoestima. Nuestra inmolación emocional nunca nos será reconocida, pero sí nos cerrará muchas puertas en la vida, impidiéndonos alcanzar las cotas deseables de crecimiento personal y de autogestión a las que tenemos todo el derecho.

El miedo al fracaso bloquea y desactiva nuestro natural proceso creativo. La fragilidad se adueñó de nosotros aquel día que decidimos dejar de recordar. Desde entonces nos limitamos a hacer lo imprescindible, ya sea por rutina o por imitación. Nunca tuvimos acceso a un aprendizaje que nos permitiera confiar en nuestras habilidades.

Hay tres grandes tipos de relación donde es muy frecuente encontrar a una persona que ha padecido abusos sexuales. La más usual es aquélla que se rompe al cabo de cierto tiempo por causas diversas, aunque casi siempre relacionadas con nuestras carencias e incapacidades para afrontar responsabilidades de toda índole.

De la más frecuente pasamos a la más improbable. En este supuesto nuestras resistencias serían finalmente vencidas. Además de su pequeña incidencia porcentual, ésta es una relación a la que extrañamente se llega sin haber pasado antes por otras muchas relaciones fallidas.

Hay otras uniones, también muy habituales y perfectamente compatibles con el primer tipo, y cuya principal característica es la manifestación de conductas dependientes. Esta última posibilidad se presenta con distintas variantes. Podemos ser nosotros el elemento dependiente o puede tratarse de una conducta aparentemente aceptada o tolerada por ambos miembros de la pareja. Cuando es así, estamos hablando de dependencias que se toleran y aun que se necesitan, aunque no siempre se mantiene esa necesidad ni el equilibrio.

El comportamiento que más responde al perfil de persona abusada es aquél donde se delega en la pareja todas las decisiones importantes, y en muchos casos, también las que no lo son. Esta conducta nos convierte en personas inútiles; perpetuando un estado en el que ya quedamos atrapados mucho tiempo atrás y del que nunca hemos podido librarnos. Entregamos nuestra vida a la responsabilidad de otra persona, cuando ésta tal vez no pueda ni quiera asumirla. Ser dependiente equivale a ser irresponsable, por más que no sea ésta nuestra intención.

Para escapar de las garras de la dependencia es vital averiguar las causas que nos han conducido hasta ella. Es el primer paso hacia la solución. También es posible vencer adicciones y dependencias sin descubrir los orígenes, aunque estaremos en inferioridad de condiciones, tanto en el enfrentamiento inicial como el posterior y más difícil alejamiento de tentaciones que nos conduzcan a nuevas recaídas.

Si se mantiene una relación en la que imperan las actitudes y conductas dependientes, bien sean de uno, del otro o de los dos, la mejor solución es ponerle fin. Queda claro que al adoptar esta medida, lo haremos convencidos de que no es posible reconvertirla en otro tipo de relación. La dificultad estriba en ser consciente de esa realidad, algo poco habitual. En mi caso salió bien, pero no fue porque me diera cuenta de la situación, al menos no hasta que hubo pasado bastante tiempo. Soy muy consciente de que mi pareja hubiera tenido menos problemas de haber optado por la otra alternativa.

Si no tomas la iniciativa de tu propia vida, tu vida dejará de pertenecerte. A cada decisión no tomada se va perdiendo un pedazo de vida. En la infancia intentaron robártela y nunca, hasta ahora, has comprendido que tienes todo el derecho del mundo a recuperarla, por lo tanto, ¿a qué esperas? No importa que alguien te haya dicho que esa blusa no te favorece, que ese proyecto es una tontería o que nunca lograrás sacarte esas oposiciones. Hazlo. Hazlo todo y equivócate tantas veces como sea necesario. El error no consiste en equivocarse, sino en dejar de hacer las cosas.

No hay otro camino.

## 23. ¿Por qué pones a prueba a las personas de tu entorno?

Ya en la infancia tuvimos que familiarizarnos con un sentimiento de inferioridad que ha invadido muchos aspectos de nuestra existencia. Entre las más afectadas están las relaciones personales. Éste es un campo de cultivo idóneo para la inseguridad. Una de las vías que utilizamos para neutralizarla (o eso creemos) consiste en poner a prueba a nuestra pareja, amigo o compañero más allá de los límites razonables. Cuando esta actitud pasa a ser obsesiva logramos, como no podría ser de otra manera, justo el efecto contrario al deseado. La persona que estaba a nuestro lado termina dejándonos por puro agotamiento.

Esa seguridad que necesitamos tener garantizada a cualquier precio es la misma que nos fue arrebatada en la infancia. El desequilibrio emocional que causan los abusos nos empuja a una vida donde la seguridad se convierte en una búsqueda obsesiva que nunca produce los resultados apetecidos, y nunca podrá producirlos, ya que estos suelen partir de una base irracional.

Para el niño hay ciertas cosas que son inmutables. Son puntos de referencia que cree que siempre serán así. Los padres representan el término absoluto de seguridad. ¿Cómo puede sobrellevar un niño que su propio padre, como me sucedió a mí, traspase ese límite, eliminando de golpe todo el concepto y significación de seguridad emocional? La respuesta es obvia. No puede. Las secuelas más o menos graves serán la lógica resultante de una situación inmanejable para un niño.

No está entre nuestras atribuciones cambiar a los demás. Ponerlos a prueba una y otra vez no demuestra inseguridad hacia su actitud o sus intenciones, sino que delata nuestra propia inseguridad.

Tampoco es bueno estar siempre pendientes de la valoración que de nosotros hagan el resto de las personas. Y aunque unas pequeñas dosis de vanidad no van a desvirtuar nuestro concepto real, éste nunca debe ser considerado como el único indicador de nuestra valía. Somos nosotros quienes deberemos determinar, a través de nuestras intenciones, y sobre todo de nuestras acciones, lo que valemos o dejamos de valer. Situarnos en una posición de autosuficiencia requiere la responsabilidad de pensar, llevar ese pensamiento a la práctica y asumir las consecuencias de la acción. Y sean éstas cuales sean, las aceptaremos y aprenderemos de ellas. Ahí está el fundamento de la seguridad, y cuando alguien se siente seguro de sí mismo es innecesario poner a prueba a la gente de tu alrededor.

## 24. ¿Por qué piensas que la gente te va a abandonar?

Si pienso que soy insignificante, que soy alguien incapaz de llevar nada a buen puerto, que se compadece a sí mismo, que se siente permanentemente culpable de cuanto ocurre a su alrededor, que piensa que su opinión no tiene ninguna relevancia y que nadie lo echaría de menos si no estuviera, es obvio que también piense en la posibilidad de que me abandonen. Esa sensación, independientemente de lo cierta o falsa que pueda ser, suele acompañarnos en todos y cada uno de nuestros actos, lo cual, queramos o no, termina por trascender más allá de nosotros mismos y acabamos convirtiendo en real la recreación de todo aquello que queremos evitar.

Tras los abusos nuestra autoestima se vino abajo. Caemos hasta tocar fondo. Después nos levantamos como podemos, pero sólo para volvernos a caer. Y así una y otra vez. Sin solución de continuidad. Cada vez te sientes más sucio y menos digno de ser amado. Cuando alguien se interesa por ti, algo poco frecuente, tú ya sabes de antemano que esa relación está abocada al fracaso. Es una certeza tan asumida que rara vez falla.

El miedo es un factor dominante en nuestra vida, y no por sus aspectos positivos, sino porque después de los abusos, interiorizamos como nuestra la culpa de lo sucedido. Quizá no fuera de un modo consciente ni tampoco fuéramos capaces de ponerle palabras, pero siempre nos acompañó esa sensación de secreto inconfesable. Y lo peor de todo tal vez fue la certeza que teníamos de que la revelación de lo que nos ocurrió podría significar que nos abandonaran.

Tal y como sucede en otras cuestiones de la vida hay que aprender a mirar en el interior de uno mismo y no estar tan pendiente de lo que sucede en el exterior. Nuestro auténtico valor es el que nosotros nos damos a través de nuestros actos. Y ese mismo valor es el que los demás percibirán a la hora de sacar las pertinentes conclusiones sobre la clase de individuos que somos. Por ello es lógico que si la opinión que tenemos sobre nosotros es nefasta, por más que tratemos de disimularlo, ésa será la idea que acabaremos transmitiendo, y también será, a la postre, lo que induzca a los demás a alejarse de nuestro lado.

Quizá el primer paso sea conseguir ser fieles y coherentes con nuestra propia persona. Ésa es la base para mantener la fidelidad hacia los demás. Conocerse uno mismo es un antiguo precepto filosófico que nunca perderá vigencia. Este acto no se caracteriza por ser un proceso pasivo, sino todo lo contrario. Buena parte de esa actividad, al menos en los primeros momentos, pasará por el regreso al pasado. Allí están las claves para resolver el presente.

No debemos olvidar que es en el presente donde deben manifestarse todos los cambios. De nada sirve quedarse en el pasado dándole vueltas a lo que ya no puede cambiarse. Allí sólo vamos a mirar lo que está mal, pero a la hora de arreglarlo debemos hacerlo en el presente.

Una vez nos liberemos de la culpa y hayamos comprendido que somos personas tan importantes y válidas como el que más, dejaremos de preocuparnos por si nos abandonan o no. Y no sólo eso, cuando nos ocupemos realmente de nosotros, las personas de nuestro alrededor se interesarán por nosotros mucho más de lo que lo hacen ahora.

Si alguna certeza he logrado aprehender en estos últimos tiempos es que aun en el caso de que las personas de mi entorno me abandonen, siempre seguirá a mi lado la persona más importante: yo.

## 25. ¿Por qué utilizas una mascara para esconderte?

A veces es tan grande la vergüenza y tan humillante el complejo de inferioridad, que sólo tras una máscara somos capaces de enfrentarnos al mundo.

Muchos nos hemos refugiado en ese mundo triste de la soledad; uno de los pocos espacios donde nos hemos podido sentir a salvo. Después, aunque salgamos tras esa máscara aparentemente protectora, tarde o temprano se impone la realidad y se desatan las partes incontrolables de nuestro ser.

Son tantos los sentimientos ahogados y tanto el tiempo perdido que nuestras relaciones difícilmente van a superar dificultades y pruebas tan elementales y necesarias como la entrega, la generosidad, la sinceridad y la convivencia. Si no somos capaces de discernir los errores ni de someternos a un profundo cambio estamos condenados a girar una y otra vez en esa noria que llamamos vida y en la que todo termina saliendo mal.

Cuando intentaba dar con las claves que pudieran explicar mi presente, lo único que conseguía era estrellarme contra un muro en el que no parecía haber ningún resquicio. Ahora sé que no veía nada porque miraba en todas las direcciones excepto en la que se hallaba el problema.

Sería absurdo no reconocer el complejo de inferioridad que siempre ha dirigido mis actos. Creo que hasta cierto punto era consciente de ello. Sin embargo lo que no ha sido tan sencillo es averiguar el porque. Comprendo la necesidad que me ha llevado a mantener a raya todo aquello que ha permanecido escondido tras muchos años de silencio, pero aún me cuesta calibrar su verdadera dimensión y la capacidad destructiva que ha tenido.

Al quitarnos la máscara y manifestar a cara descubierta que fuimos una de tantas víctimas de abusos sexuales, experimentamos una indescriptible sensación de alivio. Muchas de nuestras preguntas irresolubles empiezan a encontrar respuesta.

Otro de los efectos perniciosos del abuso fue convertirnos en seres vulnerables y desprotegidos. Fuimos privados de golpe de las defensas naturales para enfrentarnos a un mundo que, de repente, nos pareció hostil e inabordable. Debíamos ocultarnos o, si no había más remedio, utilizar una máscara con la que ocultar nuestra fealdad interior y mostrarnos más tolerables ante aquellos que, de estar al corriente de la verdad, nos rechazarían de plano. Al menos, eso es lo que creíamos.

La verdad nos hará libres. Ésta es una frase cuya verdadera esencia sólo se capta cuando la pones en práctica. No hay otro camino hacia la libertad. No hay otro camino hacia uno mismo; la verdadera libertad.

Arrancarse la máscara equivale a encarar de una vez por todas la verdad; el don más preciado que poseíamos y al que nos vimos obligados a renunciar en nombre de... ¿la familia? ¿El hipotético dolor que íbamos a causar? Nunca fuimos libres. Y si lo fuimos alguna vez, ya forma parte de un recuerdo que se difumina en nuestra memoria hasta hacernos dudar de si fue real o fue tan sólo un sueño.

Sobrevivimos tras la alargada sombra de la mentira. Nos hicieron creer que teníamos la culpa, que sólo servíamos para eso, que no podíamos decírselo a nadie. Nos hicieron creer tantas cosas que nuestro criterio se perdió entre miles de dudas. Nos hicieron creer que nuestra vida no valía nada. Y nos lo creímos.

Es la realidad que nos tocó vivir. Pero ahora esta mentira ya no debería tener poder alguno sobre nosotros; ahora sabemos que la culpa fue exclusivamente de nuestro abusador.

Es hora de quitarse la máscara. No valen excusas. No las hay. Las consecuencias de la revelación de los hechos no son responsabilidad de la víctima. ¡Faltaría más! Cada cual deberá asumir la parte que le corresponda. Engañarse es prolongar una agonía que ya dura demasiados años. El silencio no es lo mejor para todos. Sólo es lo mejor para el agresor. Ésa es la gran mentira que arruinó nuestra existencia.

No tiene sentido silenciar unos hechos escudados en la falsa idea de no dañar a los demás. Y no tiene sentido por la sencilla razón de que aquellos que nos quieren de veras desean lo mejor para nosotros. ¡Cómo van a querer, entonces, que seamos custodios de un secreto que nos está destruyendo! Aquellos que quieren lo mejor para nosotros nos apoyarán cuando pongamos al descubierto la verdad de lo que nos ocurrió. Y si no sucede así, entonces deberíamos replantearnos lo mucho que dicen o aparentan querernos.

## 26. ¿Por qué te resulta difícil conocerte a ti mismo?

La innata curiosidad infantil, fuente de donde beben el conocimiento y el aprendizaje, fue mutilada sin contemplaciones. El subsiguiente vacío se llenó de miedo y quedó revestido por el secreto inconfesable que desde entonces nos acompañaría. Esta situación la pagaríamos con múltiples consecuencias; entre ellas la dificultad para conectar con la esencia de lo que somos.

Siempre tuvimos una idea incompleta e irracional sobre nosotros mismos. Nos sentíamos sucios, desgraciados, desvalidos, incomprendidos y un sinfín más de nefastos adjetivos que no nos permitían evolucionar. Una persona que tiene semejante concepto de sí mismo ¿qué siente? Una persona que, además, ha hecho lo posible para no sentir lo que ocurría ¿cómo puede después manejar sus sentimientos?

Aquel día que se cerró la puerta, quedó tras ella una parte de mí. Aquel día, sin darme cuenta, renuncié a la inocencia, a muchos sueños, a muchas esperanzas; renuncié a un futuro mejor. Aquel día no fui consciente de lo que sucedía, no podía imaginar que mi destino iba a cambiar para siempre.

Hoy, treinta años después, puedo empezar a redescubrir ese otro yo que fue aniquilado cuando apenas asomaba la cabeza al mundo. Hoy, treinta años después, me embriagan emociones que no pude experimentar en su momento; como la de estar empezando de nuevo, de transformar lo viejo, de descubrir las pequeñas y grandes cosas. Hoy vuelvo a sentir un nudo en el estómago, presagio de las nuevas posibilidades que se abren en este nuevo mundo que aparece ante mí, feliz augurio del reencuentro con aquel niño que se perdió hace tanto tiempo. Hoy, treinta años después, soy consciente de lo que soy.

    Nuestra vida ha estado sumida en un prolongado letargo del que no será fácil salir. Nos asusta descubrir hasta dónde vamos a ser capaces de llegar. A muchos nos asusta porque creemos que no vamos a llegar a ninguna parte. Cuando iniciemos el camino nos llevaremos más de una sorpresa. Nuestras reacciones y nuestra manera de expresarlas y convertirlas en actos van a ser muy diferentes a lo que los demás están acostumbrados a ver en nosotros. A partir de ese momento todo volverá a ser posible. El momento se iniciará tras la revelación de los abusos. Y ese momento es ahora.

## 27. ¿Por qué te cuesta decir no?

Mantener nuestro criterio bajo presión o cuando se nos quiere convencer de que estamos equivocados, implica la posesión de buenas dosis de carácter, convicción y seguridad. Podemos estar equivocados, y ahí también debería caber la tolerancia, pero lo que me interesa resaltar es la importancia de tener un punto de vista que podamos sostener más allá de las influencias exteriores.

El carácter y el criterio basado en principios sólidos, adquirido a través de muchas experiencias y sustentado por la amplitud de miras, es una característica que pocas veces hemos disfrutado. Por desgracia la tozudez estúpida ha sido más frecuente en nuestra vida. Y es que sólo nos quedó lo que nos dejaron.

Creo que el valor de una buena educación está en la libertad de elegir el mejor camino cuando has tenido la oportunidad real de elegir entre muchos caminos. Si nos dotaron o nos alimentaron la valiosa facultad de discernir qué era bueno, qué no lo era tanto y porque esto era así y no de otra manera, nuestras posibilidades de decidir aquello que sí queríamos, pudiendo decir no a lo que no queríamos, eran mucho mayores que las que en realidad tuvimos. El summum de la gravedad no es que no nos enseñaran a decir no, sino que nos enseñaron a decir sí cuando debía ser no.

Nos obligaron a la renuncia y a la aceptación de una realidad infame. Nos arrebataron el derecho a decir no en el momento más crucial; justo ese momento que marcaría el resto de nuestra vida. A partir de ese día los abusos condicionaron nuestros pasos hasta extremos que aún hoy tratamos de comprender y asimilar. Desde entonces hemos vivido permanentemente con la sensación de estar desautorizados para oponer resistencia ante cualquier petición, aunque fuera absurda, fuera contra nuestros principios o, simplemente, no nos apeteciera. Nos hemos estado negando derechos elementales, convirtiendo nuestra vida en un despropósito ingobernable.

Se puede responder sí o no cuando se está seguro de cuál es la respuesta. No es cuestión de decir indiscriminadamente que no a todo sin tener conciencia alguna de lo que queremos. Lo que importa es reconstruir nuestro criterio con el aprendizaje que nunca pusimos en práctica y con el nuevo aprendizaje al que accederemos después de liberarnos de la pesada carga que ha significado el secreto de los abusos.

Siempre hemos carecido de argumentos para negarnos a cualquier cosa. Decir que sí a todo es un acto de cobardía, ya que demostrar oposición supondría mantener razonamientos que no nos atrevemos a defender. Ya es hora de posicionarnos y defender nuestra razón sin ceder antes las presiones, vengan éstas de donde vengan.

## 28. ¿Por qué te sientes incómodo con los niños?

Si he de ser sincero, jamás había reparado en esta cuestión, sin embargo cuando se habló de ello en el grupo de ayuda mutua, me di cuenta de lo identificado que me sentía con una idea tan turbadora y tan llena de razones que alcanzaban las raíces más profundas de mi pasado.

Básicamente la sensación, al menos la mía, es de incomodidad. No sabría ser más preciso. La interpreto como un enfrentamiento con una situación donde no sé muy bien como actuar ni que decir. Más adelante te informas y descubres que aquellos que han padecido abusos sexuales tienen mayores probabilidades de convertirse en abusadores que aquellos que no los han padecido. La verdad es que no se trata de un descubrimiento tranquilizador, precisamente. Y menos cuando las estadísticas apuntan al hombre, en abrumadora mayoría, como continuador de esta triste cadena. Al cabo del tiempo, no obstante, adquieres criterios y conocimientos propios y suficientes como para poner en tela de juicio algunas estadísticas cuya base es bastante dudosa.

Quizá ésta sea la causa inconsciente de nuestros temores asociada al contacto con el mundo infantil. Es como si se manifestara esa incomodidad a modo de autodefensa para no repetir el proceso, aunque también puede ocurrir que la presencia infantil nos retrotraiga a unas épocas olvidadas que no nos apetece en absoluto traer a la memoria. Ambos casos pueden tener su efecto en nuestras reticencias al contacto con niños.

¿Por qué íbamos a repetir dicho proceso si sabemos que fue un infierno? La lógica sólo es concebible desde nuestra propia mentalidad infantil.

De pequeños fuimos abusados, y si eso ocurrió en el ámbito familiar, no debería sorprendernos que el niño interiorice la idea de que el abuso forma parte de ese aprendizaje. A veces ocurre sin que intervenga una elección consciente. Eso nos lleva a considerar que el niño, cuando alcance la madurez, puede llegar a poner en práctica las "enseñanzas" que recibió durante la infancia.

En alguna parte de nuestro cerebro siempre está latente el recuerdo de nuestra niñez y de todo lo que ocurrió. Ahora, cuando estamos cerca de un niño, nosotros somos el adulto. Es como si cada niño se convirtiera en un insidioso interrogante sobre nuestro pasado, y también una angustiosa pregunta a nuestro futuro.

Debemos trabajar a fondo campos como la empatía, en este caso con los niños, pues es precisamente en el desconocimiento de lo que sienten los demás, así como de lo que sentimos nosotros, donde radica uno de los motivos por los que nos convertimos en personas diferentes.

## 29. ¿Por qué funcionan mal tus relaciones familiares?

Si el abuso se ha producido en el entorno familiar es muy normal que las relaciones estén seriamente afectadas; bien sea por un lógico resentimiento, al ser el agresor parte de esta familia, a veces incluso con la connivencia de alguno de sus miembros, o bien por esa especie de malestar que no sabemos ubicar demasiado bien, pero que suele responder a la incomprensión e indefensión a la que nos vimos sometidos. Aunque la familia no supiera nada, no podemos eludir el pensamiento de no haber sido protegidos en el único ámbito donde dicha protección debería haber sido una prioridad absoluta.

Cuando decidimos contar lo que nos sucedió, las relaciones familiares pueden deteriorarse aún más. Puede ocurrir que la familia se ponga de tu parte una vez descubierta la verdad, aunque no sea esa la postura más común. Las mayores probabilidades las encontraremos en las posturas intermedias. Unos te brindarán todo su apoyo, otros te darán la espalda y otros tratarán de quedar bien con todo el mundo. Estos últimos, por lo general, sin conseguir ni una cosa ni otra.

Cuando el abuso se produce fuera del entorno familiar, las posibilidades de acercamiento son mayores. Aunque eso no nos garantiza, una vez sacados a la luz los acontecimientos traumáticos, que la familia esté a la altura y se comporte de una manera correcta.

También es posible que la negatividad no sea un acontecimiento que aparezca con la revelación de los abusos. Las malas relaciones, por ejemplo, pueden proceder de aquellos lejanos tiempos en que contamos nuestra terrible verdad y no fuimos creídos ni protegidos de la manera adecuada. Es bastante fácil y lógico echar la culpa a los padres o a quienes más cerca estuvieran por no haberse dado cuenta, por no habernos sabido proteger o, como en mi caso, por ser directamente el elemento agresor.

Las familias, en demasiados casos y sobre todo al principio, suelen tener una marcada tendencia a cerrar filas y a hablar lo menos posible del asunto, actuando como si no hubiera pasado nada importante. Ésa es una actitud especialmente dolorosa para las víctimas. Y es que no sólo son las familias las que adoptan estas actitudes; la sociedad actúa de modo parecido. Eso no ayuda en lo más mínimo a mejorar las relaciones, ya que nuestra curación consiste, sobre todo, en romper el silencio y compartir nuestro dolor, algo que sólo podemos hacer hablando del asunto.

Para mejorar las relaciones familiares en un clima de reciprocidad donde nuestra recuperación esté situada en un primer término, lo primero que debe hacerse es considerar con la mayor precisión posible el precio que vamos a pagar por mantenerlas. Puede ocurrir que no estemos dispuestos a pagar ese precio, al menos de momento. Esta decisión puede representar un importante problema ético, ya que nuestra necesidad de incomunicación con la familia puede afectar a alguno de sus miembros de un modo que tal vez no parezca demasiado justo, sin embargo no debemos apartar la vista de lo que es verdaderamente importante, y nada lo es más que nuestra salida del pozo en el que caímos hace tanto tiempo. Sólo desde esta perspectiva podremos ponderar lo que es y no es justo.

Nuestra prioridad pasa por alejarnos del entorno nocivo que dificulta nuestra recuperación. Este entorno nocivo no desaparecerá ni podremos hacerle frente hasta que consigamos ser los dueños de nuestro destino. Si la familia, o parte de ella, se preocupa de veras por nosotros y desea fervientemente nuestra rehabilitación, entonces deberá hacer todo lo posible por comprender y aceptar nuestras decisiones, por contradictorias e incomprensibles que les puedan parecer.

## 30. ¿Por qué utilizas el autoengaño?

Es complicado ponerse en la piel de un niño que está siendo reiteradamente abusado y pensar, después, que éste pueda seguir viviendo con normalidad, ajeno a los abusos. Es obvio que el niño lo intenta, aunque generalmente no suele encontrar otra salida que no sea el silencio. A pesar de ello procura actuar como si no estuviera pasando nada. Estas actitudes, no obstante, siempre tienen un precio; y a veces el precio es muy elevado. Los que hemos padecido abusos sexuales lo sabemos muy bien. Hemos vivido aplastados por el peso del silencio.

Es una paradoja. Cuando alcanzamos la capacidad suficiente para comprender lo sucedido y remediarlo, entonces no lo hacemos. Hay muchos motivos para explicar esta conducta. Aunque en la actualidad esos motivos puedan ser fácilmente rebatidos, en la infancia tenían mucho sentido. Formaban parte del mecanismo de defensa que nos permitió sobrevivir, pero también se convirtieron en un problema irresoluble que se enquistó en nuestro comportamiento hasta hoy. Ahora ya no queremos darnos cuenta. Y si algo se escapa del filtro del olvido, lo hacemos pasar por otro filtro: el del autoengaño.

Para llevar una vida razonable tuvimos que recurrir al autoengaño. Probablemente no éramos mentirosos por naturaleza; nadie suele serlo. No obstante nos obligaron a ello. A partir de aquel día nefasto, que yace enterrado entre tantos otros días igual de nefastos, tuvimos que aprender a vivir con el engaño. Se infiltró en nuestras vidas y nunca más pudimos desprendernos de él. Es como si nuestra existencia no fuera auténtica. De hecho no lo era, siempre subyacía esa gran mentira que nos obligaba dar por cierto lo que nuestros ojos no veían y a negar lo que en verdad estaba sucediendo.

¿Que hacemos ahora? Hasta el momento de revelar los abusos no habíamos hecho nada; al menos nada positivo y adecuado; sólo lamernos las heridas y culpar al destino, a nuestra mala suerte y a cualquiera que se pusiera por delante. En realidad no hemos hecho nada que nos pudiera llevar hasta la raíz del problema; siempre hemos huido. Ésta ha sido nuestra gran especialidad.

Tras la revelación de los abusos tal vez pensemos que se ha dado un gran paso, y ciertamente así es. Pero no podemos quedarnos ahí; eso puede conducirnos de nuevo al autoengaño. A cada paso que damos tenemos la tentación de detenernos y recrearnos eternamente en él, como si fuera un objetivo en sí mismo. Deberemos incorporar a nuestro aprendizaje la idea de que un paso no tiene otra función que la de preceder al siguiente. Aprender a caminar significa olvidarse del paso anterior y prepararse para dar el siguiente.

Existen muchas formas de engañarse y nunca es fácil darse cuenta. Una de las consecuencias del autoengaño es creer que has conseguido algo engañando a los demás, aunque sea por omisión, o sentirte participativo creyendo que estás diciendo más cosas de las que realmente dices. Y también está la más importante: creer que lo que estás leyendo no tiene nada que ver contigo.

# V. GAM

# 1. Grupos de autoayuda

Los grupos de autoayuda están formados por personas que tienen en común haber vivido unos hechos traumáticos, haber sufrido una pérdida o tener alguna dependencia o adicción. En realidad hay muchos comportamientos compulsivos donde la unión de los afectados puede tener efectos beneficiosos. En nuestro caso fueron los abusos sexuales padecidos en la infancia.

Las asociaciones como Fada, Acasi, Gasje, Aspasi o Avasi, dedicadas a la ayuda y la prevención de los abusos sexuales, ceden sus locales a los diferentes grupos de ayuda mutua (GAM), que llevan a cabo sus reuniones con una frecuencia semanal, quincenal o mensual. No existen normas demasiado rígidas, lo que importa es adecuarse a las necesidades del propio grupo y a la disponibilidad de sus integrantes. No siempre es fácil encontrar un día y un horario donde todos coincidan. Con el tiempo, la evolución del propio grupo irá determinando los encuentros. Lo habitual es que al principio exista una necesidad muy fuerte para encontrarse y soltar todo lo que llevamos dentro, mientras que más adelante, cuando empiezan a resolverse algunos problemas, dejará de ser tan imperiosa.

El primer encuentro entre los componentes de un nuevo grupo suele producirse bajo la tutela de un psicólogo o de algún miembro veterano que se encarga de transmitir las experiencias obtenidas con los otros grupos, dinamizando, aconsejando y aclarando dudas a los nuevos integrantes del GAM.

Tras la reunión inicial el nuevo grupo queda formado, con un horario establecido y con plena autonomía para lograr los objetivos que se vayan proponiendo. El primero es hablar de nuestros sentimientos respecto a lo acontecido durante nuestra infancia. Es trascendental romper el silencio y encontrar comprensión a cambio. Eso es algo que nunca habíamos experimentado, ni creímos poder hacerlo.

A cada reunión surgirán nuevas ideas y proyectos que irán cohesionando el grupo. No debe asustarnos que las reuniones iniciales hagan tambalear nuestros cimientos. Eso siempre suele suceder, pues dichos cimientos se asientan sobre un suelo todavía muy inestable. Esta situación puede durar más o menos tiempo, siempre depende de la persona; lo invariable es el beneficio obtenido de la primera toma de contacto con nuestra auténtica realidad.

Aprendemos a vivir, recordando e iluminando las partes oscuras de nuestro pasado, recreando las situaciones que no supimos solucionar adecuadamente y buscando la aplicación correcta en esa nueva realidad que vamos dibujando paso a paso. Todos y cada uno de nosotros nos hemos sorprendido adoptando actitudes que, apenas unos meses atrás, sólo nos atrevíamos a soñar, o ni tan siquiera eso. El grupo debe ser una entidad innovadora, participativa, dinámica y versátil.

Recuperar aquellas características que perdimos durante la niñez será el verdadero motor del GAM. Estamos hablando de la recuperación de la autoestima, la eliminación de las falsas culpas, la búsqueda de sentimientos que permanecieron enterrados durante mucho tiempo, la libertad de relatar lo que nos sucedió sin que por ello tengamos que experimentar una sensación de vergüenza, de culpa o de miedo y, en definitiva, aspirar a ser aquella persona que, de no ser por los abusos, hubiéramos podido llegar a ser. Nunca es demasiado tarde para lograrlo.

Como en todos los órdenes de la vida pueden apreciarse distintas velocidades entre los miembros del GAM. Todos somos únicos y diferentes. Pero a veces esas diferencias en los procesos de recuperación y asimilación pueden crear un estado de ansiedad para quienes, aparentemente, van más despacio. Algunos observan que los demás obtienen logros significativos, mientras ellos siguen viéndose estancados e incapaces de resolver nada de lo que ocurre en su vida. En realidad nunca se sabe cuando llegan los cambios. Puede ocurrir que una persona que parecía incapaz de dar un paso, de pronto lo da, y ése es el detonante que permite unos cambios mucho más profundos.

Cada cual tiene su propio ritmo para procesar la información y ejecutar las acciones oportunas.

La experiencia me indica que quien esté dispuesto a superar su pasado, más pronto o más tarde obtendrá resultados positivos. Quizá debamos esforzarnos más para controlar la ansiedad y para fomentar la perseverancia. Quien no hace ni una cosa ni otra puede terminar siendo el candidato perfecto para abandonar el grupo, pero no porque nadie lo empuje a ello, sino porque no encontrará utilidad a lo que está haciendo. Es el tipo de persona que cambia de psicólogo cada dos por tres, y el mismo, en definitiva, que se engaña creyendo que hace algo cuando, en realidad, sólo busca excusas para justificar actitudes más cómodas y cobardes que efectivas. Estas huidas son relativamente frecuentes. Y muchos hemos pasado por ellas.

Si alguien se sintiera en una posición dependiente respecto al grupo, nos encontraríamos, por lo poco que sé, con un caso extraño para el que no tengo definición. Digo que es extraño porque un individuo que no consigue, no quiere o no puede entablar un mínimo de comunicación en torno a los abusos no suele generar una dependencia. Sencillamente, como ya he apuntado antes, se va. Y quien sí lo hace, integrándose y soltando el terrible lastre que llevaba a cuestas, tampoco se expone a esa supuesta dependencia, sino todo lo contrario; se libera de ella.

El apego al grupo, a la larga, lleva a un inevitable desapego, y eso ocurre porque los problemas, cuando se enfrentan, tienden a resolverse en un momento u otro. En todo caso, la permanencia al grupo, si se produce, obedece a nuevas motivaciones, como la sensibilización social, plasmada en diversas actividades relacionadas con la asociación o la ayuda individual a quienes han pasado por lo mismo.

La finalidad de un GAM puede darse por cumplida al cabo de un año, aunque ponerle esta fecha de caducidad sea más orientativo que real. Tampoco significa que transcurrido ese periodo, el trabajo haya concluido, tan sólo un proceso ha llegado a su fin para que se inicien nuevos procesos.

Yo viví los GAM como la fusión de dos grupos debido a la marcha de algunos componentes de cada grupo y al posterior replanteamiento de metas más generales. Podríamos decir que se asemejaban más a reuniones de trabajo. De todos modos siempre podíamos seguir manteniendo reuniones esporádicas, en su sentido más convencional, según fueran nuestras necesidades.

*Cómo ponerse en contacto con FADA:*

C/. Fontanella, 20, 5º
Tel. 93 318 97 69
08010 Barcelona
e– mail: asfada@suport.org

*Cómo ponerse en contacto con ACASI:*

Calle Camí Reial 121 bajo
Tel. 96 108 91 98
46900 Torrente (Valencia)
e– mail: asociacion@acasi.org

*Cómo ponerse en contacto con AVASI:*

Centro Cívico de Begoña – Begoñako Auzo– etxea
C/ Club Deportivo Circo Amateur, 2
Tel. 622 218 016
48004 Bilbao
asociacion@avasibilbao.org

*Cómo ponerse en contacto con GASJE:*

Paseo de Anoeta, 28 (Edificio del CRAJ)
Tel. 943 472 617
20014 – Donostia – San Sebastián
gasje_asoziazioa@yahoo.es

*Cómo ponerse en contacto con ASPASI:*

C/ San Raimundo 27 1º
Tels. 91 311 23 76 – 615 88 33 32
28039 Madrid
aspasi7@hotmail.com

## 2. Un largo camino

Mi pensamiento siempre era el mismo. Ya no puedo caer más bajo. Eso no puede volver a ocurrir. Pero volvía a caer. Siempre ocurría. Me sentía insignificante. Una parte de mí intuía que aquella insondable profundidad no era la causa de mis desgracias, sino el efecto de alguna cosa que no alcanzaba a comprender.

El juego se había instalado en mi vida, gobernándola a su antojo y aniquilando cualquier resistencia que pretendiera oponer. En tales circunstancias, era muy fácil echarle las culpas de todos mis males a la ludopatía, pero no eran la exactitud y el buen juicio quienes gobernaban mi razonamiento, sino la necesidad de rehuir ciertas responsabilidades para no enfrentarse a una realidad que yacía oculta en algún rincón de mi cerebro. Yo apenas era capaz de ver las evidencias más palpables. Estaba claro que el juego presentaba una sintomatología que no se podía ignorar. Pero de ahí a considerarlo la causa de todos mis males mediaba un abismo. Eso es algo que pude comprobar cuando confesé el abuso del que fui víctima.

En mi vida he sufrido perdidas de toda índole, y también he dejado pasar de largo muchas oportunidades. He malogrado amistades y relaciones. He hecho cosas de las que no me siento orgulloso. Esta conducta forma parte del demencial sistema de vida de un adicto. Es terriblemente complicado mantener una existencia normal cuando tu mente sólo está maquinando la manera de conseguir más dinero, bien para gastarlo en el juego o bien para liquidar viejas deudas. Lo más probable es que se acabe dando la primera posibilidad, motivo por el cual las deudas continúan envejeciendo hasta adquirir una considerable solera, a la par que van naciendo de nuevas. El círculo se estrecha y llega un momento en que todo explota. Entonces empiezas de cero y te juras a ti mismo y a todo el que quiera escucharte que eso jamás volverá a pasar... hasta que pasa. Como siempre.

Las amistades se extinguen y apenas algún viejo "dinosaurio" nos soporta todavía. Las relaciones, ni que decir tiene, nacen con un futuro hipotecado. Es como si ya conociéramos la sentencia de un crimen que aún no se ha cometido, aunque sabemos a ciencia cierta que se cometerá sin que podamos hacer nada para evitarlo. Nuestro destino tiene fechas de caducidad que se cumplen inexorablemente. No tenemos control sobre nada de lo que ocurre a nuestro alrededor. Eso es lo que pensamos, pero lo cierto es que controlamos a la perfección nuestro destino autodestructivo. Es como si nuestro agresor hubiera puesto en marcha en mecanismo en nuestro interior: este niño abusado se autodestruirá dentro de...

No sé hasta que punto puede hacerse esta aseveración, pero si no acabé mucho peor de lo que estoy, probablemente se lo deba a mis padres. Un adicto va en caída libre, y si no hay nadie que lo recoja antes, lo lógico es que tarde o temprano se estrellé fatalmente contra el suelo. Creo que contar con la contención de aquellos que recogerán lo que quede de ti, en este caso mi madre, sirve para que no te destruyas definitivamente, aunque si no se resuelve, también hay el peligro de que se convierta en una agonía interminable.

Siempre fue así; cada vez que llegaba a una situación límite, detrás estaba mi madre, siempre dispuesta a interpretar su papel de madre abnegada, que arreglaba el estropicio y recogía mis pedazos esparcidos en el vacío. A estas alturas no estoy tan seguro de que eso fuera algo bueno. Quizá si me hubiera estrellado con todas las consecuencias, en soledad, sin recursos...

tal vez entonces hubiera empezado a superar muchas cosas, o tal vez no hubiera levantado cabeza nunca más. Quien sabe...

Así fue transcurriendo mi vida, con altibajos que en ningún caso llegaban a superar la frontera de la mediocridad. Éste fue el contexto en el que apareció Marta y pasó a formar parte de mi triste existencia. Es algo que no tardó en lamentar. A veces aún lo hace.

Iniciar una relación, y sobre todo prolongarla en el tiempo, implica vivir toda una serie de tensiones de diferente intensidad, propias de la vida en pareja, que ponen a prueba la paciencia, la capacidad y los recursos de cada cual. Aquellos que arrostramos las limitaciones provocadas por el abuso sexual, lo tenemos mucho más difícil, por eso al presentarse los momentos críticos es cuando más rápido desaparecemos de escena. Es en ese refugio imaginario de la adicción donde los problemas parecen no existir. Se podría comparar con una anestesia, pero cuando cesan los efectos y seguimos estando en ese mundo intolerable, el círculo vicioso se activa una y otra vez sin que podamos hacer nada para controlarlo.

Nos esforzamos para que parezca que todo va bien y que la normalidad rige nuestra conducta. Pero este mundo perfecto con el que engañar a los demás, tarde o temprano se viene abajo. No tarda en producirse una pérdida de dinero considerable e inmediatamente nos preguntamos como hemos podido ser tan imbéciles. Pero ya no se puede remediar. Sólo queda buscar la fórmula mágica que justifique esa falta de dinero. Se puede lograr una, dos, tres veces... pero al final deja de ser creíble. La sospecha de que algo grave ocurre empieza a planear en el ambiente, enturbiando una relación a la que, además, no le has dedicado toda la atención que se merece. No es extraño, pues la mente se halla ocupada en otros menesteres. Y así hasta que se descubre el pastel. Es inevitable. Y te enfrentas, como en mi caso, a esa primera vez en que tuve que confesarle a Marta mi adicción al juego.

La primera vez tienes la impresión de haberte quitado un gran peso de encima. Crees sinceramente que ahora existe una posibilidad real de mejoría. Pero tan sólo lo parece. En realidad es una ilusión; existe una capa que sigue ocultando ese secreto inconfesable, una capa de autoengaño que siempre nos acompaña a todas partes y que nos hace creer que esta vez, como siempre, será la última. ¡Y es que ahora sí que hemos aprendido la lección! Estamos completamente seguros de que no volverá a ocurrir. Como siempre. No queremos ver lo que hay en el abismo. En esas condiciones lo máximo a lo que podemos aspirar es a que no ocurra durante unos días, unas semanas o unos meses... pero la suerte sigue estando echada, y nunca mejor dicho.

Después de mi patética confesión y a pesar de contar con una segunda oportunidad, Marta me puso sobre aviso. En el caso de producirse una nueva recaída ya no haría falta que le dijera nada más; debería limitarme a hacer las maletas y marcharme por donde había venido.

Debo reconocer que su compromiso fue más allá de lo que habría hecho cualquier persona; ayudándome en muchos aspectos y de una forma real y sincera, sin compadecerme en ningún momento y controlando el dinero que pasaba por mis manos; el menos posible. En fin, no vale la pena extenderse demasiado, ya que parecería que todo ello conduce a un final feliz, cuando lo cierto es que, a pesar de sus esfuerzos, fue inútil.

Volví a jugar ¿Por qué? Es una buena pregunta. Mucho mejor que cualquier respuesta que pudiera dar. Creo que, por alguna extraña razón que no consigo adivinar, juegas hasta el punto de agotar toda posibilidad de recuperación. Es como una especie de suicidio interminable que no logras consumar; un suicidio en el que una parte consciente y lógica lucha contra un inconsciente oscuro y terrible, cuyo poder, cuando se activa y quiere manifestarse, resulta invencible. Un poder que me estaba exigiendo la reparación de un daño innominado, un poder que no puede ser doblegado si no es con la comprensión de lo que significó el pasado, reviviéndolo y poniendo nombre a todo y a todos los que protagonizaron aquel tiempo lleno de miedos y vergüenzas inconfesables. Y si no lo hacía, más pronto que tarde ese poder me destruiría.

Tras la confesión vienen esos momentos de vacío existencial en los que da igual estar vivo que muerto. Permanecí en la habitación, sentado en la cama, inerte, sin coordinar ningún pensamiento durante un tiempo que parecía haberse detenido. Poco a poco fui tomando conciencia de mi nueva situación y empecé a pensar en lo que se iba a convertirse mi vida a partir de aquel momento. Debería empezar de cero. El problema es que siempre empezaba de cero para acabar bajo cero. El absurdo círculo en que se había transformado mi vida no parecía tener ninguna salida.

Intentaba hacerme a la idea de que el siguiente paso no podía ser otro que hacer las maletas y trasladarme a algún lugar de mala muerte. Mi economía no me iba a permitir grandes lujos; ni grandes ni pequeños. Una retahíla de pensamientos lúgubres empezaba a desfilar por mi mente. Si el propósito de mi vida no podía ir más allá de la autodestrucción, lo menos que podía hacer era esforzarme para no inmiscuir a terceras personas en un plan tan estúpido. Sin duda, todos iban a estar mejor sin mí.

A todo esto le daba yo vueltas, en mi soledad desesperanzada, mientras en el salón de casa también se debatía mi futuro. Los hijos de Marta eran partidarios de una tercera oportunidad, según ella misma me dijo después. Una oportunidad a todas luces inmerecida, por mi parte, y un riesgo para la salud familiar, por la suya. El caso es que me quedé, aunque fuera a crédito, con números rojos y con unas perspectivas de futuro absolutamente hipotecadas.

Me temo que ahí empezó mi auténtico "tocar fondo". El que sólo ves cuando ya ha pasado el tiempo, el único con posibilidades de rehabilitación. Pero en aquel momento sólo alcanzaba a distinguir una pequeña luz al final del túnel. La luz de mi nueva vida se hallaba muy lejos y en el lugar más inesperado.

Sucedió algunos días después. Todavía no he dado con la razón que me llevó a hacerlo, pero lo hice, y ése sería el punto de inflexión más trascendente de mi existencia. Le confesé a Marta que durante mi infancia había padecido abusos sexuales por parte de mi padre. Jamás, ni por un instante, pensé que eso tuviera nada que ver con mis problemas. No lo dije por eso, casi diría que al contrario; develar aquel secreto era la última carta que me quedaba por jugar, y en parte, creí estar jugándola interesadamente. Me costaría mucho tiempo asumir que los abusos pudieron haber influido en el tipo de persona en que me había convertido. Me lo creí, al principio, porque así me lo dijeron, porque parecía lógico y porque me dieron una baja laboral de más de siete meses... pero creérmelo sinceramente, con la certeza y la profunda convicción de que realmente fue así, es algo que me costó bastante tiempo.

Mi pareja apostó fuerte por mí. Casi me atrevería a decir que fue un error. Yo era como una ruleta trucada y no existían demasiadas posibilidades de que saliera bien. Pero salió. Esa tercera oportunidad aportó un elemento novedoso del que yo, como acabo de referir, no era en absoluto consciente. Esa novedad hizo posible que la confianza depositada en mí diera sus frutos lentamente. Quizá más lentamente de lo que a ella le gustaría.

A partir de aquel momento empezó a removerse lo más profundo de mi interior. Las raíces que sustentaban mi existencia y le daban algún sentido ahora parecían estar podridas.

Marta, como no podía ser de otra manera, tomó la iniciativa y decidió ponerse en contacto con mis padres para manifestar su opinión, una opinión que en aquellos momentos era más comedida que la actual. Llamó por teléfono. Como mis padres no estaban, dejó un mensaje grabado en el contestador. No me puso al corriente de sus gestiones, por lo que, al llamar al día siguiente mi madre y pedirme explicaciones, yo no sabía de qué me estaba hablando. Escuchaba a mi madre, alterada, y a Marta, indicándome mediante señas lo del mensaje. Así acabé enterándome de lo sucedido.

En una posterior llamada, hablando con mi madre e intentando aclarar que es lo que había ocurrido, ésta dijo que hablara con mi padre, el cual, se puso al aparato. Mi padre dijo que no había ocurrido nada malo y que tan sólo era un juego entre él y yo. La conversación concluyó cuando mi padre dijo que a mí me gustaba. Eso era más de lo que podía soportar en aquellos momentos. Tenía tantas palabras agolpadas en mi garganta, pugnando por salir, que al final, no salió ninguna. Sin pensármelo demasiado colgué. Fue lo más contundente que pude hacer en aquella situación.

Poco antes de que todo eso ocurriera, mi padre ya había llamado y, como no estábamos en casa, también había dejado un mensaje en el que decía, en tono solemne e indignado, que él jamás había abusado de mí ni de ninguno de sus hijos, añadiendo que estábamos muy equivocados si pensábamos que le íbamos a hacer pasar por algo semejante. Por fortuna su credibilidad no tardó muchos días en irse por los suelos.

En ese punto empezó mi largo e inconcluso peregrinar hacia el encuentro de mi propio yo. En el camino quedarían retazos de mi vida, de una vida cuya falsedad no era capaz de imaginar ni de ponerle nombre.

El punto de partida fue la consulta de una reputada psicóloga, y el sistema utilizado para hallar a esa persona que se ocultaba en algún lugar de mi subconsciente, fueron las regresiones. Al cabo de unas cuatro o cinco sesiones decidí dejarlo. No apreciaba cambios significativos ni tenía la sensación de estar avanzando en ningún sentido. No me sentía a gusto, y mi hermetismo era más fuerte que cualquier regresión. Me resistía a regresar. Además estaba el añadido económico. Las sesiones tenían un precio bastante elevado y en aquellos días, con la baja laboral y cobrando tres cuartas partes de un sueldo ya de por sí bastante mísero, no podía permitirme seguir así demasiado tiempo. Debía buscar opciones más compatibles con nuestra economía y, por descontado, con mejores resultados.

También debo señalar que la decisión de no acudir a la consulta psicológica iba acompañada de la idea de encontrar algún tipo de tratamiento de grupo. No era algo nuevo para mí. A causa de mi adicción al juego tuve la posibilidad, tiempo atrás, de ingresar en un grupo de jugadores anónimos. Allí comprobé como funcionaba este tipo de grupos, y aunque en aquella ocasión no conseguí el objetivo principal, que era dejar de jugar, sí puedo afirmar que fue lo más cerca que estuve de lograrlo.

En esos instantes, casi como una iluminación, comprendí que si había alguna posibilidad de superar el trance por el que estaba pasando, tenía que ser hablando con personas que hubieran pasado por lo mismo que yo.

Sin demora, me apliqué a la búsqueda de algún grupo de "abusados anónimos" o algo parecido. Tras diversas llamadas infructuosas, finalmente, alguien me puso sobre la pista correcta. Me remitieron a una organización llamada FADA, un lugar donde asesoraban a las personas que habían sufrido abusos, así como a madres cuyos hijos, en algún momento, habían padecido este grave problema. También me pusieron al corriente de la existencia de un grupo de ayuda mutua en funcionamiento. Se trataba, no obstante, de grupos cerrados.

Cuando un grupo inicia su andadura adquiere, por decirlo de alguna forma, una dinámica concreta y un cierto nivel de recuperación que va inextricablemente ligado al tiempo que le dediquemos. La entrada de una persona nueva puede desbaratar en buena medida los avances logrados por el grupo. Ésa es, en principio, la teoría, aunque a día de hoy soy más partidario de los grupos abiertos, eso sí, con limitaciones, con normas, analizando los casos y teniendo en cuenta que un grupo no puede asumir más que una cantidad máxima de componentes.

La coincidencia quiso que mi llamada se produjera pocos días después de que emitieran en televisión un programa dedicado a los abusos sexuales a menores. Esto provocó un importante flujo de llamadas para pedir todo tipo de información, ya que la asociación FADA fue una de las protagonistas del programa. La posibilidad de formar nuevos grupos de autoayuda pronto adquirió consistencia.

Mi primera toma de contacto con FADA, además de lo reseñado anteriormente, fue bastante tranquilizadora. Me dijeron que no me preocupara, pues debido a la multitud de llamadas recibidas, probablemente, no se tardaría demasiado tiempo en formar un nuevo grupo. Tan pronto como se reuniera el número suficiente de personas decididas a integrarse en un grupo, se pondrían en contacto conmigo para un primer encuentro.

Unos quince o veinte días más tarde nos encontramos cinco personas en una sala de la asociación. Con nosotros había una psicóloga que trabajaba allí y, en consecuencia, familiarizada con estos casos. Se nos facilitó la información extraída de la experiencia del otro grupo y se intentaron aclarar las dudas que iban surgiendo.

Como en cualquier asociación o grupo que persiga un objetivo, hay unas normas básicas que se deben cumplir, como el compromiso, la puntualidad, la búsqueda de un día en el que todos podamos coincidir sin mayores complicaciones o el establecimiento de la periodicidad de las reuniones. Por lo demás, el resto se fundamentaba en explicar lo que nos había sucedido, como nos sentíamos y, tal vez lo más importante, en ayudarnos y apoyarnos los unos a los otros. Eso último no estaba regulado, sino que fluía con el propio contacto y la comunicación. Estar juntos y poder expresar aquello que jamás nos atrevimos a confesar a nadie, es una bendición difícil de explicar a quien no ha pasado por ello.

La curación se basa en un trascendental cambio de actitud. ¡Y es que es tan grande la diferencia entre quedarse callado y hablar! ¡O entre quedarse callado y poder decir que no!

Quizá el rasgo más llamativo de las primeras reuniones fue la constante fluctuación de sus componentes. Un día éramos cuatro, otro ocho y al siguiente tres. Las primeras reuniones fueron las más duras. Tras muchos años de silencio, ahora sacábamos de las mazmorras de nuestra memoria aquellos fantasmas que tanto terror nos produjeron y que tanto terror nos seguían produciendo. No todos estaban dispuestos y capacitados para soportarlo. Al cabo de un par de meses el grupo se estabilizó en cinco miembros. Así permanecimos durante medio año. Al cabo de ese tiempo, una de las componentes dijo que lo dejaba. Creía que sus objetivos ya estaban cumplidos y que no era necesario acudir a más reuniones.

Mientras escribo estas líneas, el grupo pionero y el nuestro están barajando la posibilidad de fusionarse en un solo grupo, pues entre ambos sumamos un total de nueve. Está prevista una reunión donde se debatirá éste y otros puntos, como por ejemplo la posible publicación de este libro, ya que si no logro publicarlo por los conductos deseados, como podría ser una editorial especializada, FADA se compromete a hacerlo, aunque eso sí, en un circuito mucho más restringido.

Han transcurrido nueve meses de tratamiento con el grupo, a razón de un encuentro semanal. A estas alturas ha quedado claro que se está cerrando una etapa. Este final de etapa, para algunos, puede significar desligarse de la asociación. Hay que pensar que alguien que en verdad no necesita volver a formar parte del grupo es una persona que ha logrado superar muchos de sus miedos, lo cual, más que una pérdida, podría considerarse un éxito. De todos modos creo que serán los menos; muchos queremos seguir ligados de una u otra forma, aunque sólo sea para devolver algo de lo mucho que hemos recibido.

El otro día hablaba con Eva por teléfono para comentarle lo de la reunión con el otro grupo e informarla del día y la hora. Ella me decía que se encontraba francamente bien. Después de haber estado en el paro durante unos meses, ahora acababa de encontrar un trabajo en el que se sentía muy a gusto y con un sueldo aceptable. Me decía que apenas tenía tiempo para nada. Sin mayores rodeos le dije que el éxito del GAM, en parte, consistía en ir perdiendo a sus componentes, (ahora creo que eso no es totalmente exacto) y que si pensaba que había llegado el momento de dejarlo, tampoco debía sentirse culpable por ello.

Uno de los aspectos importantes que estábamos aprendiendo en el grupo y que debíamos potenciar era la capacidad de tomar decisiones. Ése era un punto débil que todos compartíamos y uno de los que más trabajo requirió por nuestra parte. Quedamos en que ya hablaríamos en la próxima reunión y decidiríamos el futuro de ambos grupos, así como los cambios que podían incorporarse.

Los avances de cada individuo deben cuantificarse con relación a uno mismo, y no comparándose con los demás. Todos tenemos una serie de problemas más o menos compartidos, pero no todos los tenemos enterrados a la misma profundidad, y por tanto es oportuno hablar del ritmo de cada persona en concreto. La constancia y el convencimiento de encontrarnos con el verdadero "yo", y crear una vida mejor, es la clave más segura para alcanzar el éxito.

## 3. Un paso adelante

El día 17 de noviembre de 2002 se publicaba un extenso reportaje sobre el abuso sexual infantil, fruto de la colaboración entre *Photographic Social Vision* y FADA. Fuimos cuatro personas las que dimos nuestra imagen y el testimonio que apareció en el "Magazine", suplemento que se incluía en varios periódicos del ámbito territorial español. El tiraje superó el millón de ejemplares. Sin duda es el evento más importante que he vivido desde que estoy en la asociación, tanto en lo que se refiere a la repercusión social como a la económica. La asociación estaba en un momento especialmente delicado y con posibilidades reales de desaparecer. En lo particular todos hemos vivido sensaciones que jamás olvidaremos.

En los días posteriores a la aparición del reportaje recibimos multitud de llamadas y correos electrónicos que intentamos repartirnos entre todos con el objeto de dar respuesta a quienes nos felicitaban, nos apoyaban o, más frecuentemente, nos demandaban ayuda.

Quizá uno de los aspectos más frustrantes fue comprobar que un elevado número de llamadas no procedían de Cataluña, nuestra área natural de influencia, sino del resto de España. Hablo de frustración porque la distancia y la endémica escasez de medios de nuestra asociación hacían inviable que pudiéramos prestar la ayuda deseada. La sede de Fada está ubicada en Barcelona y por el momento carecemos de sucursales. Es profundamente descorazonador tener que decirle a nuestro interlocutor que no hay ninguna asociación que se ocupe específicamente de los abusos sexuales en su comunidad. Aun así, haber podido mantener contacto con todos ellos y participarles que no están solos, quizá haya servido para hacerles saber que no son los únicos que han pasado por este terrible trauma y que tienen todo nuestro apoyo. Pero sobre todo espero que también haya supuesto el primer paso hacia un proyecto de ámbito nacional.

Si conseguimos que alguien piense que deben romperse esas cadenas de dolor y silencio que han marcado nuestra existencia durante tanto tiempo, el esfuerzo no habrá sido en vano. Sólo desde la acción y la información vamos a poder lograr que los cambios vayan asentándose en la sociedad.

Dos días después de la aparición del reportaje nos encontramos en Fada. Fue una reunión de urgencia. A todos nos invadía una cierta desazón, quizá un estado de melancolía o tal vez una mezcla de muchos sentimientos difíciles de explicar. El caso es que necesitábamos vernos.

Tanto el impacto mediático como las repercusiones que tuvo en el entorno familiar, fueron muchas y ninguna fácil de asimilar. Muchos de nuestros familiares, y también conocidos, tenían conocimiento por vez primera de este asunto a través de la prensa. Necesitábamos vernos, hablarnos, abrazarnos.

Vicki, presidenta de Fada, empezó a leernos los correos electrónicos que se estaban acumulando en el ordenador. Los escuchábamos sobrecogidos y, por primera vez, fuimos plenamente conscientes de la magnitud y el alcance logrado al prestar nuestra imagen y nuestro testimonio. Unas veces asentía Cristina, diciendo a ésta contesto yo, otras era Eva, con lágrimas en los ojos, y otras era yo. Estuvimos más de una hora escuchando en la voz de Vicki historias conmovedoras, tristes, alentadoras, desgarradoras... pero todas coincidentes en felicitarnos y mandarnos su aliento para que continuáramos adelante con esta labor. ¡Cómo no! Quién me iba a decir a mí, sólo dos años atrás, que estaría en la situación que estoy, saliendo en la prensa, escribiendo un libro, felicitado de corazón por algo que había hecho... ¡Quién me iba a decir a mí!

Nuestro entusiasmo, ante la respuesta social del reportaje, nos impelió a decirle a Vicki que nuestros objetivos, a partir de aquel momento, deberían ser más ambiciosos. Debíamos abrir sucursales en Galicia, en Asturias, en Aragón y en cualquier lugar de la geografía española que fuera necesario. Vicki nos miró con un deje de consternación y nos comunicó que sólo había dinero para continuar durante un periodo de unos dos meses. De ahí en adelante el futuro se presentaba como una gran incógnita. Sin duda, nuestras buenas intenciones estaban más cerca de la utopía que de la realidad. Al menos por el momento. De todos modos es de esperar que el efecto de este reportaje, más allá del enorme beneficio social, repercuta también en nuestras maltrechas arcas, bien sea mediante la sensibilización de las instituciones o bien a través de las aportaciones de socios y particulares en general.

Eva, desde Galicia, expone lo siguiente:

...creo que la gente que sufrió abusos y maltratos es muy sensible y desconfiada. Es normal, no quieren sufrir más. Una buena amiga solía llegar a clase con el ojo morado, con la mano vendada, pero un día llegó marcada de una manera brutal. Sólo se veía un poco por el cuello, pues se vestía con sudaderas que tapaban el cuerpo, pero se agachó y lo vi a través del escote. Era brutal. Cuando hablé con ella me soltó la excusa que tenía preparada. Me dijo que se había quemado. Yo le respondí si se había metido en una hoguera. Entonces hablamos en una esquina y me dijo muy seriamente: *—Eva, llevo desde muy pequeña llegando igual al colegio, a la guardería y a todos los lados. Todo el mundo, los profesores, vecinos, todos están al corriente de lo que me pasa y nadie hizo nunca nada. En cambio ahora el asunto de los abusos y maltratos está de moda y toda la gente se cree con autoridad para decirte lo que tienes que hacer.*

En el fondo sé que tiene razón. De pequeña sufre abusos y nadie le hace ni caso. Además ella dependía de los demás por que era una niñita. No tenía capacidad para ir a la policía a denunciar o para buscar alguna solución. Ahora que existen los medios, la gente le recrimina, casi con asco, que se dejara hacer eso. Le dicen que esto hoy no se puede permitir, porque hay medios y bla, bla, bla. Es como si la culpa fuese suya.

En definitiva, creo que la asociación y la información que pueden aportar las personas que han sufrido abusos y maltratos son la mejor ayuda que pueden encontrar las personas que lo han padecido, porque es auténtica y sabe de lo que está hablando.

## 4. El foro

Además de hacer uso del ordenador como herramienta indispensable para la confección de este libro, también me ha resultado muy útil a la hora de obtener información de todo tipo y, cómo no, sobre los abusos sexuales a la infancia. Desgraciadamente no es mucho el material que he podido hallar, y de procedencia española mucho menos aún.

Hay otra utilidad, relacionada con el ordenador, que me ha resultado muy grata y beneficiosa para muchas personas. Estaba lejos de imaginar la trascendencia que iba a tener en los días posteriores a la aparición del reportaje en el "Magazine".

Una de mis primeras y mayores aficiones cibernéticas ha sido participar en distintos foros de opinión y relacionarme con personas de cualquier parte del mundo. Fue ese entretenimiento el que me hizo pensar en la posibilidad de crear un foro donde pudiéramos reunirnos exclusivamente las personas que hemos sido víctimas del abuso sexual.

Antes de tomar una decisión de la que pudiera arrepentirme efectué una ronda de consultas a las personas con las que ya mantenía contacto a través del correo electrónico. Todos coincidieron en que podría ser una experiencia sumamente interesante y que valía la pena ponerla en práctica.

Me puse de inmediato en contacto con Fada y les envié otro correo electrónico detallando todas las posibilidades que ofrecía esta nueva vía de comunicación. Les pareció una buena idea, sin embargo andaban bastante colapsados ante la avalancha que se produjo tras la publicación del reportaje. Aquello, de momento, no pareció ser una prioridad, sino una propuesta experimental cuyos resultados no pasaban de ser prometedores, pero inciertos. Es evidente que todo lo que está por demostrar pertenece al ámbito de la teoría, aunque yo estaba absolutamente convencido que el foro sería un instrumento muy válido para abrir puertas y brindar posibilidades a todos aquellos que ahora mismo las estaban demandando sin que tuviéramos nada que ofrecerles. Un soporte donde todos se pudieran expresar y todos se pudieran comunicar entre sí, me pareció lo mejor que podía hacerse en aquellos momentos.

Tras un tiempo prudencial de reflexión decidí dar forma a la idea y así fue como nació "Forogam". Un grupo de ayuda mutua virtual que sigue funcionando a pleno rendimiento y con enormes ganas de prosperar y de llevar a cabo proyectos y actividades.

Ariadna, una de las participantes del foro, dice lo siguiente:

*"Me presenté y me definí en pocas palabras. A veces, bastan cuatro adjetivos para explicar toda una vida. ¡Que triste!*

*Fui leyendo los mensajes y me sentí abrumada al ver el calor con que se me recibió. A medida que fui leyendo y conociendo a las demás personas, empecé a sentirme unida a todas. Porque no estoy sola, porque no soy la única que no encuentra respuestas y porque a veces, cuando compartes lo que sientes, aunque no te den respuestas, el simple hecho de contarlo, libera la tensión".*

Quizá se pueda argumentar que un foro es un lugar frío, impersonal, donde las personas que participan no se conocen, no se ven la cara, no se miran a los ojos. Ciertamente es así, excepto en lo de frío e impersonal. Un foro tiene limitaciones, incluso podríamos llamarlo desventajas, pero no es menos cierto que las ventajas también son dignas de tener en cuenta.

En este sentido, Montse nos ofrece un listado donde pueden distinguirse ciertas particularidades que le confieren al foro algunas ventajas respecto a los grupos de ayuda mutua de los que algunos también hemos formado parte:

*¿Qué ventajas tiene el foro?, tantas...*
*1) sin desplazamientos*
*2) sin gastos*
*3) sin compromisos*
*4) oportunidad de pensar dos veces lo que se escribe (es más lento escribir que hablar) y así darse a uno mismo la oportunidad de reestructurarse psicológicamente.*

*5) oportunidad de releer lo que se recibe como respuesta de otra persona, aprender más y mejor, con mayor serenidad.*

*6) Disponibilidad total, a cualquier hora del día o de la noche, 365 días al año.*

*7) Nadie interrumpe mi exposición*

*8) No puedo interrumpir a nadie en su exposición (me hace sentir más educada)*

*9) Asumir el reto de las nuevas tecnologías (un gran desafío).*

Los inicios del foro fueron algo precarios. No éramos muchos y el formato del foro no era el más adecuado. Faltaba algo tan importante como la privacidad. Todos estos detalles fueron solventándose al cabo del tiempo, todos aprendimos y empezamos a escribir en el foro actual; un foro más privado y al cual sólo se accede por invitación y tras obtener la pertinente contraseña. Estas aparentes dificultades dan, por otra parte, mucha tranquilidad y libertad a quienes forman parte de nuestra pequeña familia.

Sólo pueden participar las personas que hayan sufrido abusos sexuales en la infancia o aquellas personas que estén directamente relacionadas con el problema, como pueden ser parejas, familiares o amigos íntimos. En el caso de las personas no afectadas directamente, la participación se desarrolla en otro espacio diferente a la que utilizan las personas afectadas.

Las posibilidades de un foro son casi infinitas. Cada espacio, como los foroGAM en el que participamos los miembros actuales, tiene su propia contraseña de acceso. Hay otros espacios como foroINFO, de información, foroAMIGOS, donde participan, como apuntaba antes, las víctimas del abuso y familiares, parejas, etc. y VISITANTES, el lugar donde llegan los nuevos miembros del foro. En este último no se precisa contraseña, pues se trata de un lugar de paso. Otro de los espacios importantes del foro son los Gabinetes Psicológicos, donde han intervenido e intervienen psicólogos conocedores del problema. También se abordan de un modo específico asuntos tan graves y tan relacionados con los abusos sexuales como el suicidio, las autolesiones, la sexualidad o los problemas con la alimentación, entre otros.

Alba nos dice lo siguiente:

*"Para mí el foro fue y es la única salvación que poseo. Entré en él gracias a Joan, al que nunca le estaré lo suficientemente agradecida, ya que le escribí después de leer el reportaje del semanal.*

*Como digo, esto fue una liberación para mí, por fin podía hablar con gente que había pasado por lo mismo que yo. No os conocía y ni siquiera estabais cerca, pero no me importó, me sentía escuchada, comprendida, arropada. Entre todos supisteis abrirme los ojos y enseñarme el camino. Me aconsejáis y mostráis vuestras experiencias, las cuales me sirven de ejemplo para lo que pueda venir.*

*Sois como mi segunda familia, pero una familia de verdad, porque aunque no tengamos lazos de sangre, nos escuchamos y apoyamos, y creo que eso es mucho más importante.*

*La verdad es que sin el foro y sin vosotros estaría totalmente perdida, no habría llegado hasta aquí, y no seguiría avanzando como lo estoy haciendo. Muchas gracias por todo".*

Creo que poco más se puede añadir. El foro es nuestro hogar; un hogar que lo componen (a finales de octubre de 2007) casi 1400 personas registradas, un lugar donde nos sentimos seguros, cómodos y donde podemos hacer las confidencias que nunca hicimos y hacer partícipes a nuestros compañeros de unas sensaciones y sentimientos que nunca pensamos poder compartir.

Inma añade a la lista de Montse otras posibilidades que nos ofrecen las nuevas tecnologías:

*10) Poder ver la evolución personal a lo largo del tiempo releyendo lo anterior.*

*11) La situación, los sentimientos de cada uno, entre nosotros son más fáciles de entender y al conectar con el foro te sientes más comprendido y arropado.*

*12) La facilidad para escribir. Hacerlo cara a cara sin conocerse sería muy chocante y duro.*

*13) Poder expresarte sin temor ni medida. Los demás te escuchan, no hay obligaciones personales. Puedes participar o dejarlo con total libertad.*

*14) Es una forma de poder expresarte, si no lo haces o no lo has hecho. Te ayuda a romper el silencio.*

### *Cómo ponerse en contacto con el foro:*

A través de la web:

**http://forogam.loeda.net**

Allí encontrarás un enlace para registrarte en el foro y las primeras instrucciones para participar.

# 5. GAM

### ¿Cómo definirías el GAM?

Un GAM, al igual que cualquier otra asociación de estas características, no puede aspirar a ser más que aquello que consigan hacer de ella los individuos que la integren. Podríamos definirla como una reunión de amigos donde va a tratarse un asunto del que no solemos hablar fuera de ese espacio. En los locales de cualquiera de las asociaciones podemos expresarnos libremente sobre los abusos sexuales, con la tranquilidad y la certeza de que nos están entendiendo y de estar entendiendo a quien nos habla. También tenemos la confianza y la seguridad de nos ser juzgados, lo cual facilita bastante que podamos abrirnos a los demás.

### ¿Qué tipo de gente me voy a encontrar allí?

Encontrarás la misma gente que se puede encontrar en cualquier otro sitio. Personas que tienen las mismas carencias, las mismas dificultades y que, al igual que tú, tratan de entenderlo y de hallar una salida.

Se podría pensar que las personas que acuden a pedir ayuda proceden de ambientes desestructurados y conflictivos. Pero no suele ser así. En la mayoría de casos son hogares aparentemente convencionales.

Vamos a encontrar personas con dificultades, algunas de ellas procedentes de familias disfuncionales, pero lo que de verdad vamos a encontrar son personas con nuestros mismos problemas y limitaciones, personas que en nada se diferencian a nosotros. En definitiva, vas a relacionarte con una persona que no se escandalizará por nada de lo que puedas contarle.

### ¿Cómo funciona internamente un GAM?

Los integrantes de cada GAM acuerdan el día y la hora en la que todos pueden coincidir y la frecuencia de las reuniones. Lo habitual, al principio, es reunirse una vez por semana.

Se puede optar por un moderador. Habitualmente no se contempla dicha figura, salvo si los grupos son muy numerosos. Si se diera este caso, la presencia de alguien que regule las intervenciones de cada miembro del grupo, facilitando que todos tengan su oportunidad, podría resultar necesaria.

Lo que se hable en el grupo será aquello que queramos contar. Nadie podrá exigirnos nada ni imponernos reglas. Todo se hará según las necesidades de cada uno. Las circunstancias de cada cual determinan el protagonista del día, aunque en la siguiente reunión, probablemente, habrán nuevas circunstancias y nuevo o nuevos protagonistas. Se podría pensar que éste no es el término más adecuado, y aunque hasta cierto punto es así, en tanto que un protagonista puede parecer que "ensombrece" al resto, la verdad es que todos necesitamos sentirnos protagonistas de nuestra vida y de nuestros sentimientos. Pero eso no quita que la voluntad y el interés del grupo prevalezca sobre los intereses de un componente, sin que de ello se infiera ninguna limitación a la libertad individual. Sólo se pretende que la libertad de unos termine donde empieza la de los demás.

Siempre se podrá decir lo que se quiera o permanecer en silencio. Hay una especie de mecanismo solidario automático que regula cualquier posible conflicto. Todos estamos en el mismo barco y todas las posturas son igualmente aceptables.

### ¿Qué objetivos se persiguen en el grupo?

Los objetivos pueden resumirse en la recuperación del rumbo y del sentido de nuestra vida. Eso no quiere decir que la pertenencia a un GAM haga desaparecer todas las dificultades acumuladas a lo largo de una vida. Lo que sí hará es devolvernos la fe y las fuerzas para enfrentarnos a ellas.

Lo más importante es abrir los ojos y ver nuestra auténtica realidad, despojarnos para siempre de esa paralizante sensación de culpabilidad y mirar al futuro con optimismo.

Modificar nuestra actitud ante la vida es uno de los principales retos que trataremos de afrontar en el grupo. En realidad es lo que nos abrirá las puertas a los pequeños y grandes cambios que terminarán conformando nuestra nueva realidad.

### ¿Cuál es el primer cambio que destacarías en ti desde que llegaste al GAM?

Todos hemos llegado al GAM pensando que éramos unos "bichos raros" y que nadie podía dar explicación a nuestro comportamiento. El primer gran cambio que pudimos experimentar fue, precisamente, descubrir que aquello no era cierto y que nuestros sentimientos, sensaciones, pensamientos y actitudes eran ampliamente compartidas por todos.

Otro cambio que se produce con frecuencia es la tranquilidad que viene tras la revelación de ese secreto tan largamente silenciado, así como la sensación de pertenencia a algún sitio. A partir de ese momento desaparece buena parte de la ansiedad que siempre nos acompañó. La posibilidad de compartir los sentimientos contradictorios de nuestra infancia nos libera de la sensación de culpa asociada a la ocultación del abuso.

### Se suele hablar de curación al referirse al enfrentamiento con esa parte de nuestro pasado. ¿Puede decirse, entonces, que estamos enfermos?

Las terminologías no son tan importantes como las acciones que emprendemos para lograr unos resultados concretos y efectivos. Todos compartimos unos síntomas muy parecidos y prácticamente todos requerimos *medicinas* parecidas para alcanzar ese deseado estado de normalidad que nos fue escamoteado.

Es evidente que si no estamos dispuestos a reconocer y combatir el origen de lo que nos convirtió en lo que somos, nuestra calidad de vida quedará lejos de las cotas deseables a las que debemos aspirar. No podemos, asimismo, ignorar que la actitud autodestructiva, en algunos casos, puede poner en peligro nuestra propia vida. Todo esto nos debe llevar a considerar muy seriamente, más allá de cualquier terminología, la gravedad intrínseca de los abusos sexuales en la infancia, así como las secuelas que sin duda se manifestarán en la etapa adulta, bien sea perpetuando la conducta de víctima, o más raramente reproduciendo la conducta del agresor.

### ¿Es suficiente el GAM para mi curación? ¿Debería compaginarse con otro método? ¿Puede ser efectiva la curación prescindiendo del GAM?

El GAM tiene una gran importancia, sobre todo en los primeros momentos. Nos permite adquirir conciencia de la magnitud que los abusos tuvieron en nuestra infancia y los efectos que aún se manifiestan en la actualidad. Tan pronto como comprendes el significado de lo que te está ocurriendo, ya estás dando el primer paso hacia la solución. Este cambio de actitud es fácil que se dé en el GAM, pues no se requieren grandes esfuerzos para ser entendido. Todos tenemos conflictos similares. En todo caso, prescindir del GAM es prescindir de una fuente de ayuda de gran importancia.

### ¿Cuánto tiempo dura la curación?

Aventurar un periodo de tiempo aproximado es eso; aventurarlo. Cuando se habla de una lesión muscular o de la convalecencia de una enfermedad, es probable que el plazo de recuperación pueda establecerse en unas fechas más o menos precisas. Pero éste no es el caso. Cada persona tiene su propio ritmo y sigue su particular proceso. Es difícil lograr una remisión completa de todos los síntomas en poco tiempo. Lo que sí apreciaremos con cierta rapidez será un cambio en el modo de ver la vida y de verse uno mismo. Quizás en este caso, como estamos hablando de un grupo y no de una persona en concreto, podríamos decir que el grupo suele mantenerse alrededor de un año, aunque caben variaciones.

Los efectos de la curación, que no estaría demasiado lejos de lo que solemos llamar crecimiento personal, los empezaremos a distinguir en una progresiva descarga del sentimiento de culpabilidad. El reloj de cada uno de nosotros irá marcando efectos más cuantificables. Pero no olvidemos que dichos efectos suelen estar asociados a que hablemos de los abusos que padecimos a todos aquellos que conforman nuestro entorno, familia incluida. Ésta es una acción que acelera considerablemente nuestra recuperación, pues nos obliga a enfrentarnos con muchas de las causas de nuestros problemas. Cuanto más tiempo la demoremos, tanto más se ralentizará la ansiada curación. De todos modos tampoco hay que obsesionarse con ello. Ese momento suele llegar sin que seamos nosotros quienes lo elegimos.

### ¿Cuál es el aspecto más negativo que descubriste sobre ti?

Las respuestas suelen coincidir a menudo. La mayoría llegamos al grupo sintiéndonos insignificantes, creyendo que no valemos para nada y pensando que no seremos capaces de dar los pasos que ya han dado otras personas. Cuando nos dicen que tal o cual persona han hecho esto o aquello, la conclusión que sacamos es que esa persona es especial. Nosotros no somos así. El aspecto más negativo, como es obvio, es nuestra baja autoestima.

Una buena parte de esa carga negativa va desapareciendo tras las primeras sesiones. En el grupo somos importantes, comprendidos y queridos. Esa nueva sensación, tímidamente, va calando en nosotros y extrapolándose a otros ámbitos de nuestra vida.

### ¿Qué nos impide acudir al GAM y que dirías para convencer de lo contrario?

Las razones que nos impiden acceder a los beneficios de un GAM pueden ser muy variadas, pero si separamos aquéllas que serían de fuerza mayor, lo que nos queda son excusas para evitar un enfrentamiento frontal con el espinoso asunto de los abusos sexuales. Vergüenza, miedo y culpabilidad. Ésas son las tres grandes barreras que debemos abatir. Saber que todos los que estamos allí estamos pasando por lo mismo y que apenas existen diferencias entre nosotros, es razón suficiente para acudir, aunque sea una primera vez y sin más compromiso.

La autonegación es el recurso más utilizado para no reconocer lo que nos sucedió ni los efectos que pudo tener en nuestro posterior comportamiento. También hay quien, asumiendo la gravedad de lo acaecido, prefiere pensar que él no forma parte de esa gente rara, ni cree que los supuestos problemas tan característicos de las víctimas de los abusos, sean cuestiones que tengan que ver con su realidad. Personalmente creo que valdría la pena cerciorarse.

### ¿Representa lo mismo para un hombre que para una mujer?

A tenor de los resultados obtenidos en la asociación Fada, podría decirse que existen muchas características compartidas, aunque también hay diferencias significativas que vale la pena destacar. Quizá una de las más notables sea la dificultad del hombre para dar el primer paso. Por el contrario, la mujer tiene una mayor facilidad para exteriorizar sus sentimientos y hablar de los problemas, incluido el abuso sexual. El hombre tiende a la introspección y a guardarse para sí todo aquello que le afecta.

Ante un asunto tan delicado como los abusos sexuales, las tendencias se acentúan. Y aunque el secretismo encuentre acomodo en ambos sexos, es en el hombre donde más parece aferrarse y, por ende, más estragos provoca. Las dudas que planean sobre la sexualidad del varón pesan demasiado a la hora de revelar tamaño secreto.

Todo eso nos conduce a unas estadísticas más que preocupantes. En la asociación Fada la gran mayoría de participantes en los GAM son mujeres, en el foroGAM la gran mayoría son mujeres, y en este libro, todos los testimonios pertenecen a mujeres. (En esta segunda edición, afortunadamente, cuento con representación masculina).

## ¿Cómo definirías el vínculo que une a los componentes del grupo?

Como en todos los ámbitos de la vida las personas se unen por afinidades, ideologías y por otras muchas razones de diferente índole.

Los que hemos pasado por esta experiencia participamos de unos sentimientos muy difíciles de compartir con otras personas. Sólo en las condiciones más idóneas puede darse un escenario donde poder sincerarse sin temor.

Cuando hay química en el grupo se crea una corriente de empatía que refuerza los vínculos de amistad. Pero como cualquier relación humana, también es posible que surjan antagonismos. La experiencia dice que se trata de algo bastante infrecuente. Todos ponen la mejor de sus voluntades para que el grupo funcione.

## ¿Se puede pensar que hay abusos más o menos graves?

Sí. Puede existir una mayor o menor gravedad, pero sólo en lo que concierne a las consecuencias del propio abuso. Cuantificar la gravedad del abuso en sí mismo, sin tener en cuenta a las características concretas de cada víctima, puede resultar muy equívoco y alejado de la realidad.

La gravedad sólo puede cuantificarse por los efectos que se observen en la víctima. Es decir; una persona que haya padecido un único abuso puede presentar más síntomas y más graves que otra que haya sido abusada con reiteración y durante un prolongado periodo de tiempo, aunque no sea lo habitual. Las razones pueden ser muy diversas; su propia historia personal, las circunstancias que la rodean, la capacidad innata que posea la persona a la hora de afrontar el problema, etc.

Para un individuo que haya tenido una infancia feliz, la aparición de un abuso puede llegar a convertirse en un trauma insuperable, y al contrario, para alguien cuya existencia esté marcada por otras situaciones traumáticas, los abusos sexuales pueden representar otra desgracia que añadir a una vida ya de por sí desgraciada, debiéndose observar las secuelas, en este último caso, desde una perspectiva más global.

## ¿Hay un número ideal de componentes para un GAM?

Sobre esta cuestión es arriesgado opinar de un modo demasiado concluyente. Unos abogarán por un grupo reducido donde todos tengan la oportunidad de expresar su opinión y otros dirán que un grupo con más participantes tiene la ventaja de poder contar con un mayor número de opiniones y con una mayor diversidad de las mismas. Ambos razonamientos son ciertos pero también tienen, asimismo, sus inconvenientes.

Un grupo reducido corre el riesgo de quedarse en cuadro el día que fallen dos o tres miembros. Esto no sucedería con un grupo numeroso. En cambio, con el grupo numeroso estaríamos corriendo el riesgo de que la empatía, la participación, la integración y la posibilidad de poder dar salida a los sentimientos, se viera considerablemente limitada, sobre todo para las personas a las que más les cueste poder expresarse; éstas encontrarían un entorno más propicio en un grupo reducido.

## ¿Es importante establecer normas?

Es innegable la necesidad de contar con ciertas normas elementales, pero lo que debe importarnos, por encima de todo, es la existencia de un compromiso por parte de todos de llevar el grupo a buen puerto.

Debe hacerse lo posible para encontrar unos horarios adecuados que todos puedan cumplir, así como responsabilizarse de que la asistencia semanal, quincenal o cada cuando se considere oportuno, pase a ser una de las cuestiones prioritarias. El resto de normas deben ser las lógicas y, en todo caso, las que se acuerden entre todos los miembros.

### ¿Cuál es la periodicidad idónea para las reuniones?

Es un asunto que debe dilucidarse entre los componentes de cada grupo. Es probable que no todos tengan las mismas necesidades. También se deberán tener en cuenta factores como la disponibilidad de tiempo y las dificultades que comporte la distancia entre el lugar de reunión y la vivienda particular.

Al principio suele haber una necesidad imperiosa de contacto entre todos, pues una vez se consigue romper el silencio que se ha arrastrado durante tanto tiempo, aparece la necesidad irreprimible de explicar a quienes nos entienden todas aquellas cosas que desde siempre hemos silenciado.

Las primeras reuniones pueden ser semanales para convertirse, más adelante, en quincenales o incluso mensuales. Eso lo irá marcando la propia evolución del grupo.

### ¿Cómo veis ahora al agresor desde vuestra perspectiva actual?

De entrada suele haber una mezcla de negación o incomodidad a la hora de analizar a nuestro agresor. No es que antes pensáramos bien o mal de los abusos y del abusador. Acostumbramos a no pensar nada en absoluto, lo cual, precisamente, es uno de los motivos que nos ha llevado al lugar en el que estamos.

La posibilidad de romper el silencio y de enfrentarnos a la obligación de ponerle palabras a los traumáticos acontecimientos del pasado, es lo que nos sitúa de lleno en un escenario donde deberemos vérnoslas cara a cara con esa verdad que siempre habíamos tratado de eludir.

La nueva realidad va a enfrentarnos a retos para los que antes carecíamos de recursos, pero también nos exigirá que le pongamos nombre a los sucesos de nuestro pasado. Sólo de esta forma vamos a poder catalogar a nuestro agresor con los calificativos que en su momento no nos atrevimos ni a imaginar, pero que son los reales, los que él mismo se ganó a pulso.

### ¿Qué transformación has experimentado tú en relación con el GAM?

La gran transformación se produce en el momento en que eres capaz de verbalizar aquellos hechos de tu infancia. Después de eso ya no eres el mismo. Esta transición es aplicable, sobre todo, a quienes nunca lo han contado nadie. Hay un antes y un después. Es relativamente fácil, en muchos casos, delimitar ese punto de inflexión; un punto que se encuentra inextricablemente ligado a la revelación de los abusos padecidos durante la niñez. Éste es uno de los principales objetivos que perseguimos en nuestras reuniones del GAM.

### ¿Supone algún impedimento que el grupo sea mixto, es igual, mejor o peor?

Creo que es indiferente. Quizá algunas personas se sientan algo cohibidas al enfrentar este tipo de problemas ante personas del sexo opuesto. Pero creo que es un pequeño inconveniente que no tarda en superarse. A la larga, si existe alguna tendencia, yo diría que es enriquecedor.

A mí, particularmente, me resultaba más difícil compartir esas experiencias con personas de mi sexo. Pero entiendo que por encima de todo prima el problema en sí mismo y las graves consecuencias que en la mayoría de casos provocó el abuso sexual. Las grandes coincidencias en cuanto a los efectos del abuso pronto nos lleva a considerar irrelevante que seamos hombres o mujeres.

### ¿El grupo debe ser abierto o cerrado?

También aquí hay distintos pareceres. Si es cerrado siempre se encuentran las mismas personas, con lo que se genera un cierto grado de confianza y aproximación. Hay un hilo conductor que no se quiebra con la llegada de nuevos miembros. Aunque también podemos considerar que un grupo abierto se enriquece con la incorporación de nuevos miembros, que a su vez, recogen la experiencia acumulada por los anteriores.

### ¿Todos se integran, o por el contrario, hay un alto índice de abandonos?

Casi nada es infalible. Y el grupo de ayuda mutua no supone ninguna excepción. Al fin y al cabo está compuesto por personas.

Cuando una persona toma la decisión de afrontar este problema, los GAM se erigen como uno de los caminos con mayores probabilidades de éxito. Sin embargo, cuando una persona no está dispuesta a reconocer su pasado y busca justificarse en algún sentido o pretende un enfrentamiento sin efusión de sentimientos dolorosos y desgarradores, entonces de nada le servirá el GAM ni ninguna otra cosa.

Cuando se llega al grupo cargado de incertidumbres, complejos, culpabilidades, una autoestima por los suelos y otras características propias de nuestra asumida condición de víctimas, es conveniente cambiar el "chip" e intentar superar este estadio en las primeras reuniones. Si esto no se produce, las tentaciones de abandonar el grupo van aumentando, ya que la mera pertenencia a él nos obliga a enfrentarnos a ese dolor que la autonegación nos impide aceptar ni menos aún tolerar.

## ¿Qué se requiere para formar parte de un GAM?

Los requisitos imprescindibles son dos: querer formar parte de él y haber padecido abusos sexuales. Ahora sólo necesitamos crear toda la infraestructura necesaria para la formación de dichos grupos en cualquier punto de España. La sensibilidad social e institucional serán las claves que hagan posible la instauración de las organizaciones dedicadas a la prevención y al asesoramiento sobre los abusos sexuales en el tejido de nuestra sociedad. De momento allá donde no alcanzan los GAM tradicionales están llegando los GAM virtuales.

# Epílogo

Escribir un libro es comprar un billete hacia un destino incierto. Pero ¿qué es la vida, sino un camino incierto cuyo final desconocemos? Ésta es una situación que, después de todo, no supone ninguna novedad. Pero es muy distinto dejar que te arrastren los acontecimientos que dominarlos. No sé dónde me llevará la aventura de haber escrito este libro. Aunque el trayecto hasta la última palabra no siempre es grato, hay una fascinación hipnótica que te guía hacia lugares inhóspitos que jamás creíste alcanzar, y no sólo en la creación de esta obra, sino en el descubrimiento de uno mismo.

Una de mis mayores pretensiones fue lograr que éste fuera un espacio abierto donde cupiera mucho más de lo que contiene. Un lugar donde cada cual pueda añadir su propia historia. Este libro se ha construido con retazos de mi vida y la de otros, y no requiere ser leído como una unidad coherente, con planteamientos, desarrollos y desenlaces; cualquier página es una ventana a la que asomarse.

Después de barajar diversos títulos para esta obra e incluso tener uno decidido, vino a mi mente, como un fogonazo, la frase "Cuando estuvimos muertos". En un segundo supe que éste iba a ser el título del libro.

Estas palabras retratan una época de nuestra historia en la que no fuimos nosotros. Sólo creíamos serlo. Una época en la que crecimos, nos hicimos mayores y tratamos de olvidar lo que sucedió en nuestra infancia. Pero no fue así. Las consecuencias, en la mayoría de los casos, fueron devastadoras... con olvido o sin él.

Seguimos adelante, a trompicones, sin ser plenamente conscientes de los efectos que tendrían aquellos sucesos que tanto nos esforzamos por silenciar y enterrar en alguna parte de nuestro cerebro. Seguimos adelante, sin saber dónde íbamos, sin saber quienes éramos. Seguimos adelante, algunos, directamente hacia el abismo.

¿Qué queremos? Queremos atravesar las brumas del tiempo y rasgar el velo de una memoria vencida. Queremos atravesar el puente de los recuerdos y alcanzar aquel día que dejó de existir. Queremos volver a las noches del miedo y rescatar a ese niño perdido. Queremos regresar a ese día donde un terremoto nos hizo tambalear, ese día en el que abrazamos la helada sombra de la soledad, el día que fuimos desterrados al infierno de la incomprensión, el día que perdimos el cielo.

Queremos llorar las lágrimas de abandono, de sueños robados, de miedo y de vergüenza. Queremos sentir la vida, escapar de esa absurda cárcel de culpa y abatir el muro de silencio que nos aleja de quien realmente somos.

Éste es, en definitiva, un viaje al pasado; un viaje para construir un trampolín que nos lance hacia el futuro que nos quisieron robar; un viaje para disipar las brumas de un tiempo que cubrió por entero nuestra existencia.

Ésta ha sido la crónica de un largo silencio.

## Índice

**Introducción**     7
    Si has sufrido abusos...     7
    Si no has sufrido abusos...     8
    Y para todos...     10
    El alumbramiento     13

**I. Efectos del abuso sexual**     15
    ¿Qué hacer?     17
    ¿Es realmente grave?     21
    El agresor     23
    Recuerdos     27
    La familia     35
    Egoísmo     43
    Autoestima     47
    Autodefensa     51
    El miedo     55
    Susceptibilidad     59

| | |
|---|---|
| Culpa | 61 |
| Autoengaño | 65 |
| Autocompasión | 69 |
| Rabia | 71 |
| Suicidio | 73 |
| La educación | 77 |
| El aprendizaje | 85 |
| Autoayuda | 93 |
| Justicia | 97 |
| El perdón | 101 |
| El éxito | 103 |
| El silencio | 105 |
| Violencia e intimidación | 107 |
| Adicciones | 111 |
| **II. Testimonios** | 119 |
| Acinorev | 121 |
| Carmen | 127 |
| Dulce | 133 |
| Ander | 145 |
| Marce | 149 |
| Manzanita | 155 |

| | |
|---|---|
| Carmina | 159 |
| Gustavo | 163 |
| Adriana | 169 |
| Isabel | 173 |
| Inma | 179 |
| **III. Cuando estuvimos muertos** | **183** |
| Memorias y sensaciones | 185 |
| Carta a mi madre | 189 |
| Carta a mi padre | 195 |
| Nuestras relaciones | 197 |
| ¿Por qué no lo dijiste antes? | 199 |
| Miscelánea | 201 |
| No se lo digas a nadie | 209 |
| El bien y el mal | 211 |
| Mi cielo | 219 |
| Los opuestos inseparables | 221 |
| La supervivencia | 223 |
| El problema de la masculinidad | 227 |
| En cuanto a los hijos | 229 |
| Sueños | 231 |
| La ley del silencio | 235 |

La importancia de ser tú mismo — 239
Ideas falsas sobre los abusos sexuales — 243
La cultura de las limitaciones — 247
Nuestro destino — 253
Nuevas vías de comunicación — 255
Llorando por Argentina — 257
Explicando lo inexplicable — 259
Parece que fue ayer — 261
Perfiles erróneos — 263
Añoranzas — 265
El niño interior — 267
La distancia — 269
Justicia social — 273
Yo manipulo, tú manipulas — 277

**IV. Preguntas con respuesta** — 281

Introducción — 283
1. ¿Por qué nos sentimos víctimas? — 285
2. ¿Por qué somos diferentes? — 289
3. ¿Por qué nos odiamos? — 293
4. ¿Por qué no sabemos lo que queremos? — 297
5. ¿Por qué temes triunfar? — 299

6. ¿Por qué no haces lo que te propones?   303

7. ¿Por qué no te proteges de las situaciones peligrosas? 307

8. ¿Por qué te cuesta aceptarte a ti mismo?   311

9. ¿Por qué te sientes paralizado con frecuencia?   315

10. ¿Por qué te cuesta distinguir tus sentimientos?   317

11. ¿Por qué no reaccionas adecuadamente a los mensajes que envía tu cuerpo?   319

12. ¿Por qué no aceptas tu cuerpo?   321

13. ¿Por qué no confías en los demás?   323

14. ¿Por qué te cuesta imaginar una relación emocional sana?   327

15. ¿Por qué te cuesta dar cariño?   331

16. ¿Cuál es la causa de tus adicciones?   335

17. ¿Por qué tienes miedo a la gente?   339

18. ¿Por qué te sientes solo y marginado?   343

19. ¿Por qué estableces relaciones que no te convienen? 347

20. ¿Por qué se aprovechan de ti?   351

21. ¿Por qué sientes pánico si se te acercan demasiado? 353

22. ¿Por qué eres dependiente de las personas que quieres? 355

23. ¿Por qué pones a prueba a las personas de tu entorno? 359

24. ¿Por qué piensas que la gente te va a abandonar?   361

25. ¿Por qué utilizas una mascara para esconderte?   363

26. ¿Por qué te resulta difícil conocerte a ti mismo? 367

27. ¿Por qué te cuesta decir no? 369

28. ¿Por qué te sientes incómodo con los niños? 371

29. ¿Por qué funcionan mal tus relaciones familiares? 373

30. ¿Por qué utilizas el autoengaño? 375

**V. GAM** 377

1. Grupos de autoayuda 379

2. Un largo camino 385

3. Un paso adelante 397

4. El foro 401

5. GAM 407

¿Cómo definirías el GAM? 407

¿Qué tipo de gente me voy a encontrar allí? 407

¿Cómo funciona internamente un GAM? 408

¿Qué objetivos se persiguen en el grupo? 409

¿Cuál es el primer cambio que destacarías en ti desde que llegaste al GAM? 409

Se suele hablar de curación al referirse al enfrentamiento con esa parte de nuestro pasado. ¿Puede decirse, entonces, que estamos enfermos? 410

¿Es suficiente el GAM para mi curación? ¿Debería compaginarse con otro método? ¿Puede ser efectiva la curación prescindiendo del GAM? 410

¿Cuánto tiempo dura la curación? 411

¿Cuál es el aspecto más negativo que descubriste sobre ti? 412

¿Qué nos impide acudir al GAM y que dirías para convencer de lo contrario? 412

¿Representa lo mismo para un hombre que para una mujer? 413

¿Cómo definirías el vínculo que une a los componentes del grupo? 414

¿Se puede pensar que hay abusos más o menos graves? 414

¿Hay un número ideal de componentes para un GAM? 415

¿Es importante establecer normas? 415

¿Cuál es la periodicidad idónea para las reuniones? 416

¿Cómo veis ahora al agresor desde vuestra perspectiva actual? 416

¿Qué transformación has experimentado tú en relación con el GAM? 417

¿Supone algún impedimento que el grupo sea mixto, es igual, mejor o peor? 417

¿El grupo debe ser abierto o cerrado? 418

¿Todos se integran, o por el contrario, hay un alto índice de abandonos? 418

¿Qué se requiere para formar parte de un GAM? 419

Epílogo 421

# Editorial LibrosEnRed

**LibrosEnRed** es la Editorial Digital más completa en idioma español. Desde junio de 2000 trabajamos en la edición y venta de libros digitales e impresos bajo demanda.

Nuestra misión es facilitar a todos los autores la **edición** de sus obras y ofrecer a los lectores acceso rápido y económico a libros de todo tipo.

Editamos novelas, cuentos, poesías, tesis, investigaciones, manuales, monografías y toda variedad de contenidos. Brindamos la posibilidad de **comercializar** las obras desde Internet para millones de potenciales lectores. De este modo, intentamos fortalecer la difusión de los autores que escriben en español.

Nuestro sistema de atribución de regalías permite que los autores **obtengan una ganancia 300% o 400% mayor** a la que reciben en el circuito tradicional.

Ingrese a www.librosenred.com y conozca nuestro catálogo, compuesto por cientos de títulos clásicos y de autores contemporáneos.

www.ingramcontent.com/pod-product-compliance
Lightning Source LLC
Chambersburg PA
CBHW020118240426
43673CB00038B/528